KB233048

복음 전달의 원리와 적용

존 시먼즈 지음
홍 성 철 옮김

도서출판 세 복

타문화권 복음 전달의 원리와 적용

지은이　존 시먼즈
옮긴이　홍성철
발행인　홍성철
초판 1쇄　1995년 6월 10일
초판 3쇄　1997년 9월 10일
2판 1쇄　1999년 6월 20일
2판 3쇄　2009년 3월 16일
발행처　도서출판 세 복
주소　서울특별시 종로구 신문로2가 1-70
전화: (02)2066-5562
홈페이지: http://www.saebok.net
E-Mail: werchelper@hanmail.net
등록번호　제1-1800호 (1994년 10월 29일)
공급처　미스바출판유통
전화: (031)955-4433, 팩스: (031)955-4432
ISBN　89-86424-03-7　03230
값　8,000원

ⓒ 도서출판 세 복

Tell It Well:

Communicating the Gospel Across Cultures

by

John T. Seamands

목   차

제 2부 복음 전달의 방법과 원리

제 3부 비기독인에 대한 복음 전달

　　최근의 연구에 의하면 세계 선교의 미완성된 과업에 관하여 몇 가지 놀랄만한 사실을 밝혀 주고 있다. 약 55억의 전 세계 인구 중에서 약 33억의 인구가 아직도 복음화되지 않고 있다는 사실이다. 그들은 전혀 복음을 들어보지 못했거나 혹은 현명한 결정을 내릴만큼 복음을 충분히 듣지 못한 사람들이다. 이 막대한 무리 중 약 15퍼센트만이 자기들과 같은 언어와 문화라는 정황(政況) 안에서 현존하는 기독인들에 의하여 접근될 수 있는 문화적으로 가까운 이웃으로 간주될 수 있다. 그 나머지 85퍼센트는, 비록 지리적으로는 이웃이지만, 실제로는 문화적으로 먼 사람들로 문화와 언어의 장벽을 넘는 전도에 의해서만이 접근될 수 있는 사람들이다. 이 85퍼센트는 대략 17,500개의 다른 인종적, 사회 문화적 집단으로, 5,000여 언어와 방언을 말하고 있다. 이 모든 것은 복음을 효과적으로 타 문화권에 전달하기 위하여 전 세계에 있는 헌신된 기독인들을 훈련시켜야 할 필요성과 긴박성을 강조해 준다.

　　지나간 몇 년 동안에 이러한 거대한 과업을 준비하는데 도움을 주는 몇몇 좋은 책이 출판되었다. 그 중 중요한 몇 권을 소개하면, 유진 나이다(Eugene Nida)의『메시지와 선교』(Message and Mission), 제임스 엥겔(James Engel)과 윌버트 노턴(H. Wilbert Norton)의『추수에 무엇이 잘못되어 가고 있는가?』(What's Gone Wrong with the Harvest?); 그리고 조지 헌터(George Hunter)의『전염적 회중』(Contagious Congregation)이 있다.

　　본서에서 필자는 조금 다른 입장에서 주제를 접근하려고 시도하였다. 지나치게 기술적이고 이론적으로 쓰고자 하는 유혹을 고의적으로 피했다.

전체적으로 될 수 있는 한 단순하고 실제적으로 쓰려고 노력하는 반면에, 이러한 중요한 주제에 맞는 학문적인 특성과 수준을 유지하려고 애썼다.

필자는 몇몇 층의 독자들을 염두에 두고 본서를 썼다. 무엇보다도 외국에서 타문화권 전도와 교회 개척에 참여하게 될 전임 사역을 준비하는 전문적인 선교사를 염두에 두고 썼다. 타종교인들에게 기독교 메시지를 효과적으로 전달할 수 있는 이러한 선교사를 무장시킬 수 있게 하기 위하여 여러 나라와 문화 현장의 예를 직접 들었다. 그리고 또한 헌신된 기독인으로 일상 생활에서 접촉하는 사람들에게 그리스도를 증거하기 원하는 평신도를 위해서 썼다. 동시에 우리는 미국이 더욱 인종적, 종교적으로 다원적인 사회가 되고 있기 때문에 우리의 뒷뜰이 바로 선교의 현장이 되었음을 깨닫게 된다. 우리 중에는 회교도, 힌두교도와 불교도가 있으며, 중국인, 한국인, 월남인, 아랍인, 멕시코인, 인도인 등이 있다. 우리는 이러한 사람들이 그리스도를 믿게 되고, 그들이 그리스도의 지체의 책임감 있는 일원이 되도록 가르쳐야 할 막대한 기회와 책임이 있는 것이다. 이렇게 하기 위해서, 미국에 있는 기독인들—평신도와 목회자—은 타종교에 대해서 알아야 하며, 이러한 타종교의 추종자들에게 어떻게 지혜롭게 예수를 증거해야 하는지를 알아야 할 필요가 있다. 본서에서 토의된 기본 원리 중 몇 가지는 우리와 같은 문화 속에서 살고 있는 세속적(世俗的) 사람들이나 교회에 다니지 않는 사람들을 대상으로 예수를 증거하는 사람들에게 도움이 될 것이다.

원리와 방법을 다룬 부분 외에, 필자는 세계적으로 현재의 종교적 풍토에 대한 묘사와 아울러 오늘날 비기독교 종교들이 교회에 대항하고 있는 도전에 관한 토의도 포함시켰다. 또한 복음의 독특성, 특히 그리스도의 인격을 강조하기 위하여 기독교 계시와 세계 종교의 기본적 차이점들을 설명하려고 노력하였다. 우리는 방법을 배우기 전에 우리가 살고 있는 세계와 우리가 줄 메시지를 알아야만 한다.

만일 본서에 있는 자료가 비록 소수의 선교사들과 평신도들 만이라도 효과적인 진리의 전달자와 그리스도의 증인이 되는데 도움을 줄 수 있다면 필자는 자신의 노력이 헛되지 않았다고 느끼게 될 것이다.

존 T. 시먼즈

서 론

복음은 근본적으로 소식이기에, 그것도 기쁜 소식이기에 전달을 내포한다! 가장 중요한 소식! 복음은 하나님이 우리를 우리의 죄 가운데 내버려 두지 않으시고, 우리를 너무도 사랑하셔서 그의 독생자를 탄생시키시고, 죽게 하시고, 다시 부활시켜 우리를 모든 죄에서 구원해 주시는 소식이다. 그것은 하나님이 우리의 죄 때문에 우리를 반대하신 것이 아니고, 우리의 죄에도 불구하고 우리를 위하셨다는 기쁜 소식이다. 그러므로 복음은 고색 창연한 기록이 아니라, 매우 중대한 보고서이다.

소식은 전해져야만 한다. 그것은 침묵을 지킬 수 없다. 선포되어야 하는 것 자체가 바로 복음의 특성이다. 그것은 우리가 이 세상의 매일의 뉴스를 다룰 때도 마찬가지이다. 모든 가능한 수단, 즉 텔레비전, 라디오, 전화, 전보, 잡지, 신문 및 구전에 의해서 될 수 있는 한 가장 멀리 그리고 가장 빨리 전달해야 한다. 이것은 바로 우리가 하나님의 영원한 소식을 다룰 때도 마찬가지이다—그 소식을 모든 사람들에게 모든 방법으로 선포해야 하는 것이다.

복음은 진리—하나님이 진리로서 계시하신 것이지, 진리가 무엇인지에 대한 우리의 관념이 아닌—를 전달하는 것을 내포한다. 우리는 성경적 메시지에 충실해야만 한다. 천국의 대사로서 우리들은 진리에 함부로 손을 대거나 변경할 권한이 없다. 우리는 '진리, 온전한 진리, 그리고 오직 진리만을 말해야' 한다. 그것은 인간을 자유하게 하는 진리이다.

복음의 진리는 **효과적으로** 전달하는 것을 내포한다. 우리가 말하는 내용도 중요하지만, **그것을 어떻게 말하는가도** 그 못지 않게 중요하다. 왜냐하면 우리는 선포자일 뿐만 아니라, 또한 **설득자**이기도 하기 때문이다. 우리는 결과를 위해서 설교한다; 단지 지식을 전달하기 위해서가 아니라, 변화시켜 주기 위해서이다. 예수는 위대한 전달자이셨다. 왜냐하면 그는 평범한 언어를 구사했을 뿐만 아니라, 그의 가르침의 진리는 물론 최상의 정보 가치를 지닌 형태로 구성되었기 때문이다. 그의 말씀은 **영향력을 지닌** 진리의 말씀이었다. 그의 말씀을 들은 자들은, "그 가르치심에 놀랐으며" 그리고 "그 사람의 말하는 것처럼 말한 사람은 이 때까지 없었나이다!"라고 고백하였다(마 7:28; 요 7:46).

베드로가 새롭게 성령으로 기름부음을 받고 오순절날 예루살렘에서 큰 무리에게 설교하였을 때, 그 말을 들은 모든 사람들이, "마음에 찔려, 베드로와 다른 사도들에게 물어 가로되, '형제들아, 우리가 어찌할꼬'"(행 2:37)하였다. 총독 벨릭스와 아그립바 왕이 사도 바울의 설득력 있는 증거와 설교를 들었을 때 그들은 두려워 떨었다(24:25, 26:28). 복음을 전달하는 것은 언제나 인간을 하나님과 확실히 만나게끔 해 준다. 그 만남은 반응을 나타나게 하며, 듣는 것만이 아니라 믿고 행함을 요구하는 만남이다. 전달이 효과적으로 되기 위해서는 듣는 자의 배경과 필요에 맞게 **적응시켜야만** 한다. 예수는 이 일에 대가이셨다. 그는 바리새인 니고데모에게 거듭나는 것에 대해서 말씀하셨으며, 우물가의 죄 많은 여인에게는 생수에 대해서 말씀하셨다. 재물을 우상시한 젊은 부자 관원에게는, "가서 네 소유를 팔아...그리고 와서 나를 좇으라"(마 19:21)고 하셨으며, 간음 중에 잡힌 여인에게는, "나도 너를 정죄하지 아니하노니, 가서 다시는 죄를 범치 말라"(요 8:11)고 하셨다. 농부에게 설교하실 때는, 흙, 씨, 수확에 대해서 말씀하셨으며; 어부에게 말씀하실 때는, 사람을 낚는 것에 대해서 말씀하셨다.

사도들도 설교할 때 예수의 본을 따랐다. 그들이 자기 백성 유대인들에게 기쁜 소식을 선포할 때 아브라함, 모세, 다윗, 그리고 구약의 선지자들로부터 시작하였으며, 그 다음 계속해서 구약의 모든 예언들을 성취시킨 새 언약의 그리스도를 말했다.

그러나 그들이 이방인들—바울이 아테네의 군신(軍神)의 언덕에서—에게 설교했을 때, 모든 인간의 창조주로부터 시작하였으며, 그들의 철학자들과 시인들의 저서를 인용하였다. 유대인들에게는 예수를 "하나님의 어린양"으로, 희랍인들에게는 예수를 "하나님의 말씀"(참조, 요 1:29, 1)으로 묘사하였다.

사랑받는 인도의 기독인, 사두 순다 싱(Sadhu Sundar Singh)은, 인도의 어느 철도역에 있는 기차 위에 앉아 있는 동안 여름의 불볕 더위로 인하여 기절했던 높은 카스트(계급)에 속한 한 사람에 대해서 말하곤 하였다. 누군가가 그를 소생시켜 보려고 수도로 급히 가서 컵에 물을 채워서 그 사람에게 가지고 갔다. 그러나 그의 상태에도 불구하고, 그 승객은 그 물이 다른 카스트에 속한 사람의 컵에 담겨 있다는 이유 때문에 그 물을 받으려 하지 않았다. 그러자 어떤 사람이 그 높은 카스트 사람의 좌석 옆에 그의 컵이 있음을 알아 차리고는, 그것을 가지고 가서 물을 채워서 그 사람에게 주었더니, 그제서야 그는 감사함으로 그 물을 받아 마셨다. 그런 다음에 순다 싱은 그의 청중에게, "이것이 바로 제가 외국에서 온 당신들 선교사들에게 말하고자 하는 것입니다. 당신들은 인도 사람들에게 외국제 컵에다 생수를 제공했기 때문에, 우리는 그것을 받아

마시는 일이 느렸던 것입니다. 만일 당신들이 그것을 우리의 컵에, 즉 우리의 토착적 형태로 가져다 준다면, 우리는 그것을 훨씬 더 잘 받아들일 것입니다."

뉴스를 보도하는 데는 여러 가지 방법—매스 미디어를 통해서나, 또는 글이나 말을 통해서—이 있다. 무슨 방법으로라도, 보도자는 그 소식이 정확한 것인가를 확인해야만 한다. 이와 마찬가지로, 그리스도의 전달자는 다른 사람들에게 그들의 문화적 종교적 배경과 그들 자신의 필요에 맞추어 기쁜 소식(복음)을 제시해야 할 것이다. 그러나 어떠한 형식을 취하든 내용은 항상 같을 것이다.

언젠가 텔레비전 뉴스 방송인이 일단(一團)의 목사님들에게 말하고 있었다. 아주 진지한 자세로 그는 그들에게, "당신들 설교자들은 전 세계에서 가장 위대한 뉴스를 갖고 있습니다. 그 뉴스를 전하되, **잘 전하십시오!**"

기쁜 소식을 이야기 형식으로 잘 전하는 것이 바로 이 책이 의도하는 바이다.

제1부

복음과 타종교와의 관계

1

오늘의 종교 세계

얼마 전 스리랑카(세일론)에 있는 한 기독교 선교사는 기독교에 관한 몇 권의 책을 빌리러 온 불교 승려의 방문을 받았다. "나는 당신이 기독교에 관심이 있는지 몰랐습니다," 그 선교사는 말했다. "아닙니다," 그는 대답했다. "단지 나의 직업이 서방에 선교사로 갈 젊은 수도승들을 훈련시키는 것입니다. 그리고 나는 그들이 선교지에 도착하기 전에 그 현지인들의 종교에 관해 어느 정도 알아야 한다고 생각합니다."

우리는 이 이야기를 듣고 웃을지 모른다. 그러나 이것은 우리를 잠시 멈춰서 생각하게 한다. 왜냐하면 그것은 우리 시대의 종교적인 풍토를 나타내 주는 것이기 때문이다. 그것은 지난 20-30년 동안에 일어난 많은 변화의 상징이다. 오늘날의 기독교 전달자는 그의 선조들의 세계와는 매우 다른 세계에서 살고 있다.

우리는 복음의 효과적인 전달자가 되기 전에 우리의 현재 세계의 종교적 상황을 이해하는 것이 필수적이다. 우리는 세계 종교 안에서 일어나고 있는 변화들, 그들이 기독교 신앙에 도전하고 있는 방식들, 그리고 모든 지역의 사람들의 마음과 정신과 다투는 다양한 세력들을 인식할 필요가 있다. 그러한 인식은 우리로 하여금 우리의 청취자들의 필요에 더 적절한 복음을 전하도록 할 것이다. 현재의 종교 현상의 측면들을 살펴보기로 하자.

1. "밭은 세상이요"

마태복음 13장 38절에 나오는 예수의 이 말씀은 우리의 현재 세계 상황에 매우 적절하다. 지리적 세계는 모두 선교 현장으로 되돌아 가고 있다.

전에 우리는 세계를 두 개의 분명한 진영—기독교적 서방과 비기독교적 동방—으로 나누는 것이 예사였다. 이것은 정연하고 단순한 구분이 되었다. 왜냐하면 기독교 신앙은 주로 유럽과 북남미에 한정되었고, 반면에 회교, 힌두교, 불교 그리고 정령 신앙과 같은 커다란 세계 종교들은 중동, 아프리카, 그리고 아시아를 지배했기 때문이다. 그러나 지금 예수 그리스도의 교회는 최소한 어느 정도 아시아와 아프리카의 모든 곳에 세워지고 있고, 기독인들은 전 세계 어느 곳에서나 볼 수 있다. 동시에 기독교는 서양 국가들 가운데서 몇 번의 커다란 퇴보를 겪었으며, 심지어 어떤 사람들은 유럽과 미국이 후기 기독교 시대에 속해 있다고 말하기까지 한다. 세계 어느 곳에서도 진정한 기독교 국가는 단 하나도 없지만, 거의 모든 나라에 그리스도의 진실한 추종자들이 있다는 것은 매우 분명하다.

기독교 신앙이 더 이상 지배적인 영향을 미치고 있는 지리적 영역은 없다. 한편으로는, 서양의 '고향 교회들'은 그들 고유의 문화 속에서 비경쟁적(非競爭的) 위치를 유지하지 못한다. 많은 사람들이 기독교회와 아무 관계도 없으며, 기독교회를 존경하지도 않는다. 그들은 기독인의 행동 기준들을 그들의 삶의 형태로 받아들이지 않는다. 다른 한편으로는, 동양의 '선교에 의해 세워진 교회들'은 세계의 비기독교적 종교들에 의해 강하게 영향을 받거나, 심지어는 통제받는 상황 가운데서 세워진다. 이것은 위치에 관계 없이, 모든 기독교 회중이 명백히 선교사라는 특성을 지닌 환경에 놓여 있음을 의미한다. 그러므로 기독인과 비기독인 사이의 경계는 지리적인 것이 아니라 영적인 것이다. 경계선은 신앙과 불신앙의 선이다. 선교의 현장은 단순히 '저기에서'나 '해외에서'가 아니라, 어디에서든지이며, 바로 우리의 현관 계단이 선교 현장인 것이다.

우리는 초대 교회의 상황으로 돌아가고 있는 것처럼 보인다. 초기 몇 세기 이후, 기독교 신앙과 선교는 그 문화 환경으로부터 아주 분명하게 구분되어지지 않았고, 그 문화 환경의 후원도 없었다. 초대 교회는 로마 제국 환경 가운데서 눈에 띄게 이질적이었다. 모든 측면을 둘러싸고 있는 이방 문화 가운데서 그 자체적인 문화를 창조해야만 했다. 초대 교회는 헬라 철학과 동양 철학, 제설 혼합주의적인 신비 종교들, 그리고 가족, 도시 및 국가의 사이비 종교들의 다양한 주장들과 직면해야만 했다. 이것은 교회가 현대의 세속주의, 물질주의, 그리고 이방의 생활 양식과 싸워야만 하는 오늘날의 상황이 아닌가?

초대 교회는 이런 대면에 움츠러 들지 않고 오히려 믿음을 선포하는 기회로 그것을 사용하려고 노력했다. 위대한 기독교 신학자들과 선교자들은 이방의 철학들과 종교의 대변자들을 도전했고, 반면에 일반 대중 기독교 평신도들은 시장에서 증거할 모든 기회를 포착하였다. 오늘날의 교회는 이 정신을 다시 되살려야만 한다.

초대 교회의 상황과 오늘날 우리의 상황과의 사이에는 한 가지 차이점이 있다. 초대 교회는 막 교회의 태동기에 있었으므로 아무런 슬픈 역사의 배경 없이 순수했다. 이것이 기독교 운동을 힘있고 효과적으로 만들었다. 그러나 오늘날의 조직화된 교회는 현재의 적대적인 환경에 큰 책임이 있다. 오늘날의 교회는 자체의 결함과 죄와 싸워야만 한다. 교회의 진보를 막는 가장 큰 방해는 자체의 계층 내부로부터이지, 외부로부터가 아니다. 교회 내의 수백만 명은 그리스도와 기독교 신앙에 대한 진심에서 우러난 헌신 없이 다만 유명무실하고 표면적인 충성만을 하고 있다. 서방 문화는 비기독교화 되어 가고 있다.

지난 수세기 동안 세계 선교사 운동은 한 가지 방향 즉 서양에서 동양으로 움직여 왔다. 유럽과 북미 출신의 기독인들은 아프리카, 아시아, 동양의 국가들로 그들의 선교사들을 보냈다. 그러나 최근 몇 년 동안 그 운동은 역시 반대 방향 즉, 동양에서 서양으로 흘러가기 시작했다. 그래서 우리는 바로 여기 미국에서 하리 크리슈나(Hare Krishna) 운동, 원불교(Zen Buddhism), 흑인 회교도(Black Muslims), 바하이교(Bahaism), 초월적 명상(Transcendental Meditation)과 요가(Yoga)에 대해 듣는다. 힌두교 사원들과 회교 사원들이 중요한 도시에 건축되었고 또 건축 중에 있다. 수천 명의 젊은이들이 지난 20년 동안 이들 다양한 종교 운동으로 인하여 '개종'되었다. 미국은 빠르게 다원주의적 종교 사회가 되어 가고 있다. 종교 영역에 있어서의 선택권은 훨씬 더 많아지고 있다.

이것은 종교 간의 대면이 더 이상 동양의 국가들에게만 한정되지 않는다는 것을 의미한다. 그것은 이제 우리 주변의 모든 나라에 해당된다. 더 이상 인도와 파키스탄과 스리랑카에 있는 기독인들만이 힌두교인, 회교도, 그리고 불교도들과 어깨를 맞대는 것이 아니다. 영국과 캐나다와 미국의 기독인들은 크리슈나와 모하메드와 부처의 추종자들을 규칙적으로 만나고 있다. 감리교의 탄생지인 영국에서는 오늘날 감리교인들 보다도 회교도들이 더 많다.

그러나 현재 상황에 대한 밝은 측면도 있다. 우리에 대한 모든 종교적 대결들은 새롭고 흥분되는 복음 전도의 기회를 제공해 준다. 더 이상 힌두교도에게 증거하기 위하여 인도로, 또는 회교도에게 증거하기 위하여 중동으로, 또는 불교도에게 증거하기 위해 태국으로 가야 할 필요가 없다. 이들 신앙들의 추종자들은 UN 대표자로, 사업가로, 그리고 학생으로 바로 우리들 가운데 있다. 후자는 우리의 대학 캠퍼스에 수만 명에 이른다.

그러므로 바로 우리의 앞마당이 선교의 현장이 된 것이다.

최근에 켄터키 주(州)의 렉싱턴(lexington)에서 어떤 헌신된 기독인 부부는 사업차 인도 출신의 젊은 힌두교도 판매원을 만났다. 어느 날 저녁 그들은 그를 저녁 식사에 초대했다; 그리고 식탁에 둘러 앉아 있는 동안, 그들은 그에게 예수 그리스도 안에 있는 그들의 개인적인 신앙과 경험을 나누었다. 그들은 그 젊은이가 복음에 대해 아주 열려 있는 태도를 발견하고, 자정이 되기 전에 이 부부는 그가 구세주를 믿는 개인적인 경험을 갖도록 인도하는 특권을 가졌다. 몇 달 전 나는 기독교 신앙으로 새롭게 개종한 그 사람에게 세례를 주는 기쁨을 가졌다. 최근의 소식은 이 기독인 부부는 이제 그 젊은이의 여동생이 주님을 구세주로 믿게끔 인도할 수 있었다는 것이다. 이 모든 것은 멀리 떨어진 인도에서 생긴 일이 아니라, 바로 여기 켄터키에서 일어난 일이었다!

이곳 국내에 있는 교인들 중 극소수만이 이러한 대면에 준비되어 있는 실정이므로, 그들에 대한 모든 복음 전도의 기회를 포착할 수가 없다는 것은 슬프지만 사실이다. 많은 사람들이 그리스도께 자신들을 완전히 헌신하지 않았기 때문에, 그들은 다른 종교를 가진 사람들에게 제시할 것을 아무 것도 가지고 있지 않다. 또 다른 사람들은 이들 다른 종교들에 대해 조금 알거나 또는 전혀 알지 못하고, 어떻게 힌두교도, 회교도, 불교도 등에게 지적으로 잘 증거해야 할지를 알지 못한다. 우리의 목사님들과 교회들은 우리를 직면하고 있는 선교적 과제를 위해서 사람들이 영적으로 그리고 정신적으로 준비되도록 더 나은 일에 관여해야만 할 것이다.

2. 비기독교 종교의 부활

현대의 종교적 상황에서 또 다른 매우 중요한 요소는 비기독교 종교들의 부활이다. 몇십 년 전에는 이들 종교들은 다소간 기독교의 우월성을 받아들이면서 정지되어 있었고, 침묵을 지켰으며, 방어적인 것 같았다. 그러나 최근 몇 년 동안, 특히 아프리카, 아시아 국가들이 독립하게 된 이후로 동방 종교들은 그들 스스로 보편 타당성을 주장하려고 의견을 내며, 공격적이고, 그리고 급해졌다. 그들은 기독교회들이 사용한 많은 방법들을 모방하여 왔고, 그들 자신들의 선교사 프로그램을 실행하여 왔다. 그들이 새로운 생동감을 갖게 되었다는 것은 명백하다.

어떤 뚜렷한 구분을 지으며 정연한 분류를 할 수는 없지만, 아시아의 종교들의 이런 부활을 세 가지 주요 형태로 살펴보는 것이 편리할 것이다.

A. 부흥

정치적 독립의 결과로, 아시아인은 그들 자신의 역사, 문화, 그리고 그들 고유의 토착 종교의 신앙으로 되돌아가게 되었다. 그들은 그들의 정치 제도의 구축을 돕고 그들 나라 안에서의 화합을 유지하는 데 도움이 될 새로운 종교적 기초를 추구해 왔다. 식민 정치 시대 동안의 서방의 정치적, 문화적, 그리고 종교적 지배에 대한 반대가 아시아인들을 다시 새로워진 열심으로 "그들의 조상의 신앙"으로 되돌아가도록 인도했다. 이것은 특별히 불교, 회교, 그리고 힌두교 내에서 주로 내부로부터 변화를 이루려는 세력에 의해 일어난 '부흥 운동'의 결과를 가져왔다. 이것은 환경에 대한 새로운 저항과 관련을 스스로 주장하면서 생기를 되찾은 옛 것들이다. 그러므로 우리는 종교적 축제의 거행, 새로운 성전들과 사원들의 건축, 종교 문학의 제작, 그리고 젊은이를 위한 종교 교육에 대한 갱신된 강조를 본다.

부흥 운동의 주된 특징은 국교를 확립하려는 경향, 즉 다수의 종교를 국교로 만드는 경향이었다. 예를 들면, 버마에서는 60년대의 짧은 기간 동안 불교가 국교로 선언되었다. 아프카니스탄, 파키스탄, 그리고 중동에서는 회교가 국교로 간주되었다. 인도에서는 지금까지 종교의 자유, 그리고 국가와 종교의 분리를 유지하는 데 성공해왔으나, "힌두교도들을 위한 인도"를 원하는 힌두 사회의 호전적인 집단도 없지 않아 있다. 각각의 경우에 다수의 종교가 애국심과 동일시되고--"충성스러운 버마인이 되려면 불교도가 되어야만 하며; 진정한 파키스탄인이 되려면 회교도가 되어야만 한다" 등--그리고 소수 그룹들에 대한 충성은 의문시된다.

동시에 종교적 국가주의에 대한 이러한 강한 감정의 결과로, 우리는 기독교 선교사들의 입국에 부과되는 심각한 제한들을, 또 어떤 경우에는 완전한 금지를 보아왔다. 1966년에 버마 정부는 모든 선교사들에게 출국할 것을 명령하였다. 말레이시아는 기독교 선교사들이 10년의 한정된 기간 동안만 그 국경 내에서 사역하도록 허락하고 있다. 몇몇 회교 국가들은 선교사들의 입국을 정지시켰는가 하면 다른 몇몇 나라들은 선교사들의 활동들을 단호하게 박탈하였다. 선교사가 인도에서 사역을 위한 비자를 얻기가 어려워졌다. 인도에 있는 선교사의 수는 과거 20년 동안 계속 감소하였다.

이러한 형태의 종교 부활에 대한 생생한 실례는 이란에서 있었던 최근의 사건들 가운데서 들 수 있다. 거기에서는 정권이 왕으로부터 **회교 신학자**에게로 넘어갔다. 회교는 분명히 국교이고, 회교의 법은 그 국가의 법이다. 지도권은 알라의 뜻에 기초한 신권 정치의 정부를 세우려고 노력하고 있다.

B. 개혁

아시아 종교들의 부활이 나타나고 있는 또 다른 형태는 개혁이다. 이 경우에 있어서 변화는 **외부로부터** 발생하며 주로 환경적 요인의 자극에 기인한다. 그 변화는 새로운 사상과 관례의 수용과 병합과 아울러 어떤 이전의 사상과 관례들을 버리는 결과를 가져왔다. 결과적으로 개혁이 있으며 그 강조점은 옛 것 보다는 새 것에, 때로는 옛 것에 대항하는 새 것에 더 주어진다.

이 개혁 운동의 배후에 있는 주된 세력은 높은 윤리적 규범, 하나님의 거룩과 사랑에 대한 강조, 그리고 개인의 가치와 사회 정의에 대한 관심을 가지고 있는 기독교의 영향 그 자체이다. 이것은 첫째로 비기독교 종교들이 사람 사냥, 식인 풍습, 유아 살해, 사원 매춘, 여성 격리(purdah), 그리고 일부 다처제와 같은 그들의 야비한 관례들을 폐지하면서 극적인 종교 숙청의 결과를 가져왔다. 그리고 다시 세상의 종교들은 여성 평등, 가난한 자와 억압받는 자에 대한 관심, 인류에 대한 비이기적인 봉사 등과 같은 일련의 기독교의 가치들을 병합하면서 어느 정도 기독교화라는 결과를 가져왔다.

인도에서는 사원 매춘이 힌두교의 어떤 분파 간에 꽤 보편적인 관례가 되곤 하였다. 부모가 딸을 특정 여신에게 바쳤으며, 그 딸은 종교의 이름으로 거래가 이루어졌다. 카스트 제도는 또한 힌두교의 본거 중의 하나이면서, 종교의 보호 밑에서 수세기 동안 수행되었다. 그러나 인도의 독립 이후, 새로운 헌법의 형성과 함께 힌두교도들 스스로 '불촉 천민'에 반대하는 강한 입장을 취했으며, 모든 사람을 위한 평등의 개념을 증진시켰으며, 사원 매춘과 일부 다처제(힌두교도들을 위한)의 관례들을 불법화하였다. 최근 몇 년 동안 그들은 고아원, 병원, 나환자 병원, 그리고 하층 카스트 태생의 어린이들을 위한 기숙사들을 세웠다. 이제 많은 힌두교도들이 사회적 관심을 높이 나타내고 있다.

크리슈나는 힌두교의 가장 인기있는 신들 중의 하나이다. 그는 심지어 하리 크리슈나 운동의 추종자가 된 미국과 서양의 젊은이들 가운데서 인기있는 신이 되고 있다. 크리슈나와 크리스타(Krista: 그리스도의 인도식 이름)가 같거나 또는 같은 사람을 다만 다르게 지칭하는 이름들이라고 얼마 동안 주장해 오고 있는 많은 힌두교도들이 있다. 그러나 그들 두 사람의 삶을 연구해 볼 때, 그들의 인격이 같지 않다는 것은 매우 명백하다. 크리슈나에 대한 가장 보편적인 이야기 중 둘은, 그가 어떻게 가정 주부에게서 버터를 한 번 훔쳤는가이고, 또 다른 경우는 어느 젖 짜는 소녀들이 연못에서 목욕하는 동안 둑 위에 벗어둔 옷을 그가 어떻게 훔쳤는가이다. 그들이 옷을 달라고 간청할 때, 크리슈나는 그들에게 각각 간구하는 자세로 팔을 벌리고 그에게 다가오라고 하였다.

"주 크리슈나"의 이러한 이야기들을 주 예수 그리스도의 삶의 이야기와 비교해 볼 때 바람둥이 크리슈나는 하나님의 성자인 그리스도 앞에서 별로 좋은 모습을 보여 주지 않는다. 그래서 존경과 예배를 받을 만한 가치가 있는 분으로서 크리슈나에게 더 큰 신뢰성을 주기 위해서 힌두교도들은 그의 탈선적 행위에 새로운 해석을 하려고 추구해 왔다. 그들은 젖 짜는 소녀들의 이야기를 문자적으로 받아들일 것이 아니라 영적인 의미를 지닌 비유로 받아들여야 한다고 주장한다. 그래서 그들은 모든 지위, 명성 및 업적을 다 벗어 버리고 하나님 앞으로 나아오는 것이 참 가르침이라고 말한다. 그는 신 앞에서 단순한 한 인간으로 서는 것이다.

코란에 의하면 회교도 남자는 그가 모두를 동등하게 대우한다는 조건으로 4명의 합법적인 아내를 두는 것이 허용된다. 현대 어떤 회교 학자들은 4명의 아내들을 완전히 동등하게 대우하는 것이 불가능하다는 단순한 이유 때문에 이러한 규정이 실제로는 일부다처제를 제지하는 역할을 한다고 주장한다.

이러한 실례들 모두는 오늘날 비기독교 종교들 안에서 명확한 개혁 운동이 계속 진행되고 있다는 사실을 지적해 준다. 그것들은 그 견해와 개념에 있어서 더욱 더 기독교적으로 되어 가고 있다. 어떤 면에서 이것은 다만 우리의 선교를 더욱 더 어렵게 만든다. 왜냐하면 어떤 비기독교인들은 이제 그들의 신앙과 기독교 신앙 사이의 간격이 좁아졌다고 느끼므로 한쪽에서 다른 쪽으로의 "개종"이 아주 부적절하다는 것이다.

C. 재진술

비기독교 종교 가운데서 부활의 세 번째 형태는 **외부와 내부로부터** 활동하는 세력들에 의해 발생한 변화에 기인한 르네상스 운동이다. 그 과정은 반작용보다는 **상호 작용**의 과정이다. 왜냐하면 여기에서 종교와 환경은 번갈아 자극과 반응으로 작용하기 때문이다. 이러한 상호 작용은 기초에 대한 아주 혁신적인 각성을 일으켜 그 결과 몇몇 종교의 주요 개념들을 재진술 또는 재모방하게 하였다. 그 과정에서 옛날의 신앙은 새로운 의미, 새로운 탄력, 그리고 새로운 활력을 얻게 된다. 몇 가지 예를 살펴보기로 하자.

회교의 모든 역사를 통해 **지하드**(jihad: 聖戰)의 개념은 회교 정책에 있어서 매우 중요한 사상이 되어 왔다. 신앙을 지키며 또 "이교도"의 세상을 제거하기 위해서는 칼을 들고나서도록 자주 회교도들을 조장하여 왔다. 그러나 현대 사회에서 세상의 견해는 종교의 이름으로 무기를 들고나서는 것에 대해 강하게 반대한다. 종교는 전쟁으로가 아니라 평화로 인도해야 된다고 주장하고 있다. 그래서 현대 회교 학자들은 이제 영적인 관점에서 **지하드**를 해석하고 있다. 그들은 지하드는 모든 사람의 마음 속에서 일어나는 의의 세력과 불의의 세력 간의 전쟁을 가리킨다고 주장한다. 물론 이것은 세상의 어느 곳에서든지 쉽게 받아들여질 수 있는 개념이다.

불교의 가르침은 그 창립자에 의해 상술된 "사성제"에 기초하고 있다: 존재한다는 것은 고통받는 것이다; 욕망은 모든 고통의 원인이다; 고통을 제거하기 위해서 모든 욕망을 제거해야만 한다; 욕망을 극복하는 길은 팔정도(Eightfold Path of duty)를 따르는 것이다. 이것은 열반(nirvana: 생명의 소멸)에 이르게 할 것이다. 그러나 오늘날 전 아시아에 있는 서민들은 점점 높아지는 기대의 혁명 속으로 휘말려들고 있다. 즉 그들은 그들의 가난과 낮아진 지위를 "신들의 뜻"이나 "그들의 업보"(業報, karma: 전생에서 범한 행위)의 결과로 더 이상 받아들이기를 원하지 않는다. 그들은 생활에 기본적으로 필요한 것들, 즉 음식, 집, 직업, 그리고 교육을 원한다. 그들은 더 나은 삶, 즉 배고픔과 불안정의 사슬로부터 자유로운 삶을 위한 욕망으로 가득 차 있다. 그러한 사람들에게 욕망은 모든 고통의 원인이며 모든 욕망을 제거해야 할 필요가 있다고 말하는 것은 분명히 의미가 잘 통하지 않는 말이다. 이것은 대중에게 전혀 호소력이 없다. 그래서 현대 불교 학자들 가운데서는 열반을 욕망과 존재의 상실이라고 부정적으로 묘사하지 않고 완전한 행복과 만족의 상태라고 좀 더 긍정적으로 묘사하고 있다. 이것은 불교의 가르침을 현대의 상황에 더 적절히 맞게 해 주고, 서민들이 더 받아들일 수 있게 해 준다.

일본에서는 제2차 세계 대전 후, 고대의 신사와 전문 성직자를 중심으로 한 불교의 옛 형태는 곧 일반 대중들 가운데서 그 호소력을 상실했다. 그 대신에 현대 건축학적인 설계의 웅장한 건물들을 만들었고, 평신도의 참여를 강조하는 새로운 형태의 불교의 다양성이 나타났다. 이들 이른바 신종교들은 모두 "참불교"라고 주장하고 있으나, 그것들 중 어느 것도 원래의 것과 같아 보이는 것은 하나도 없다. 그들은 자기들 자신의 교리를 만들어서 물질적인 번영과 복지의 이상향을 제시하고 있다.

요즘 전 세계에 이런 종교적 부활의 징조들이 있다. 예를 들면, 불교 세계에서 일어나고 있는 것을 주시해 보라. 불교 지도자들은 기독교회가 사용한 많은 방법들을 모방하고 있다. 그들은 그들의 팔리(Pali)어 경전을 세계의 몇 가지 주요 언어들로 번역하고 있다. 그들은 설교하는 예배, 젊은이 집회, 그리고 경전 퀴즈를 인도하며, 주일 학교와 Y.M.B.A.(청년 남자 불교인 연합회)의 지부를 조직한다. 그들은 또한 "부처님, 우리 영혼을 사랑하는 자," "부처 사랑하심은 다-마(Dhamma)의 말일세," 그리고 "내 명상하는 그 시간"과 같은 것은 우리의 찬송가를 따서 개작한 것이다.

스리랑카의 수도인 콜롬보에는 불교도 선교사 훈련 센터가 있는데, 그곳의 지도자들은 "유럽의 이교도에게로 부처의 복음의 확장을 위한" 기금을 자주 요청한다. 버마의 랑구운에도 또 다른 큰 훈련 센터가 있는데, 그곳에서 그들은 인도와 영어권 세계에서의 선교사 사역을 준비하기 위하여 힌두어와 영어로 불교 승려들을 훈련시키고 있다. 일본 불교의 신도(神道) 종파는 현재 유럽과 북미에 300명 이상의 선교사들을 파송하고 있다.

오늘날 회교 역시 마찬가지이다. 아미디야(Ahmediyya) 종파는 파키스탄의 랍와(Rabwah)에 그 선교 본부를 두고 있는데, 그 곳으로부터 수백 명의 외국 선교사들을 세계의 여러 나라로 파송해 왔다. 이 집단은 기독교 신앙의 기본 진리들을 논박하려고 시도한 수많은 문헌을 펴내고 있다. 그들은 예수가 십자가 위에서 죽지 않았으며, 탈출하여 카시미르로 도망쳐서, 그 곳에서 죽었고 스리나가(Shrinagar)에 장사되었다고 주장한다. 나이제리아의 라고스(Lagos)에 있는 아미디야 종파 선교사는 몇 년 전에 빌리 그래함이 그 나라에서 집회를 인도하고 있었을 때, 빌리 그래함에게 공개적인 종교 논쟁으로 도전하였다. 그런 후 빌리 그래함이 케냐의 나이로비에 갔을 때 거기에 배치된 아미디야 회교 선교사는 그에게 공개적인 치유 대회로 도전하였다. "치료할 수 없는 환자 30명을 데려갑시다," 그가 제안했다. "그리고 제비뽑기로 당신이 15명을 데려가고 내가 15명을 데려갑시다. 누가 더 많이 치유할 수 있는지 봅시다!"

카이로에서 최고 회교 협의회(Supreme Islamic Council)는 아프리카 대륙을 위한 매우 공격적인 선교사 프로그램을 실행하고 있다. 훈련 캠프들은 중앙 아프리카와 남부 아프리카의 헌신되지 않은 정령 신앙족들을 획득하기 위해서 일치된 노력으로 수백 명의 평신도 선교사들을 배출하고 있다. 지칠줄 모르는 인쇄기들이 코란의 값싼 복사본들과 알라의 말씀을 선포하는 소책자들로 그 대륙을 범람(氾濫)시키고 있다. 리비아에서는 2천만 달러의 예산을 가진 세금 보조로 운영되는 회교 센터가 35개국에 회교 신앙의 전파를 관리하고 있다. 24개의 회교 단체들은 사우디 아라비아의 메카에 강력한 라디오 방송국을 세우려는 계획에 협력하고 있다. "회교의 소리"라고 알려진 그 방송국은 아프리카에 있는 기독교 방송과 대등한 관계를 추구할 것이다. 이들은 또한 회교 신앙을 전파하기 위하여 기독교가 따라갈 수 없는 전 세계적인 방송 캠페인을 착수하려고 계획한다.[1]

제 7세기와 8세기에 북아프리카와 근동의 정복 이래, 회교가 따라갈 수 없는 방법으로 전진 중에 있는 것은 분명하다. 세계 기름 공급의 거의 독점적인 위치와 기름이 제공하는 경제력에 의해 강화된 회교는 그 본래의 종교적 열정 이외에, 정치적이며 경제적인 군비들로 전례 없는 무장을 갖추고 있다. 회교는 이제 유럽에서 두 번째로 큰 종교로 간주된다. 서유럽에만 870만의 회교도들이 있다. 영국에는 적어도 백만 명 이상, 아마 200만 명 정도가 된다. 1976년에 유럽의 회교 협의회는 유럽의 각 주요 도시

---

1 *Christianity Today*, Nov., 1975, "World Scene," p. 76; Feb. 13, 1976, "World Scene," p. 75.

에 적절한 크기의 사원을 세울 목표를 발표하였다. 그 이후로 런던에 2,900석의 750만 달러 상당의 중앙 사원이 문을 열었고, 가톨릭 교회의 중심지인 로마에 찬란함에 있어서 성 베드로 성당에 필적할 2,000만 달러 상당의 건축물에 관한 계획을 발표하였다.

영국은 회교의 포교를 위한 특별한 목표지인 것처럼 보인다. 한 회교 지도자는 영국은 "개종을 위해 무르익었다"라고 선언한다. 지금 영국에는 300개의 사원이 있으며, 그들 중 얼마는 전에 기독교회였었다. 회교를 전파하는 22개의 영어 신문이 있다. 1976년에는 200만 달러 상당의 비용이 든 회교의 제 1차 세계 축제가 영국에서 열렸다. 그 축제는 여왕이 개회하였고 3개월 간 지속되었다. 한 성명서는 선언하였다: "우리가 런던을 회교로 인도하지 않는다면, 우리는 서방 세계 전체를 얻는데 실패할 것이다." 한 회교 훈련 센터가 문을 열었고, 1978년 12월에 런던의 기자 회견에서 회교의 의도는 다음과 같은 표제로 명백해졌다: "회교도들은 영국과 세계의 나머지 나라를 위한 선교사 전도 집회를 시작한다."

미국에서는 지난 10년 동안 회교도들의 숫자가 100만 명에서 300만 명으로 증가하였다고 추정되고 있다. 그리고 회교 지도자들은 이제는 회교가 주요한 국교가 되어야 한다고 주장한다. 이 숫자 가운데 약 100만 명의 추종자들은 아랍의 후손이라고 알려져 있고, 반면에 나머지의 대부분은 주로 흑인 회교 운동을 통해 회교로 개종한 흑인들이다. 이 조직은 이제 서방에서 회교의 세계 공동체라고 불리우고 있으며, 회교로의 첫 흑인 개종자인 빌랄(Bilal)의 이름을 따서 그 추종자들을 '빌랄리안'(Bilalian)이라 부른다. 최근의 집계에 의하면 북미 133개의 회교 학생 연합회의 지부가 있고, 84개의 사원이 있는데, 그 중 가장 최근 것 중 하나로서, 토론토의 중심가에 100만 달러 상당의 건물이 세워지고 있다. 북미에서 회교의 출판물은 740,000부의 발행 부수를 공언하는 정기 간행물과 함께 증가 일로에 있다.

석유 달러의 지원으로 회교는 이제 종교적으로 명백하게 진술된 목적을 가지고, 미국에서 사회 프로그램에 참여해 가고 있다. 사우디 아라비아로부터 5,000만 달러의 재정 보조를 받는 모범 공동체 프로그램은 전국적인 도시 센터를 위해서 계획되었는데, 빈민가 집들을 개량하는 일에 집중하며 일터와 학교 및 종교 센터를 제공해 주는 계획이다. 만약 성공한다면 프로그램의 재정 보조는 1981년까지 1억 5,000만 달러로 증가될 수 있다.

3. 비기독교 종교로부터의 도전

오늘날 세계 주변의 이러한 종교적 부활의 직접적인 결과로, 기독교 신앙이 이전 어느 때 보다 아주 폭 넓게 비기독교 종교에 의해 도전받고 있다. 그 도전은 여러 가지 다른 형태로 우리에게 오고 있는데 어떤 것은 호전적이며, 어떤 것은 회유적이다.

A. 우리의 실패에 대한 비판

요즈음 비기독인들은 서양의 기독인에 대해 아주 비판적이며 우리 자신들의 부끄럽지 않은 삶을 살지 못하는 것을 지적하기를 즐거워하는 것 같다. 그들은 우리의 높은 이혼율, 계속 증가하는 범죄율, 서적 판매소와 극장에 범람하는 외설적 추한 언행, 서양 제국주의, 자유로운 성관념, "기독교 유럽"에서 일으킨 두 번의 세계 전쟁, 그리고 미국의 월남전 참전 등을 우리에게 상기시켜 준다.

힌두교 작가인 패니카(K. M. Panikkar)는 『아시아와 서양의 우월』이라는 저술 중 "기독교 선교"라는 장에서 아시아를 개종시키려는 기독교

운동의 실패를 다루고 있다. 그는 이 실패의 다섯 가지 이유를 제시하고
있다:

   (1) "선교사는 도덕적 우월의 태도와 그 자신의 배타적 의(義)에 대한
       믿음을 함께 가지고 왔다;"

   (2) "공격적인 제국주의와 함께한 기독교 선교사 연합회는 정치적인 분
       규를 선도했다;"

   (3) "선교사들이 무의식적으로 마음 속에 박아 준 유럽인의 우월감은 역
       시 그 반감을 일으켰다;"

   (4) "타교파의 잘못을 선전하는 다양한 기독교 교파들은 선교 사역을 불
       리하게 만들었다;"

   (5) "유럽에서 불신의 증가는 기독교의 종파들이 아시아인들의 어떤 계
       층 가운데서 가졌던 마력을 깨뜨려 버렸다;"[2]

수년 전 불교 학자인 비자야와르다나(Vijayawardhana)는 『사원에
서의 반란』이라는 책에서 기독교에 대한 신랄한 공격을 썼다. 다음의 두
가지 인용문들은 그 주장의 본보기이다:

> 기독교 선교사들이 복음 전파를 위해서 거의 예외 없이 전쟁 용어를
> 사용하는 것은 이상하지만 의미가 깊다. "그리스도를 위한 싸움," "이교
> 도에 대한 전쟁," "십자가를 위한 전투"―이러한 것들은 기독교 언어의
> 살벌한 문구들 중 일부에 불과하다. 흔히 예수를 평강의 왕이라고 주장
> 하듯이, 평강의 왕의 근원을 그러한 군국주의적인 선교사들에 의하여 진
> 작(振作)되어야 한다는 것은 참으로 아이로니칼하다....심지어는 기독교
> 의 찬송가학에서도 군사주의 벌레의 파괴에 넘어가지 않는 증거를 찾아

---

2 K. M. Panikkar, *Asia and Western Dominance* (London: Allen and Unwin,
  1959), p. 297.

볼 수 없다. 그렇지 않으면, 부드러운 성품의 젊은 여성들이나 비공격적인 나이 든 여성들이 빈번히 힘차게 부른다: "믿는 사람들은 군병 같으니" 등등.[3]

오늘날의 기독교 문명은 거의 15세기 동안 존속되어 온 종교를 점점 저버리고 있다. 대 유럽 국가인 러시아도 공개적이고 공식적으로 그 옛 신앙을 거부해 오며 무신론을 신봉해 오고 있다. 종교를 인간의 진보와 복지의 주요한 적으로 선언하는 슬로건들이 도처에 나돌고 있다....기독교, 또는 그 부산물은 빨리 소멸해 가고 있다. 교육받은 자와 지성인 등의 사회에서 옛 신학 중에 이제 무엇이 남아 있는가? 기독교 종교는 우리의 눈 앞에서 사라져 가고 있다.[4]

B. 우리 주장들에 대한 도전

많은 비기독인들은 유일성과 최종 진리에 대한 기독인의 주장과 또한 다른 사람들을 그들의 신앙으로 개종시키려는 기독인들의 원리에 논박하고 있다. 스리랑카대학교의 저명한 팔리어 교수인 말라세카라(Malasekara) 박사는 『불교』란 잡지에 썼다:

개종은 추한 단어이다. 우리에게 그것은 강요, 뇌물 및 부패, 국적 박탈, 가난과 무지와 탐심의 불법 이용, 질병과 무기력 등 온갖 종류의 바람직하지 않은 것들을 연상(聯想)시킨다. 불교 신자와 힌두교 신자가 개종을 견디어 내는 시대는 사라지고 있다. 그들은 활기와 결단력으로 그들의 신앙에 대한 도전을 직면할 것이다. 그들은 의 또는 행복의 유일한 길이라는 어떤 종교의 주장도 더 이상 받아들이지 않을 것이다.[5]

철저한 힌두교도이며 전에 인도의 내그퍼(Nagpur) 고등 법원의 대심

---

3 Vijayawardhana, *The Revolt in the Temple* (Colombo: Sinha Publications, 1953), p. 502.

4 Ibid.

5 Ibid., *The Buddhist*, Dec., 1945, p. 500에서 재인용.

원장이었던 니요기(M. B. Niyogi) 박사는 "개종은 개종자의 사회와의 조화와 결속 감각을 흐리게 하기 때문에, 그의 주와 국가에 대한 충성심이 훼손될 위험이 있다"고 발표하였다.6)

슬픈 것은 기독교에 대한 비평까지 동의하려는 "기독인" 지도자들이 있다는 것이다. 영국의 뛰어난 역사가인 아놀드 토인비(Arnold Toynbee)는 "우리는 기독교가 유일하다는 기독교의 전통적 믿음을 없애야만 한다"고 제안했다.7) 신 세속 신학의 극단적인 대변인 중의 하나인 버밍햄대학교의 대이비스(J. G. Davies) 교수는 단호히 말한다: "보통 '신앙 부흥가들'이 이해하고, 시도하는 개인적인 회심은 받아들일만한 개념도 행위도 아니다....실제로, 나는 '회심'이라는 용어를 기독교의 어휘에서 없애 버리는 것이 더 좋은 것 같다."8)

사람들은 외부의 비평은 그렇게 말하리라 생각할지 모르나 진정한 기독인에 속한다고 주장하는 사람들 가운데서는 분명히 그렇지 않다.

C. 보편 타당성에 대한 그들 스스로의 주장

어떤 비기독인 지도자들은 유일성에 대한 기독교의 주장에 대해 논박할 뿐만 아니라 동시에 그들 자신의 종교들을 대표하여 보편 타당성에 관한 터무니 없는 주장들을 하고 있다. 스리랑카의 바자야와다나 교수는 기독교를 "죽어가는 종교"로 선언한 후 그의 불교에 관해 썼다:

---

6 M. B. Niyogi, *Report of the Christian Missionary Activities Committee, Madhya Pradesh* (Nagpur: Madhya Pradesh Government Printing, 1956), 1:131.

7 Arnold Toynbee, *Christianity among the Religions of the World* (New York: Scribners, 1958), p. 95.

8 J. G. Davies, *Dialogo con el mundo*. 남미 여행 중의 강의.

비록 불교식 삶의 방식이 오늘날 세계의 발전에 훨씬 앞선 윤리적 신조를 여전히 구현하고 있지만, 그것은 현 도덕 규범의 무질서 속에서 무엇을 위해 사는가 하는 신조와 무엇에 의해 사는가 하는 원리를 제공해 준다. 그 신조는 인간의 형제애 이상으로 해석되어진 의(義)이며 원리와 정의이다.9)

모든 신조와 인종의 사람들이 인간의 공통적 형제애를 그들의 종교로 받아들이며, 서로 사랑해야 하며 끊임 없는 진리의 추구와 진리의 사랑을 가장 높은 이상으로 삼아야 하는 불교의 가르침에 순종할 때가 와야 인류는 천년 왕국으로의 길에 잘 들어 설 수 있을 것이다.10)

수년 전에, 인도의 선생이며 서양의 초월 명상 운동의 영적 지도자 마하리쉬 마헤쉬 요기(Maharishi Mahesh Yogi)는 매디슨 광장의 공개 토론회에 모인 뉴욕 시민 5천 여 관중 앞에서 담대히 외쳤다: "오늘 오후에 나는 확신있게 말씀드립니다. 이 초월 명상은 확실히 수천 세대를 위해 세계 평화를 창조해 낸 것입니다." 그는 계속 말했다. "전쟁, 기근, 그리고 지진은 모두가 긴장의 징조입니다. 명상은 긴장을 없애 주며 그리하여 문제들도 제거시켜 줍니다."11)

『인간의 진보에 대한 회교의 영향』이란 제목의 소책자에서, 파키스탄의 마흐므드 브렐비(Mahmud Brelvi) 교수는 회교의 덕을 격찬하며 현대 과학, 서양의 법과 문학, 서양 건축, 서양의 시와 예술, 사회학, 서양 사상, 그리고 기독교 신학 모두가 회교에 많은 신세를 지고 있다는 사실을 증명하기 위해서 동양 뿐 아니라 서양의 많은 저술가들의 글을 인용하고 있다. 그는 "회교의 도량," 회교에 의해 자극받은 광범위한 "사회 혁명"과 "세계 복지에 대한 회교의 공헌"을 찬양한다.12)

---

9 Vijayawardhana, *The Revolt in the Temple*, p. 531.
10 Ibid., p. 532.
11 *Lexington Leader*, Lexington, KY, Feb., 1968.

세계의 각 종교 지도자들은 이제 그들의 종교가 모든 타종교보다 우월함을 주장하고 있다.

D. 타협으로의 초대

이전 자세와는 대조적으로, 세계 전역의 종교 지도자들 중에는 기독교를 향하여 좀 더 자유로운 접근을 취하는 사람들도 있다. 그들은 자신의 신앙에 대한 특별한 주장을 하기 보다는 그들의 한계는 물론 모든 종교의 타당성을 쉽게 받아들인다. 그들은 결정적인 권위의 말을 가지고 있는 종교는 없으며, 모든 종교는 동일한 지위에 있다고 제안한다. 그러므로 그들은 기독인으로 하여금 절대 진리에 대한 그들의 주장을 포기하고 모든 종교를 향해서 이러한 타협적인 태도를 받아들이도록 촉구하고 있다.

특히 힌두교 대변인으로부터 온 이 초대는 광범위하게 받아들이는 두 가지 현대적 개념에 근거하고 있다. 첫 번째는 "평화적 공존"이라는 정치적인 개념인데, 이 개념은 인도의 수상인 자와하랄 네루(Jawaharlal Nehru)가 그의 대 중국 외교 정책의 기초로 채택한 것이다. 네루는 중국의 지도자들에게 말했다: "만일 당신들이 공산주의 정부를 세우려 한다면 그것은 당신들의 특권입니다. 인도에서 우리는 민주주의 공화국을 갖는 것이 더 좋습니다. 이제 우리 중 한 쪽이 그의 정부 체제를 다른 한 쪽에 강요하려고 한다면, 그것은 다만 긴장과 전쟁을 초래할 것입니다. 그러니 우리 상대방의 정부를 인정하며 '평화적 공존' 상태에서 나란히 삽시다."

이 개념은 이제 종교적 영역으로 넘어 온다. 예를 들어, 힌두교인은 기독인에게 말한다: "나는 우연히 타고난 그리고 좋아해서 힌두교인이 되었고, 당신은 공교롭게도 기독인이 되었습니다. 이제 우리 중 하나가 그의

---

12 Mahmud Brelvi, *The Impact of Islam on Human Progress* (Karachi: Technical Printers, 1964). 목차를 보라.

종교를 다른 이에게 강요하려 한다면, 그것은 오직 오해와 투쟁으로 인도될 뿐입니다. 그러니 우리 서로 상대방의 종교를 인정하고 '평화적인 종교적 공존'의 상태에서 나란히 삽시다."

타협으로의 초대에 대한 두 번째 기초는 진리를 향한 과학의 태도에서 온다. 과학은 결코 최종적인 진리에 도달했다고 주장하지는 않는다고들 말한다. 그것은 꾸준히 우주에 대해 새로운 발견을 하며 진리의 한계를 넓혀 가고 있다. 그것은 항상 옛 이론을 새 이론으로 대치해 버린다. 과학에서 진리는 다만 상대적이다. 이와 마찬가지로, 사람들은 계속해서 하나님에 대한 철학적이고 종교적인 진리와 삶의 의미의 새로운 국면을 발견하며 논의하고 있다. 어느 누구도 절대적인 영적인 진리를 주장해서는 안 된다. 그렇게 하는 것은 완고함과 잘못된 자부심의 뚜렷한 표시이다. 모든 종교적 진리는 상대적이며 첨가할 진리를 위한 공통적 추구에 우리가 합세함을 인식하는 것은 얼마나 바람직한 일인지 제안하고 있다.

E. 협동으로의 초대

이것은 앞에서의 타협으로의 초대보다 한 발 앞서는 또 다른 화해적인 간청이다. 간단히 말하면 다음과 같다: "오늘날 인류의 최대의 적은 무종교입니다—세속주의, 물질주의 그리고 무신론. 그러므로 어느 것이 우월한 종교인가에 대한 우리들끼리의 논쟁을 그칩시다. 그 대신 우리 공통의 적인 세속주의에 대항하는 운동에서 서로 힘을 합쳐서 현대의 이교도들을 종교적 신앙과 실행으로 되돌이키도록 노력합시다." 심지어 어떤 사람은 예배 참여와 사회적 지위 향상의 프로그램에 같이 연합하자는 제안까지 한다.

기독인들은 이러한 모든 도전과 초대에 공정하고 정직하게 직면해야만 한다. 우리의 행동에 대해 퍼부어진 비판에 반응하여, 우리는 감히 우리의 실패를 덮어 버리거나 합리화 하려고 시도해서는 안 된다. 우리는 죄를 하나님과 우리의 동료 앞에서 신실하게 자백해야 하며, 진정한 회개와 겸손으로 하나님 아버지께 나와서 완전하고 자유로운 용서를 구한 다음에 사랑과 거룩함 가운데서 하나님의 은혜로 기독인의 삶을 살도록 힘써야 한다. 비기독인은 기독인이 된다는 것이 세상과 다르게 되는 것이며 동시에 동기, 태도, 말, 행위에 있어서 그리스도와 같아지는 것임을 알아야 한다. 우리는 우리 시대의 도덕적 악과 부정에 맞서는 입장을 취해야 한다. 그리고 개인 뿐만 아니라 사회도 변화를 모색해야 한다. 우리는 가정 생활의 기초를 강화하고 교회의 영적인 삶을 새롭게 하려고 노력해야만 한다. 명목상의 기독인은 진정한 기독인이 되어야 한다.

궁극적인 진리에 관한 성경적 주장과 영적 회심을 위한 부름에 맞선 도전에 반응하여, 복음적인 기독인들은 이런 문제들은 타협의 여지가 없는 것임을 부끄러움 없이 선포해야 한다. 기독교 계시의 유일성은 논쟁을 위한 문제가 아니고, 사실이 무엇이냐에 대한 질문이다. 만일 성경이 영감으로 쓰여졌고 권위적인 하나님의 말씀이라면, 그리고 만일 하나님이 그의 아들의 성육신과 십자가에 못박히심을 통해서 역사 속에서 결정적이고 구속적으로 행하셨다면, 그리스도는 오직 길이요, 진리요, 생명이며, 그로 말미암지 않고는 아버지께로 올 자가 없는 것이다. "소견 좁은 고집통들"이니 "종교적 제국주의자들"이라고 불리워짐에도 불구하고 우리는 우리의 것이 아닌 것에 굴복해서는 안 되고, 하나님 말씀 위에 확고한 입장을 취해야만 한다(4장에서 이런 문제들에 대해 아주 상세하게 다루게 될 것이다).

4. 커 가는 영적 진공

비기독교 종교들에 의한 모든 외적인 부활에도 불구하고, 우리가 살고 있는 세계의 어떤 지역에는 영적 진공이 커 가고 있다는 명백한 증거가 있다. 외적인 과시 가운데 내적인 부패가 있다.

이 영적 진공은 전 세계의 대학생들 가운데 아주 강하게 있다. 인생에 대한 과학적 접근을 통해서 그들은 의심스러워하는 마음을 키워 왔으며, 모든 것을 받아들이기 이전에 그것을 실험용 튜브에 넣어 확인해 보기를 원한다. 그들은 일반적으로 종교에 대해 환멸을 느끼고 있으며, 심지어 어떤 이들은 마르크스주의자들의 태도를 용납하여 "종교는 아편이다"라고까지 한다. 이리하여 많은 학생들은 "그들의 선조의 믿음"을 저버리고 불가지론적 혹은 세속적 성향으로 되어 가고 있다. 그들은 그들의 전통적 종교가 그 기초적인 개념을 수정하여 그 관습을 현대화하려고 아무리 많이 추구한다 하여도, 그것은 여전히 20세기 문명에는 맞지 않고 의미없는 것이다. 최근 일본의 정부 조사에서, 학생들의 65퍼센트가 어떤 특정한 신앙을 전혀 가지고 있지 않다고 말했다.

영적 진공은 또한 전 세계의 도시 중심지에 있는 저소득 대중 가운데 강하게 있다. 도시화는 우리 시대의 특징적 현상이다. 사람들은 직업, 교육, 오락, 더 나은 삶의 방식을 찾기 위해 시골에서 도시 지역으로 이주하고 있다. 그 결과 모든 나라에 대도시가 발달하고 있다. 일본의 동경은 천백만 가량의 인구가 있으며, 한국의 서울은 천만, 멕시코시와 브라질의 상파울로는 각각 8백만 내지 9백만의 인구가 있다. 인도의 봄베이와 켈커타는 각각 7백만에 육박한 인구가 있다. 이제 이러한 이주민들이 농촌에 거주하여 소작농으로서 살아가고 있을 때 그들은 자연의 힘을 상당히 깨달았으며 하나님을 더욱 의식했다. 그들은 들에서 아무리 일을 열심히 할지라도 창조자가 비와 햇빛을 공급해 주시지 않는다면 그들의 곡식은 자라지 않는다는 것을 실감했다. 그러나 일단 그들은 도시로 이사하여 시멘트 정글에서 길을 잃고, 수천 대의 차, 고속도로의 미로, 고층 빌딩, 그리고 마구 퍼져있는 공장들을 바라보며 인간의 독창력과 창조력을 더욱 의식하게 된다. 그들은 창조자를 잊고 기계를 더욱 의식하게 되는 것 같다. 그래서 그들은 세속화되고—마침내는 탈락자가 되는 것이다.

그리고 다양한 환경적 요인들, 즉 정치적, 역사적, 사회 문화적 힘에 의해 영적 진공이 생긴 나라들이 있다. 예를 들면, 한국이 이런 나라 중의 하나이다. 어떤 역사적 이유들로 인하여 일반 대중이 강하게 붙들고 있는 특정한 비기독교적 신앙은 없다. 한국에 간 노련한 선교사 사무엘 모펫 (Samuel Moffett)은 "대부분의 한국인들은 전혀 믿음을 가지고 있지 않다고 말할 것입니다. 도시들은 종교적인 진공 상태에 있습니다"라고 썼다. 작고한 박정희 대통령에게 그의 종교가 무엇인가를 물었을 때, "나의 부모님은 불교 신자였습니다. 하지만 나는 아무 종교도 없습니다"라고 대답했다.

또 다른 예는 일본이다. 일본은 세계 시장에서 경쟁하는 모든 아시아 중에서 최고의 생활 수준을 가진 고도로 산업화된 나라이다. 일반적으로 말하면, 일본 국민은 아주 물질적이며 세속적이다. 남미 전역에도 커다란 영적 진공이 있다; 비록 국민의 85퍼센트 또는 그 이상이 가톨릭 신자라고 하지만 실제로는 단지 10퍼센트 만이 교회 생활에 참여하는 가톨릭 신자이다.

수세기 동안 정령 신앙이 다수 신앙인 중앙 및 남부 아프리카의 많은 국가에서는 교육과 현대 기술이 많은 옛 전통적 신앙과 의식들을 급속히 훼손시키고 있다. 심지어 몇몇 유럽의 국가에도 대다수의 사람들이 기독교회와 관련을 갖지 않고 기독교적 가치와 표준을 전적으로 따르지 않는 비극적이고 만연된 영적 진공이 있다.

영적 진공에 관하여 기억해야 할 두 가지 중요한 사실이 있다. 첫째는 그것이 교회에 굉장한 전도의 기회를 제공해 준다는 사실이다. 사람들이 어느 특정한 신앙이나 이데올로기에 깊은 헌신이 없을 때, 그들은 대체로 새로운 개념에 더 마음이 열려 있으며, 그리하여 메시지에도 잘 응하게 된다. 그들은 접근하기 쉬우며, 설득하기 쉽다. 오늘날 세상의 많은 분야에서 교회는 복음을 위한 적절한 기회를 잡고 있으며, 회심자의 수와 일반 회중의 수가 현저하게 증가하는 것을 경험하고 있다. 어느 통계에 의하면 전 세계적으로 55,000명의 사람들이 매일 기독인이 되고 있으며, 적어도 매주 1,400개의 새로운 교회가 조직되고 있다.

복음이 한국의 영적 진공을 빠르게 채우고 있다. 1940년 이래로 한국의 기독인의 숫자는 매십 년마다 배가되어 왔다. 1940년에 단지 30만의 기독인이 있었는데, 1950년에는 그 숫자가 75만으로 늘었다. 공산주의 북한과의 전쟁(1950-52) 중에 생겨난 다수의 사상자들과 대량 파괴에도 불구하고, 1960년의 기독인의 숫자는 다시 배가되어 150만이 되었다. 1970년에는 대략 300만에 이르렀으며 1980년 경에는 600만을 넘어 섰다. 수도인 서울에만도 2800개의 교회가 있다. 한국군의 40퍼센트 이상이 기독인으로 추정된다. 와스콤 픽켓(J. Waskom Pickett) 주교는 한국을 "기독교국으로 형성되어 가는 나라"라고 불렀다.

남미 전역의 복음 운동은 획기적인 성장이 입증되고 있다.『라틴 아메리카의 교회 성장』13)에 의하면 1900년에 개신 교회에 활동적이며 세례 받은 교인들은 단지 31,000명이었다. 이 책에서 1966년에는 1,000만 이상의 복음적 단체가 있다고 추정했다. 그 수는 오늘날 아마도 배가 되었을 것이다. 브라질과 칠레에서는 복음주의자들이 인구의 10퍼센트로 간주된다. 연합 통신사의 조사에 의하면 전체 인구가 2억 8천만 이상되는 남미

---

13 W. R. Read, V. M. Monterroso, and H. A. Johnson, *Latin American Church Growth* (Grand Rapids: Eerdmans, 1969), p. 51.

에 4천만이 복음적 회중과 연관되어 있다고 추산했다.14) 특히 오순절 교회는 시골 지역에서 도시로 이주해 온 많은 사람들을 그리스도 앞으로 인도하고 있다. 이러한 하류의 공장 노동자들은 고향에 있는 가족과 교회 관계를 단절하고, 극히 중대한 기독교 메시지를 아주 잘 받아들이는 것으로 나타났다. 이런 사회 부문으로부터의 회심자들은 큰 회중을 형성하고 있으며, 넓은 성전도 세우고 있다. 칠레의 산티아고에 한 교회는 15,000의 회중을 수용할 수 있으며, 브라질의 상파울로의 다른 교회는 25,000석을 갖고 있다.

아프리카 대륙의 사하라 사막의 남부에는 기독교회의 거의 전례없는 성장이 지난 수십 년 간 일어나고 있다. 이십 세기 초에 아프리카는 전통적 정령 신앙이 중부와 남부를 휩쓴 반면, 북쪽은 회교 대륙이었다. 소수의 기독교 지역이 모잠비크와 앙골라 같은 나라에 있었고, 그 외에 남부 지역에 백인 기독인이 있었다. 기독인 전체 인구가 겨우 400만 뿐이었다. 지금 아프리카는 1억 5천만의 기독인이 있으며, 이것은 총 3억 6천만 인구의 41퍼센트를 나타내는 것이다.

예를 들면, 케냐에서는 1950년의 200만의 기독인이 1960년에는 450만, 1975년에는 850만이 되었다. 매년 30만의 케냐인들이 기독교로 개종하며, 대략 300개의 다양한 크기와 질의 새로운 교회 건물들이 케냐에서 건축되어지고 있다. 만약 그들 스스로를 기독인이라고 고백하는 사람을 특정의 표준으로 간주한다면, 케냐인의 70%가 기독인이라고 고백한다고 할 수 있다.

아프리카의 인구와 교회 성장에 관한 광범위한 연구를 하고 있는 선교

---

14 William F. Nicholson, "Evangelical Movement Grows Strong in Latin American Nations," *Sunday Herald-Leader*, Lexington, KY, May 22, 1977, p. F-7.

사회학자인 대이빗 베럿(David Barrett)은 이십 세기 말까지 아프리카 대륙에는 3억 5천만의 기독인이 혹은 총 인구의 50퍼센트의 기독인이 있을 것이라고 추정했다.

이런 모든 통계로 볼 때, 세계의 많은 지역의 영적 진공이 복음 전파를 위한 여느 때와는 다른 기회와 예수 그리스도의 교회 성장을 제공해 주고 있다. 또한 더 큰 기회들이 앞에 놓여 있을 수도 있다. 8억 5천 내지 9억의 중국이 복음에 문을 다시 개방할 때, 그러한 추세로 수년 간 지속될 상황이 어떠함을 사람들은 추측해 볼 수 있을 것이다. 공산주의의 지배와 강요된 무신론 철학의 30여 년 후에 그 나라에는 옛 불교와 유교 신앙이 깨끗이 사라져 버렸다. 그것은 중국 사람들이 전체적으로 종교적 신앙이 없음을 의미한다. 그러나 기독교회는 최근에 알려진 바대로, 여전히 건재하며 잘 견디어 왔다. 교회의 수는 줄어들었지만, 교회 그 자체는 정화되고 생명력이 있어 왔다. 그래서 만약 종교의 자유가 다시 국민들에게 주어진다면, 기독인들은 동남 아시아 전역으로부터 온 헌신된 중국의 기독인들과 연합하여 은둔처로부터 나와서 영적 진공을 향하여 움직이는 강한 복음적 세력을 형성하게 될 것이다. 이것은 기독교회의 전 역사가 당면해 온 도전 중 가장 큰 선교적 도전으로 나타날 것이다.

그러나 이와 동시에 우리는 영적 진공에 부정적인 면이 있음을 지적해야 한다. 그것은 복음 전파와 교회 성장을 위한 문호 개방을 해 줄 뿐만 아니라 또한 잠재적인 위험을 내포하고 있다는 것이다. 왜냐하면 사람들은 오랫동안 영적 진공 상태에 머물러 있지 않을 것이기 때문이다. 스탠리 존스(E. Stanley Jones) 박사가 "자연은 진공을 몹시 싫어하며, 인간의 본성도 진공 상태를 몹시 싫어 합니다"라고 가끔 우리에게 경고한 것처럼, 만약 예수 그리스도의 복음이 영적 진공을 향하여 아주 빨리 움직이지 않으면, 인간이 만들어 낸 "주의" 또는 이데올로기가 그 대신 들어올 것이다. 사람들은 무엇인가를 믿어야만 되게끔 창조되었으며, 자신을 무언가 혹은 누군가에게 맡겨야만 하는 속성이 있다. 이것은 이 세계 복음화의 전체적 사역에 관하여 확실한 긴박성이 있음을 의미한다. 우리는 지체해서는 안 되며 감히 지체하지도 말아야 한다. 오늘 복음에 마음의 문이 열려 있는 사람이 내일에는 열려 있지 않을 수도 있다. 만일 우리가 지금 행동하지 않으면 너무 늦을지도 모른다.

세계의 두 지역이 이러한 잠재적 위험의 실재를 이미 나타내 주고 있다. 브라질이 그 중 하나이다. 남미에서 가장 많은 인구, 완전한 종교의 자유, 그리고 가톨릭 교회가 접촉하지 않은 수백만의 사람들로 인하여 복음적인 기독교가 이런 사람들을 그리스도와 개인적으로 만나는 경험을 갖도록 도전적 기회를 제공해 준다. "브라질에서 복음 전파의 문이 활짝 열려 있을 뿐 아니라, 그 구심점을 잃었다"고 누군가가 말했다. 이제 브라질에서 복음적인 움직임은 이러한 영적인 공허를 메꾸려고 많은 노력을 하고 있는 것이 사실이며, 수천의 사람들이 매년 그리스도의 구원을 경험하고 있다. 그러나 동시에 기독교는 브라질 사회 중 어떤 지역 안으로는 빨리 들어가지 못하고 있으며, 그 결과 다른 "신앙"인 심령술이 많은 사람들에게 중요한 선택으로 대치되었다.

심령술은 "오늘날 브라질에서 가장 빨리 성장하고 있는 종교 중의 하나"로 알려졌다. 그 운동에는 두 가지 주요한 구분이 있다. 더 나은 교육을 받은 자들은 대개 프랑스의 심령술사 카렉(Kardec)의 가르침을 따르며, 그 운동의 철학적인 면을 강조한다. 그러나 중류와 하류 계층을 포괄하는 단연 많은 수의 신자들은 무아지경과 영적 충만을 강조하는 **움반다**(Umbanda) 라고 알려진 감정적 표현에 사로잡혀 있다. 다음의 글은 그들의 "예배"에 참석했던 미국 선교사가 그들의 의식을 묘사한 것이다:

거리에서 보니 그것은 어느 작은 교회 건물 같이 보였다. 그러나 안으로 발을 들여 놓자 즉각적으로 다른 점이 나타났다.

무엇이라 표현할 수 없는 기대의 분위기가 그 곳 전체를 맴돌았다. 옆 문을 통해 보니 길고 빳빳한 흰 가운을 입은 여인들과 흰 셔츠와 바지 차림의 남자들의 움직임이 눈에 띄었다. 방의 절반은 보이지 않게 희미한 녹색 커튼으로 쳐 있었다. 거의 꽉 차 있었지만 나는 앞줄의 한 자리를 겨우 찾아 냈다.

나는 농구 경기의 경고 신호 같은 갑작스런 소리에 정신이 번쩍 들었다. 원하면서 기다리는 제자들 위에 임할 영들을 반복해서 초대하면서 익숙하지 않은 기원 찬송가를 부르기 시작했다. 그들이 노래할 때, 커튼이 갈라지면서 이상하고 정체를 알 수 없는 제단 앞에서 원을 그리며 움직이는 40-50명의 흰 옷 입은 행진자들이 나타났다. 그 제단 위에 내가 알기로는 인기인의 하나였던 성 조지가 흰 군마에 타고 있는 것을 포함한 여러 성자들과 영들의 초상이 있었다.

"땅의 우두머리"라는 뜻의 *Chefe do terreiro*라 불리는 근엄하고, 아주 뚱뚱하고, 녹색 명주 까운을 입은 여족장이 예배를 인도하고 있었다. 노래가 끝나자 그녀는 영창조의 기도를 했는데, 나는 그 기도의 일부가 이런 비밀 의식 중에 하기에 너무나도 성스러운 주기도문임을 알고 놀랐다.

그러자 그것이 시작되었디! 원을 만들기 시작하더니, 그 족장은 각 참석자의 이마를 누르고, 그의 주위를 한 번 돌더니, 그를 무아지경 상태로 바닥에 쓰러뜨렸다. 빳빳한 몸이 바닥으로 쓰러지면서 갑자기 요란한 소리를 내는 통에 현실로 되돌아 온 나는 남자 여자 할 것 없이 소리지르고, 넘어지고, 흔들며, 경련으로 발작하며, 때로는 동물과 같은 소리를 내고 있는 동안 기운 빠진 방관자로 45분 간 앉아 있었다.

그 밤이 바로 브라질의 원시 종족들로부터 옛 인디안들의 영을 받은 밤이었다. 다른 경우는 각 숭배자들을 지배하기 위해 돌아온다고 생각되는 옛 아프리카인들의 영을 불러들였다.

"인디언의 영"과 "아프리카의 영"의 이러한 방문은 신봉자들에게 치유의 영으로 특별한 진찰을 해 주는 데 그 목적이 있다. "영에 사로잡힌" 밀짚 모자를 쓰고 천연의 검은 여송연을 피울 때 특별한 효과가 있었다. 청중 가운데 있는 사람들은 도움을 청하며 앞으로 줄지어 나아갔다....많은 사람들이 몸치장을 잘하였으며...어떤 이들은 어린 아이들을 이끌거나 데리고 왔다. 모두가 "무엇이든" 다 시도해 보았던 사람들 같이 보였으며, 이제는 심지어 이런 것까지라도 기꺼이 시도해 보려는 필사적인 상황에 놓여 있었다.

나는 갑자기 부끄러워졌고 부담을 느꼈다. 좋은 소식을 위탁받은 우리들이 이런 영적으로 낙담한 사람들에게 전혀 영향을 주지 못했다는 부끄러움...그리고 이러한 미혹시키는 모든 심령술사들을 이 절망적인 굴레에서 풀어 주고 싶은 열정으로 가득찬 부담을 느꼈다.15)

브라질의 사회학자들은 이제 브라질인의 40퍼센트 이상이 심령술 의식에 한 번 혹은 그 이상 참석하고 있다고 지적한다. 심지어는 더 많은 사람들이 심령술 의식과 관련된 세력의 실제를 믿고 있다.16) 그와 같이 브라질의 많은 사람들이 예수 그리스도의 인격 안에서의 온전한 만족을 발견할 수 있는데도 불구하고, 인생의 문제에 대한 해답을 찾기 위해서 이러한 극단으로 가고 있다는 것은 참으로 비극이다.

일본은 기독교회가 적절한 시기에 들어가는 데 실패했을 때 영적 진공 상태가 어떻게 되었는지를 보여 주는 또 다른 분명한 예이다. 제2차 세계대전 이전에는 불교와 신도(천왕 숭배)가 그 나라에서 두 개의 가장 강력한 종교 운동이었다. 일본 사람들은 그들 스스로 신의 운명을 타고난 특별한 나라라고 간주했다. 그들은 천왕을 신처럼 받들었고 사당에서 그에게 경의를 표했다. 그러나 갑작스런 종전으로, 일본의 전체 종교 철학은 산산조각이 났다. 그들의 군대는 패하였고 도시들은 황폐하게 되었다. 천왕은 마이크 앞에 서서 전체 국가 앞에 그의 신성에 대한 주장을 포기했다. 국민들은 곧 아무런 신앙도 갖고 있지 않음을 발견했다. 좌절감과 절망감, 그리고 불안감이 온 나라를 휩쓸었다.

---

15 Jack Stowell, "Brazil's Fastest Growing Religion," *Cable* (Overseas Crusades, Jan.-Feb., 1965), pp. 1-2.

16 Dale Kietzman, "Brazil's Spirit Cults," *World Vision*, Apr., 1968, pp. 6-9.

달성을 향하여 다른 사람들과 협조하여 일하는 자임을 깨닫게 했다. 그리고 또한 사람들에게 동일감과 일체감을 제공해 주었다.

특별히 신흥 종교 중 두 개는 추종자를 얻는데 아주 성공적이었다. 리쇼 코세이 카이(Rissho Kosei Kai)는 수백만의 신도를 자랑한다. 동경의 본부는 한 구역 전체를 차지하고 있으며, 예배 센터, 병원, 두 고등학교, 사무실과 인쇄소, 유치원, 양로원, 그리고 운동장을 포함하고 있다. 대성전은 35,000명을 수용할 수 있는 8층의 현대식 건물이다. 소카 가케이(Soka Gakkai)는 1951년에는 5,000명 뿐이었으나, 오늘날에는 1,500만 이상의 신도를 자랑하는 일본에서 가장 빠르게 성장하고 있는 신흥 종교이다. 바로 수년 전 동경시 외곽의 후지산 기슭에 장엄한 새로운 본부가 완성되었다. 보기 드문 건축 양식과 현대의 모든 전산 시설을 갖춘 이 센터는 1억 달러 정도 들었다. 위의 두 종교의 신도들은 그것들을 "참불교"라고 주장하며, 그들의 강력한 평신도 운동에 자부심을 갖고 있으며, 그 추종자들로 하여금 나가서 새로운 개종자들을 얻도록 권장하고 있다.

제2차 세계 대전이 끝날 무렵 일본의 영적 진공이 나타났을 때, 기독교회가 그 위기에 대처할 만큼 신속하게 그리고 충분한 생명력을 가지고 들어갈 수 없었던 것은 실로 비극적인 일이다. 우리는 이 세기의 가장 큰 복음적 기회를 잃었다. 그 신흥 종교들은 수백만의 사람들의 충성을 다짐받고 있지만 그것들은 특성에 있어 매우 피상적이며, 과거와의 아무런 강한 단절을 요구하지 않으며, 순수한 도덕적 변화에 영향을 줄 수 없다. 그것들은 어느 정도의 정서적이고 심리적인 위안을 대중들에게 제공해 줄지는 모르나, 사람들의 깊은 영적인 필요를 만족시킬만한 힘은 없다.

5. 요약

전술한 토의에서 볼 때 현 세상의 종교적 상황은 여러 양상을 띠고 있는, 진실로 복잡한 모자이크임이 아주 분명하다. 우리는 고도의 다원적인 세계에서 살고 있다. 아주 다양한 세력들이 작용하고 있고, 많은 의견들이 주의를 환기시키고 있으며, 많은 "주의"들이 사람들의 마음과 정신을 위해 경쟁하고 있다.

전 세계는 선교의 현장으로 되돌아가고 있다. 모든 곳의 기독교회는 이교도적 환경 가운데서 세워졌다. 세계 종교들 간의 대면과, 신앙과 불신앙 사이의 대면은 모든 대륙에서 볼 수 있다.

비기독교 종교들은 새생명과 활동의 소생을 경험하고 있다. 이 소생은 때때로 옛 전통과 관습이 되살아난 상태로 나타난다. 이것은 때로는 옛 것을 버리고 새 개념과 관습을 합병시키는 개혁 운동으로 표현된다. 어떤 때에는 의문시 되는 종교가 현대적이 되기를 모색하며 그 시대 정신에 보조를 맞추려고 추구하기 때문에 그 부활은 개혁의 급진적 과정이라는 결과를 가져온다.

비기독교 종교들은 새로운 대담성과 정력을 가지고 기독교 신앙에 도전하고 있다. 그들은 기독인들의 고백과 실천 사이에서 뻔히 드러나는 불일치를 비판하고 있다. 어떤 이들은 보편 타당성에 관한 자신의 주장을 내세우려고 시도하며 외부인들을 그들의 신앙으로 개종시킬 길을 찾고 있는 반면에, 어떤 사람들은 기독교의 최종 진리와 개종할 권리에 대한 주장과 맞서 논쟁하고 있다. 어떤 사람들은 진리를 위한 공동의 연구에 그들과 연합하도록 우리들 기독인을 초청하여, 종교와 비종교의 범세계적 싸움에서 그들과 힘을 합하자고 우리를 초청하고 있다.

이러한 모든 부활 운동에도 불구하고, 전 세계적으로 발달해온 커 가는 영적 진공이 있는데, 많은 사람들은 모든 종교에 대항하여 반감을 품고 있으며, 인본주의와 세속주의로 향해 움직이고 있다. 이것은 특히 대학생, 큰 대도시 지역의 대중들, 그리고 공산주의가 최상의 통치권을 갖고 있는 나라 가운데서 사실이다. 영적 진공은 기독교회에게 복음 전파에 대한 엄청난 기회를 주고 있지만 동시에 그것은 잠재적 위험으로 가득 차 있다. 왜냐하면 만약 교회가 알맞는 자원을 가지고 효과적으로 행하지 않는다면, 사람들은 그들의 내적 공허를 채울 도움을 위해 어떤 다른 '신앙'에 손을 뻗게 될 것이다.

영적으로 살아있고, 주님께 깊이 헌신되어, 성령에 의해 권능을 부여받고, 그 부르심과 메시지에 충실하며, 사람들의 전체적인 필요에 예민하게 대처하는—오직 그러한 교회만이 오늘날의 도전에 알맞게 준비될 수 있을 것이다.

2

기독교 신앙과 타종교 신앙

인도에서 두 기독교 선교사가 그들의 선교 센터 근처 어느 길을 걷고 있었다. 둘 다 진지한 신앙을 가지고 진정한 헌신을 한 사람들이었다. 갑자기 그들은 공사 중인 힌두교 사원이 보이는 곳에 왔는데, 그 중 한 선교사가 질색을 하면서, "아! 나는 저런 것을 보는 것이 아주 싫어요. 또 하나의 적의 요새니까요!"라고 말했다.

다른 선교사가 말하기를, "글쎄, 나는 그렇게 생각하지 않아요. 그것은 인간들이 하나님을 찾는다는 또 하나의 증거이지요. 그래서 하나님께 그것을 인하여 오히려 감사하다고 말하고 싶은데요."

이것은 몇 가지 중요한 질문들을 제기해 준다. 즉 기독인으로서 우리는 세계의 비기독교적인 종교들을 어떻게 보아야만 할 것인가? 복음의 적으로, 아니면 악에 대항하여 공통으로 싸우는 동맹자로 볼 것인가? 기독교 신앙과 세계의 타종교들과의 관계는 어떠한가? 복음은 비길 데 없는 유일한 계시인가? 아니면 기독교가 단지 많은 종교들 가운데 한 종교인가?

우리의 신앙을 전달하는 방법과 원칙을 알려고 하기 전에 우리는 우리의 신앙의 본질과 특성을 먼저 결정해야 한다. 왜냐하면 복음에 대한 우리의 태도가 우리가 채택한 선교의 방법을 크게 좌우할 것이기 때문이다. 예를 들어, 만일 기독교가 현존하는 많은 선택 가운데 하나라고 믿는다면, 우리는 종교 간의 대화에, 그리고 우리의 견해를 타종교와 나누는 것에 만족할 것이다. 그러나 만일 복음이 인간에게 향한 유일한 하나님의 계시라고 믿는다면, 우리는 그리스도의 급진적인 주장들을 가지고 어느 사람이든 대면하고자 할 것이다.

그러므로, 기독교 신앙과 비기독교 종교들과의 관계를 서술하기 위해 제출되었던 다양한 이론들을 살펴보자—가장 보수적인 것에서부터 가장 자유적인 견해까지의 모든 이론들을.

1. 근본주의자의 입장

이 견해는 비기독교 종교들을 거짓되고 전적으로 악한 것으로 간주한다. 세계 종교들은 "마귀에게 속해" 있거나 사단의 지배 하에 있는 타락한 인간의 산물이다. 그러므로, 기독교 신앙과 타종교들 사이의 관계는 진리와 잘못의 관계인 것이다. 기독교는 어떤 다른 종교와도 결코 비교되어질 수 없다; 단지 대조되어야 한다. 기독인들이 세계 종교들을 동류로 간주하거나, 또는 종교의 영역에서 그들과 합세하여 협력하는 것은 불가능한 일이다. 우리 기독인들이 세계 종교를 연구하는 것은 시간 낭비이다. 만일 우리가 그것들을 연구한다면, 적을 격퇴시키기 위해서 지도를 총체적으로 연구한다는 정신으로 해야만 한다. 타종교에서는 복음을 위한 가교로서 사용되어질 수 있는 것은 아무 것도 없다.

이러한 일반적인 태도를 취하는 사람들 중에는 비기독교적인 종교에도 다소 선한 요소들이 있다는 것을 역시 인정하지만, 이러한 것들은 너무나 부적당하거나 잘못과 뒤섞여져 있기 때문에, 기독인은 이러한 요소들이 발견되는 종교적 체제들을 완전히 파괴하고 기독교로 대치시키도록 노력해야만 한다고 주장한다.

비록 이런 입장이 열정적으로 기독교 신앙의 유일성을 보호한다손 치더라도, 그것은 확실히 눈에 띄는 약점들을 가진다. 첫째로, 타종교들은 어떤 진리도 갖고 있지 않다고 말하는 것은 정확하지 않다. 물질적인 것보다는 영적인 것의 우월성과, 그리고 도덕 질서의 확실성(사람은 무엇을 심든지 그대로 거둘 것이다는)을 가르치는 힌두교의 개념은 정말로 인정할 만한 가치가 있다. 불교의 팔정도(八正道) 안에는 숭고한 많은 윤리적 실천 사항들이 있다. 물론 회교도 유대교와 기독교로부터 하나님의 유일성과 주권의 개념을 취했다. 이러한 모든 것은 복음을 제시하기 위한 교두보를 제공해 준다. 100퍼센트 과실로 이루어진 종교는 지속되기가 불가능하다는 것을 알게 될 것이다. 그것은 자기 파멸일 뿐이다. 잘못이나 악이 살아 남을 수 있는 유일한 방법은 진리나 선의 어떤 요소에 기생함으로만 가능하다.

이런 근본주의자의 입장은 대개 타종교들과 타종교 문화에 대해 비난과 적대의 태도로 이끈다. 그것은 분개를 일으키도록 되어 있다. 더 나아가서, 기독교 전파자가 복음을 듣는 자들의 종교에 대해 연구하지 않고 또한 이해하지 못한다면, 어떻게 그가 복음을 그들의 배경과 필요에 맞춰 효과적으로 연관시킬 수 있겠는가?

2. 성취 이론 (The Fulfillment Theory)

근본주의자들의 극단적이고, 독단적인 태도에 만족하지 못하기 때문에 성취 이론을 통하여 보다 회유적인 접근을 추구해온 사람들이 많이 있다. 그들은 세계의 모든 종교가 정도에 따라 차이는 있지만 어느 정도의 진리를 가지고 있다는 것을 기꺼이 인정하고 있다. 그러나 동시에 이런 종교들은 역시 정도의 차이가 있지만 어떤 비진리적인 요소들도 가지고 있다. 세계 종교들은 부분적으로라도 진리에 이르는 길을 가고 있으므로, 기독교 메시지를 위한 어느 정도의 준비이기도 하다. 반면에 복음은 최종적인 절대 진리이며 언제나 변함이 없다. 그러므로 기독교 신앙과 세계 타종교와의 관계는 완전한 진리와 잘못이 섞인 부분적인 진리와의 관계인 것이다.

위대한 일본의 기독인인 도요히코 카가와(Toyohiko Kagawa)는 신성한 후지산의 정상으로 인도하는 여러 가지 순례자의 길에 관한 일본의 유추 논리를 사용하여 이 견해를 묘사하였다. 이 후지산은 매년 수천 명의 순례자들이 오르는 길을 따라 정거장이 몇 군데 있다. 카가와는 어떤 종교들은 3번째, 혹은 4번째, 혹은 6번째 정거장에서 싫증내어 중단한다고 주장했다. 불교(그의 이전 종교)는 아마 9번째 정거장에 도달한 종교일지 모른다. 그러나 그는 정상으로 인도하는 종교는 기독교 뿐이라고 단언했다.[1]

더군다나, 성취 이론은 기독교 신앙이 타종교에서 발견된 모든 부분적인 진리들을 "이해"하고 "성취"하는 반면에 동시에 그것들의 잘못된 점을 제거하고 그들이 원래 소유하지 못한 진리와 가치들을 보충한다고 강하게 주장한다. 우리는 타종교들 가운데서는 "깨어진 빛"을 보나, 복음 안에서는 하나님의 영광의 충만한 광채를 본다. 이것은 오래 전에 예수께서 오셨을 때 "율법이나 선지자나…폐하러 온 것이 아니요, 완전케 하려"(마 5:17)고 오셨기 때문에, 그의 복음은 오늘날 타종교들의 율법과 선지자를 완전케 하기 위한 것도 의미한다. 복음이 비기독교 종교인들에게 전달될 때, 그들의 이전 종교들에 의해서 다소간—어떤 경우엔 아무리 적을지라도—복음이 준비된 상태에서 그들 마음에 와 닿게 된다. 선교사는 이러한 준비를 하나님의 은혜로운 역사로 분별력있게 그러나 감사함으로 받아들여야만 한다.

---

1 Gerald H. Anderson, ed., *The Theology of the Christian Mission* (New York: McGraw-Hill, 1961), pp. 146-47.

이러한 관점의 기독교 신앙은 타종교들 중에 존재하는 모든 좋은 것의 성취로서, 오랫동안 기독교 사상가들의 지지를 받아왔다. 예를 들어, 인도에 간 선교사 빠콰(J. N. Farquhar) 박사는 『힌두교의 면류관』(The Crown of Hinduism)이라는 그의 책에서, 기독교와 힌두교의 관계성에 이 이론을 적용시키려고 노력하였다. 힌두교도들의 믿음과 실천을 자세히 살핀 후 그는 "그리스도는 힌두교의 가장 높은 포부의 성취를 이룩해 놓았다...그는 인도 신앙의 면류관이다"는 결론을 내렸다.2) 그는 기독교가 힌두교의 경전, 힌두교의 가족 제도, 힌두교의 금욕주의, 카스트 제도 및 우상 숭배를 성취시킨다고 주장한다. 빠콰 박사의 동료인 선더스(Kanneth J. Saunders) 박사와 위대한 천주교 학자인 휴겔 남작(Baron von Hugal)도 기독교가 "불교의 면류관"으로 간주될지 모른다고 증명하는 비슷한 시도를 했다.3) 기독교 저술가들 중에는 심지어 기독교가 "회교의 면류관"으로 간주될 수 있다고까지 주장한 사람들도 있는데, 이는 증명하기가 실로 어렵다. 왜냐하면 회교는 기독교보다 후대의 종교이고, 성경의 몇몇 주된 가르침을 어떤 점에서는 명백히 부인하고 있기 때문이다.4)

성취 이론은 많은 사람들의 마음에 강하게 호소하고 있다. 그것은 비기독인들을 접근하는 한 방법을 제시해 주는데, 근본주의자의 입장보다는 더 정중하고 덜 도전적인 방법이다. 그것은 의심할 나위 없이 감탄할만큼 많은 것을 내포하고 있는 종교적 신념과 실천이라는 체제에 대한 대대적

---

2 J. N. Farquhar, *The Crown of Hinduism* (London: Oxford University Press, 1930), p. 45.

3 Kenneth J. Saunders, *Ideals of East and West* (Cambridge, 1934), pp. 219-24.

4 J. S. Enderlin, "The Old Way and the New to the Muslim Heart," I.R.M., Jan., 1942, pp. 112 이하. Enderlin은 이집트에 있는 Basel선교회에 소속되어 있다.

인 비난을 피할 수 있게 한다. 그것은 일반적인 사회 봉사를 위함은 물론 비기독인들과의 대화를 위한 문호를 개방해 준다. 그것은 타종교들에 대한 연구를 장려해 준다. 단순히 타종교들을 비판하고자 하는 관점에서가 아니라, 복음의 제시를 위한 접촉점을 찾고자 하는 기대감에서 말이다. 동시에 이러한 관점은 조금도 흔들리지 않는 확신으로 기독교 신앙이 인류 전체를 위한 유일하고도 완전한 믿음이라는 것을 단언해 준다.

이제 기독교와 유대교의 관련성에 관한 한, 성취 이론은 전적으로 확신 있게 받아들여질 수 있다. 마태복음에서 예수 그리스도는 백성들에게 공공연히 선언했다: "내가 율법이나 선지자나 폐하러 온 줄로 생각지 말라. 폐하러 온 것이 아니요 완전케 하려 함이로라"(마 5:17, 3:15; 막 10:19, 12:28-31; 눅 11:42; 롬 12:18; 갈 5:14 참조). 그러나 타종교들이 기독교 안에서 "완전케 된다"는 생각은 심각한 비평을 초래한다. 우리는 다음과 같은 질문을 할 필요가 있다: 타종교들은 구약처럼 부분적인 계시인가? 타종교들은 기독교 신앙과 같은 방향으로 가고 있는가? 그들이 어떤 때는 접촉점으로 가나 어떤 때는 반대 방향으로 가고 있다는 결론을 내릴 많은 증거가 있다. 더 나아가서, 비록 복음이 비기독인 개개인의 최상의 열망을 성취시킨다고 인정한다 할지라도, 우리는 기독교가 비기독교의 **종교적 제도를 성취시킨다**고 주장할 수 있는가? 성취 이론은 비기독교 종교들을 기독교와 구별하는 것은 물론 비기독교 종교들 간에 서로를 구별짓는 영과 정신의 근본적 차이점들을 무시하는 경향이 있다. 핸드릭 크래머(Hendrik Kraemer) 박사가 지적한 것처럼, 기독교 내에서 세계 종교들의 성취를 찾아 보는 것은 마치 만발한 난초 꽃에서 장미 꽃봉오리가 맺는 것을 찾는 것만큼 비과학적이다. 대부분 큰 비기독교 종교들은 각각 독특한 특성을 지니고 있는 "모든 포괄하는 삶의 체제들과 이론들"이다. 그리고 그들 중 어느 종교도 타종교들 중 어느 것에 포함되어질 수 없는

것이다.5)

3. 불연속성(不連續性)의 이론 (The Theory of Discontinuity)

이 견해는 1938년 인도의 탐바람(Tambaram)에서 개최된 국제 선교사 회의에서 화란인 크래머 박사가 그 회의를 준비하여 "비기독교 세계에서의 기독교 메시지"라고 쓴 글에서 상술된 것이다. 그는 기독교 계시는 본질적인 면에서 다른 모든 종교들과 너무나도 다르기 때문에 기독교와 타종교 사이의 접촉점은 없으며, 또한 있을 수도 없다고 주장한다.

크래머는 하나님과 인간 사이, 그리스도 안에서 계시된 진리와 인간이 발견한 진리 사이, 그리고 결과적으로 그리스도의 복음과 타종교들 사이에는 "절대적인 질적 차이점"이 있다고 주장하는 칼 바르트(Karl Barth)와 소렌 키에르케고르(Soren Kierkegaard)를 추종한다. 복음은 하나님이 인간에게 향한 계시이다. 즉 그것은 "물 속으로 떨어진 돌처럼 위로부터 내려진 것이다." 여기에서 우리는 복음의 "주어진" 특성을 보게 된다. 신의 계시는 자기 폭로이며 궁극적으로 성육신, 즉 예수 그리스도의 인격으로 나타난다. 성경은 인간의 경험이나 개념이 아닌, 역사에 나타난 하나님의 구속적 행위를 주로 다루고 있다. 종교적인 경험이나 개념은 존재하며 중요하다. 그러나 그것들은 어떤 점에 있어서도 중심이 되지 못한다. 크래머는 이 견해를 "성경적 사실주의"라고 칭한다.

비기독교 종교들에 관해서, 크래머는 그 종교들은 인간의 사색과 모색을 반영한 인간의 종교적 의식의 산물이라고 주장한다. 그것들은 인간의 사상, 철학, 견해 및 경험을 나타낸다. 그것들은 결코 계시에 기초한 것이 아니라

---

5 Hendrik Kraemer, *The Christian Message in a Non-Christian World* (Grand Rapids: Kregel, 1956), p. 102.

단지 인간의 노력과 지혜—종종 탄복할 만한 지혜—에 기초하고 있다.

바르트처럼 크래머도 모든 다른 종교들을 "불신앙," "하나님께 응답하는 행위가 아니라 하나님께 저항하는 행위들"로 묘사한다. 그러므로 이런 모든 종교들 속에 도도히 흐르는 근본적으로 **잘못된 방향**이 있는 것이다.

그러므로, 기독교 신앙은 신의 계시로서 비길데 없이 특이하다(라틴어로는 sui generis). 그것은 절대적이고 최종적인 진리를 소유하고 있다. 크래머는 이것을 복음의 "타자성"(他者性)이라고 말한다. 만일 우리가 다른 종교들 가운데에서 주장하는 "계시"를 받아들인다면, 우리는 그것들이 전체로 조화를 이루지 못하거나 지적인 완전체(完全體)를 이루지 않는다고 고백할 수 밖에 없다. 베다(Vedas), 코란, 그리고 복음은 결합적인 개요를 이루지 못한다. 그것들은 같은 질문들에 대답조차 못한다. 다양한 종교들의 주장들은 분명히 일치하지 않는다.

기독교 계시와 세계 종교들 사이의 관계는 "불연속성"의 관계이다. 이것은 너무나도 분명하기 때문에 복음과 어떤 다른 종교를 비교하는 것은 불가능하다. "접촉점이란 결코 없으며, 인간의 종교적 의식과 그리스도 사이에는 어떤 가교(架橋)도 없다"6)고 크래머는 주장한다. 비기독교 종교들은 결코 복음을 위한 준비도 아니며, 하나님 또는 구원에 대한 어떤 참된 지식을 인간에게 가져다 주는 목적에도 전혀 부적절하다. 신학적으로 말하자면, 본성과 이성은 예수 그리스도 안에 나타난 은혜와 진리의 복음에 대하여 서문이나 서론 몇 줄도 산출해 내지 못한다. 다시 말하면, 인간의 이성은 진리를 위한 탐구의 과정에 참여하지 못하며, 바로 그러할 때 은혜가 따라 와서 그 나머지 과정으로 그를 인도해 주는 것이다. 은혜는 무에서부터 시작해야 한다.

---

6 Ibid., p. 131.

　더우기, 복음은 종교들의 완성이 아니며, 정말로 그렇게 될 수도 없다. 크래머는 우리가 세계 종교들을 조각 조각 또는 고립된 부분들로 볼 것이 아니라, 완전한 철학적 또는 종교적 체계들로 보아야 한다고 주장한다(그는 이것을 "전체주의" 또는 "전체론적 견해"라고 부른다). 크래머는 복음이 용서에 대한 갈망 또는 하나님과의 교제 같은 비기독인들 개개인의 하나님 지향적인 몇 가지 기본적인 열망들을 충족시킨다고 인정할지 모르나, 복음이 그들의 종교적 체계들로부터 나오는 개인적인 모든 열망들—예를 들어, 불교도의 열반에 대한 갈망 또는 힌두교도는 윤회(출생과 환생의 반복)로부터 벗어나려는 갈망—을 성취시킨다는 것은 강하게 부인한다. 그러한 열망들은 이러한 종교들 안에 본래부터 있는 근본적으로 잘못된 방향의 일부인 것이다.

　기독교 계시의 "절대성," "궁극성" 그리고 "타자성"(otherness)에 대한 크래머의 주장은 이러한 특성들을 오늘날 세계에 존재하고 있는 어떤 한 형태의 기독교에 돌리는 것을 의미하지 않음을 인정하는 것이 중요하다. "경험적 (역사적) 기독교는," 크래머는 말한다, "그리스도 안에 있는 계시의 심판 아래 놓여 있다."7) 하나님의 말씀 안에 있는 복음은 순수하고 궁극적이다. 반면에 기독교에 대한 많은 표현들이 종교 재판, 십자군, 문선명의 가르침 등과 같은 이단과 불순한 것으로 가득 차 왔으며, 지금도 여전히 그러하다. 물론 기독교와 복음 사이에는 다른 종교와 복음의 관계에는 존재하지 않는 특이하게 밀접한 관련성이 있다. 그러나 그것은 다만 우리가 절대적 궁극성을 주장할 수 있는 복음을 위한 것이지, 역사적 기독교를 위한 것은 아니다.

　불연속성의 해석자들은 그들의 견해가 비기독교 종교들이나 그들의 문

---

7) Ibid., p. 145.

화를 비난하거나 경멸하지 않는다고 단호하게 주장한다는 사실을 유념 (留念)하는 것도 중요하다. 그들은 이런 믿음에 있는 선한 것이나 가치 있는 것은 어떤 것이든 감사하고 있다. 더우기, 그들은 하나님이 기독교 계시의 영역 밖에 있는 인간의 마음 속에서도 역사하신 것을 부인하지 않는다. 비기독교 종교에 지배되어 사는 사람들 중에는 "받아들일만한" 믿음의 사람들이 과거나 현재에도 있을 수 있으나, 이것은 이러한 종교적 제도의 산물이 아니라, 하나님의 영의 신비스런 행위의 산물이다.

자신의 입장을 공식화하기 위한 그의 모든 추론과 노력에 있어서, 크래머는 기독교 계시의 영역 안에서 그의 입장을 피력하고 있다. 그는 하나님의 말씀 자체에 그의 권위를 두었다. 그는 이것이 "편파적인 입장"임을 쉽게 인정했다. 그러나 그는 유일한 대안은 인간 이성의 "편파적인 입장"과 종교와 하나님에 대한 이성의 유한한 개념으로부터 시작하는 것이므로 이것은 받아들여질 수 없다고 지적했다. 인간의 이성은 하나님의 권위와 심판 아래 놓여 있다.

물론, 크래머에게도 다른 사람들처럼 그를 비평하는 사람들이 있다. 어떤 사람들은 그의 불연속성의 이론이 기독교 전달자와 받아들이는 자들 사이에 간격을 산출한다고 주장한다. 크래머는 우리가 찾는 연결점은 종교 체계들 사이가 아니라 사람들 가운데 있다고 답변한다. 기독인은 그의 사교적인 우정과 사랑에 의해 비기독인들과 많은 "접촉점"을 찾을 수 있다. 사람들의 문제, 필요, 열망을 자신의 것과 동일시함으로 선교사는 그들의 마음과 삶을 그의 삶의 방향으로 인도할 수 있는 것이다.

어떤 사람들은 다른 종교들은 오로지 인간의 "종교적 의식"의 산물로 보는 반면에 기독인들만이 신의 계시의 증인이라고 주장하는 것은 잘못이라고 반박한다. 그들은 인간의 종교적 의식은 인간에게 자신을 계시하려는 하나님의 계속적인 노력에 대한 인간의 반응을 우주적으로 표현한 것이라고 논박한다. 그리고 그것이 사실이라면, 모든 종교는 어떤 면에서 계시란 토대 위에 세워지지 않았는가? 크래머는 다음과 같이 답변한다: "만일 모든 종교가 하나님의 계시의 결과라고 한다면, 우리는 왜 모든 종교 가운데 흐르는 일반적인 통일성을 발견하지 못하는가? 왜 그렇게 많은 모순과 그렇게 많은 혼동이 있는가? 하나님은 스스로 모순될 수 없으시다."

또 어떤 사람들은 순수한 복음과 불완전한 기독교의 구분이 우리로 하여금 복음에서 절대적인 요소는 무엇이며, 그리고 어떻게 복음의 절대성이 인간의 마음에 알려질 수 있는지에 대해서 의아하게 만든다고 한다. 그것은 정의를 내릴 수도 없고 이해하기도 어려운 것처럼 보인다. 그들은 질문한다: "본질적인 복음이 무엇인가? 크래머는 그것을 알 수 있다고 주장하지만, 그것은 다만 복음에 대한 그의 해석이 아닌가?"[8] 크래머는 기독교 계시에 대한 편파적이고 불완전한 이해의 어려움과 그 결과 평가와 심판의 기준에 대한 불완전한 이해를 쉽게 인정한다. 그러나 그는 예수가 바로 이 목적--"(너희에게) 모든 것을 가르치시고," 그리고 "(너희를) 모든 진리 가운데로 인도하시리니"(요 14:26; 16:13)—을 위해 성령의 선물을 우리에게 약속했다고 우리에게 상기시켜 준다.

우리가 크래머의 이론에 대하여 어떻게 생각하든지 상관 없이, 우리는 그가 가장 논리적이며 확신있는 태도로 그의 입장을 천명했으며, 그리고 하나님의 말씀 위에 그의 입장을 굳게 세웠다는 것을 인정해야만 한다. 그의 견해들은 우리를 진지하게 생각하게 만든다.

4. 자유주의자의 입장

일반적으로, 자유주의 입장의 주창자들은 그리스도 안에서 하나님의

---

8 Anderson, *The Theology of the Christian Mission*, p. 208.

계시 행위는 종교의 역사에서 하나님의 계시의 전체 덩어리 중 한 조각일 뿐이며, 이 기독교 조각이 우주적 계시와 구원의 전체가 된다고 주장할 수 없다고 한다. 진리는 상대적이지 절대적이 아니다. 타종교들처럼 기독교도 단지 부분적 진리이며 그 진리도 여러 가지 제한을 갖고 있다. 기독교가 타종교들에게 무언가 제시해 줄 것을 갖고 있으나, 동시에 타종교들도 기독교에 무언가 제시해 줄 것을 갖고 있다. 그러므로 주고받는 식의 공통적 나눔이 있음에 틀림없다. 우리의 견해로 사람들을 인도하거나 "개종시키기" 위한 추구 대신에, 우리는 진리를 위한 대화와 공동의 연구에 참여해야 한다. 그 결과 기독교를 그 자체의 범주 안에서 타종교 위에 군림하지 않고, 종교들 중 한 종교의 위치에 놓는 것이다. 기독교는 다른 신앙들과 질적으로가 아닌 양적으로 구별될지 모른다. 기독교는 세상을 향한 하나님의 유일한 구원의 계시를 기독교만이 갖고 있다는 주장을 버려야 한다.

자유주의적 견해의 실례들은 잘 알려진 저술가들의 글에서 찾아 볼 수 있다. 하버드대학교의 윌리엄 호킹(William Hocking) 철학 교수는 "현재 기독교는 타종교들이 갖고 있는 모든 것을 포함하지 않고 있다"고 주장했으며 타종교들이 줄 수 있는 공헌을 필요로 한다고 주장했다.9)

아프리카로 간 유명한 선교사인 알버트 슈바이쳐(Albert Schweitzer)는 "서양과 인도의 철학은 서로를 반대하여 그 자신의 옳음을 증명하고야 말겠다는 정신으로 싸워서는 안 된다. 둘 다 모든 인류가 공통으로 나누게 될…결국은 공통으로 나누는 사고의 방향으로 나아가야만 된다"고 썼다.10)

---

9 William E. Hocking, *Living Religions and a World Faith* (New York: Macmillan, 1940), p. 254.
10 George Seaver, *Albert Schweitzer: The Man and His Mind* (New York:

잘 알려진 영국의 역사가 아놀드 토인비는 그의 저서『세계 종교들 가운데서의 기독교』(Christianity Among the Religions of the World)에서 다음과 같이 기록하였다, "우리는 기독교가 유일하다는 전통적 신념의 기독교를 정화하도록 노력해야만 한다. 이것은 서양 기독인의 신조만이 아니고, 기독교 자체에 속한 것이다. 만일 배타적인 기질이 있고 그리고 기독교의 유일성을 믿고 따르는 편협적인 기독교를 우리가 정화해야 할 상황에 있다면, 우리는 그렇게 해야 한다고 제안한다."[11]

이 견해를 가장 잘 공표한 표현 중의 하나는『재고(再考)의 선교』(Re-thinking Missions, 1932)란 책에 실렸는데,[12] 그것은 동양에서의 기독교 선교 사역을 조사하기 위해서 미국과 캐나다로부터 임명된 평신도 위원회의 보고서가 포함되어 있다. 그 보고서는 예수를 부처와 모하메드와 함께 종교의 위대한 창설자들 중 한 분으로 명명한다.

이들 위대한 지도자들은 "그들 자신의 백성을 가르치면서 그들에게 큰 영향력을 남기어, 결국은 경계선을 넘고 넘어서 계속 꾸준히 전진하였다." "오직 한 길, 곧 그리스도의 길만 있다"는 개념은 낡은 견해로 간주된다. 선교의 일은 교리를 문자대로 전달하는 것이 아니고 "동양의 종교적인 삶을 채워 주는 것이다." 기독인들이 신약 성경을 확실하고 역사적인 사실이라고 믿는 것은 기독교의 "상징적이고 허구적인 표현"으로 간주되는 것처럼 보인다. 우리는 우리 자신을 명확한 메시지의 전달자로서가 아닌, "비기독교 종교들과 함께 공동의 추구에 동참하는 형제들"로 간주해야 될 것이다. 우리는 "모든 종교의 공통적인 기초를 찾고 그 위에 서야" 한다. 기

Harper, 1947), p. 276.

11 Arnold Toynbee, *Christianity Among the Religions of the World* (New York: Scribners, 1958), p. 95.

12 William E. Hocking, *Re-thinking Missions: A Layman's Inquiry After 100 Years* (New York: Harper, 1932).

독교회는 초대 교회가 행한 것, 곧 다른 종교들의 "전체 구조를 파괴하거나 또는 바꾸어 놓는 것을 목표로 해서는" 안 된다. 기독교와 다른 종교들은 기독교가 어떤 궁극적이고 절대적인 방법으로 제시되지 않는 진리와 경험을 위해서 공동으로 추구하는 데 동참해야 한다. 선교사는 "궁극적인 목표인 가장 완전한 진리 안에서의 연합을 향해 서로가 상대방의 성장을 자극하면서, 이러한 종교들의 파멸보다는 기독교와의 계속적인 공존을 기대해야할 것이다." 그러므로 선교의 목적은 "예수 그리스도를 통하여 우리가 배운 것을 삶과 말로서 표현하면서, 또한 세상의 삶 가운데서 그리스도의 정신을 실행하기 위하여 노력하면서, 참지식과 하나님의 사랑을 다른 나라 사람들과 함께 추구하는 것"으로 정의된다.13)

『재고의 선교』는 그 당시 대부분의 교회 지도자들과 선교 후원자들에 의하여 비난을 받았으나, 그 정신은 오늘날 여러 단체에 여전히 남아있는 것처럼 보인다.

하버드대학교의 호킹 박사는 재고의 선교 위원회의 의장이었다. 몇 년 후(1940), 그는 『살아있는 종교들과 세계의 믿음』(Living Religions and a World Faith)이라는 책을 출간하였는데, 거기에서 그는 세계 종교들 간의 관계에 대한 그 자신의 이론을 전개하였다. 그는 우리의 목적은 진실로 세계의 믿음에 있다; 그러나 어떤 종교도, 심지어 기독교 조차도, 그럴만한 자격이 없는데, 그 이유는 기독교도 다른 종교들이 갖고 있는 모든 것을 다 포함하지 않기 때문이라고 주장하였다.14)

세계의 믿음에는 세 가지의 가능한 접근법이 있다: (1) 한 종교가 모든 다른 종교들을 대신하는 급진적인 배제(排除); (2) 모든 종교들을 한 데

---

13 이 인용문은 6, 7, 8, 16, 19, 22, 31, 33, 40, 44, 59쪽 등에서 찾을 수 있다.
14 William E. Hocking, *Living Religions and a World Faith*, p. 254.

로 몰아서 혼합하는 합병; 그리고 (3) 재개념. 호킹 교수는 처음 두 접근법은 거절하면서, 세 번째 것을 강하게 주창하였다. 그는 각 종교는 그 고유의 특성, 기본적 본질, 본질적인 특성을 갖고 있다고 주장하였다. 각 종교는 타종교들의 본질적 신조에 비추어서 그 고유의 신조들을 재고하거나 혹은 **재개념**을 가져야 한다. 이것은 모든 종교의 본질적인 특성을 포함시키면서도 서로가 다른 새로운 세계의 믿음을 산출해 낼 것이다. 호킹 교수는 이 일은 시간이 걸릴 것을 인정했는데, 그러므로 그러는 동안에 우리는 종교 간의 평화로운 공존과, 또한 예배와 봉사에 협력하는 것으로 만족하여야 한다고 했다. 더구나 "본질의 연구는 점진적이다. 그것은 종착점이 없다; 왜냐하면, 모든 재개념에는 현재보다 더 좋은 것이 있게 마련이다."15) 그러나, 이 변화는 진리 자체에 있지 않고 다만 진리에 대한 우리의 이해에 있다.

최근에 가톨릭 신학자들이 특별히 지지한 "알려지지 않은 기독교"라 불리는 새롭고 미묘한 형태의 자유주의 신학이 일어났다. 그것은 여러 가지 형식을 취하고 있지만, 그들 모두가 같은 상소에서 나온 것이다.

인도의 레이문도 패니카(Raimundo Panikkar) 박사는 『힌두교의 알려지지 않은 그리스도』라는 책에서, 힌두교는 하나님을 그 조직의 중앙에 놓고, 하나님을 알려고 하며, 하나님과 하나 되기 위해 노력한다고 주장한다. 그리스도는 하나님과 함께 하시는 분이며 삼위의 부분이므로, 그리스도는 힌두교가 본래부터 갖고 있는 분이 아닌가?16)

미국의 저명한 신학자인 칼 라너(Karl Rahner)는 약간 다른 입장에서 주장한다. 하나님의 구원의 뜻은 우주적이며 효험적이다. 그는 모든

---

15 Ibid., pp. 196-97.
16 Raimundo Panikkar, *The Unknown Christ of Hinduism* (London: Darton, Longman, and Todd, 1968).

사람이 구원받기를 원하신다. 이것은 하나님이 어디에서나 모든 사람을 대상으로, 심지어는 비기독교 종교들 안에서와 그것들을 통해서도 일하고 계심을 의미한다. 그것은 모든 인간이 구원에 이르는 관계에 대한 진정한 가능성을 부여해 준다. 라너를 따르는 사람들은 이제 하나님의 계획에 따른 두 가지 구원의 방법이 있다고 말한다. 그 자신의 종교적 상황에서 하나님의 은혜를 경험할 수 있는 정상적인 방법도 있고, 신약 성경에서 제시된 그리스도의 복음을 통하여 구원을 받는 특별한 방법도 있다. 그러므로 우리는 세계의 종교들을 따르는 사람들에게 "그리스도를 소개할" 필요가 없다; 비록 인식되지는 않지만, 그는 이미 거기에 계신다. 그러므로 이들 추종자들은 비록 깨닫지 못하고 있지만 이미 기독인들인 것이다. 그들은 "알려지지 않은 기독인들"이다. 우리는 이런 사람들 중에서 기독인들을 "만들려고" 노력할 필요가 없다; 우리가 해야 될 일은 오직 그들이 이미 기독인들이라는 것을 알도록 도와 주는 것이다.

다음과 같은 본문은 이 입장을 옹호하기 위해 사용된다: "이것이 우리 구주 하나님 앞에 선하고 받으실 만한 것이니, 하나님은 모든 사람이 구원을 받으며 진리를 아는데 이르기를 원하시느니라"(딤전 2:3-4). "믿음이 없이는 기쁘시게 못하나니 하나님께 나아가는 자는 반드시 그가 계신 것과, 또한 그가 자기를 찾는 자들에게 상 주시는 이심을 믿어야 할지니라"(히 11:6).

그래서 다른 신앙을 소유한 사람들—심지어 아무 종교도 갖지 않은 사람들—가운데 이처럼 최소한의 믿음의 요건(要件)을 갖춘 사람들이 있기 때문에, 세계 도처에 "알려지지 않은 기독인들"이 있다고 말할 수 있다는 주장이다. 그렇다면 세계 선교의 과제는 어느 곳에나 은연 중에 있는 하나님의 은혜를 명백하게 증거하는 것이다; 다시 말해서, 우리는 단지 감추어진 것을 명백하게 하는 것 뿐이다.

다른 신학자들은 요한복음 1장 4, 9절을 근거로 이렇게 주장한다, "그 안에 생명이 있으니, 이 생명은 사람들의 빛, 곧 각 사람에게 비취는 빛이라." 이것은 그리스도가 기독교를 넘어서, 어디에서나, 모든 사람들을 상대로 역사하고 계심을 의미한다. 그러므로 우리는 다른 종교에서 예수와 사도들의 가르침과 뚜렷한 유사점들을 발견하게 된다. 예를 들면, 힌두교에서 우리는 다음과 같은 네 가지 영역들을 발견한다: (1) 직관적 지혜, (2) 헌신적 자기 포기, (3) 의식적으로 선택된 제자도, 그리고 (4) 인간 공동체의 영적 예배. 이러한 개념들은 힌두교에서 나타내고 있는 그리스도 안에서 그 근거를 찾는다. 그리하여 우리의 힌두교인 "형제들"이 지고(至高)의 실존이라고 부르는 그분이 바로 영원하신 그리스도이다.

이러한 자유주의 입장의 모든 주장들은 기독교 성경에서 표현된 진리와 상반되는 것은 아주 분명하다. 일반적으로, 이 입장은 인간의 종교관—종교의 본질이 무엇인가—에서 시작해서, 그 종교관으로 종교를 판단하는 데까지 발전된다. 그것은 인간의 이성을 신의 계시 위에 두며 기독교 신앙의 유일성과 절대성을 포기한다. 그것은 기독교 선교를 일으키는 동기 그 자체를 잘라버리는 행위이다.

호킹의 재개념의 이론에 관해서, 타종교들의 입장에서 각 종교의 근본적인 이념을 재착상하면서도 여전히 각 종교의 근본적인 본질을 유지한다는 것은 신학적으로 불가능하다. 예를 들면, 회교도는 예수가 하나님의 아들이 아니고, 신도 아니며, 십자가에서 죽지 않았고, 죽음에서 부활하지도 않았다고 하는 한편, 기독인은 이 모든 사실들을 긍정적으로 수용하는데, 어떻게 회교와 기독교가 그리스도에 대하여 의견을 조화시킬 수 있겠는가? 혹은 어떻게 힌두교의 엄격한 일원론(오직 영적인 것만이 실제이다)과 기독교의 이원론(영적인 것과 물질적인 것 둘 다 실제이다)이 조화될 수 있겠는가?

성경에 기초하여 우리는 "알려지지 않은 기독교"의 이론 또한 거절해야 한다. 우리는 그리스도가 성령을 통하여 모든 사람을 대상으로 기독교의 계시 밖에서도 역사하고 계심에 동의한다. 그러나 성령의 역사와 인간의 종교적인 개념들(혹은 그의 종교)을 같다고 생각하는 것은 그 문제를 혼동시키는 것이다. 우리는 요한복음을 계속 읽어야 한다. 그리스도가 빛일 뿐 아니라, 그는 어두움 가운데서 빛을 비추시고 있다. 우리는 인류의 종교적 개념들 가운데 존재하는 방대한 어둠의 영역들을 잊어서는 안 된다. 이 입장(알려지지 않은 기독교)은 비록 세상에서 역사하는 그리스도의 활동에 중심을 둔다는 주장이나, 실제로는 그리스도의 유일성을 저버리고 있다. 그것은 보편 구원설—모든 사람이 구원받는다; 우리가 그들에게 알려 주어야 할 것은 단지 그들이 구원받는다는 것이다—로 결론이 나서 회심과 칭의의 필요성을 제거한다. 그렇게 되면 우리는 사람들에게 신앙을 바꾸라고 요구할 수 있는 일거리를 포기한다는 것을 의미한다. 이 입장은 종교적인 세계를 있는 그대로 내버려 두며; 사람들을 그들이 고안해 낸 종교에 유기(有機)시키는 것이다. 기독교 선교의 목적은 회교도를 더 나은 회교도가 되게, 힌두교인을 더 나은 힌두교인으로, 인본주의자를 더 나은 인본주의자로 만들어 주는 것으로 전락(轉落)시키는 것에 불과하다.

"알려지지 않은 기독인"이 되는 것은 용어 자체에 모순이 있다. 신약 성경은 믿음의 분명한 고백을 주장하며(롬 10:10), 그리고 복음 전파의 필요성을 말해 주고 있다(롬 10:14-15). 표현된 기독교 없이는 어떠한 선교 기획도 없는 것이다.

그 이론이 일으킬 수 있는 다른 질문들도 있다. 그 질문 중 하나는 우리 기독인들이 좋은 뜻에서 "알려지지 않은 불교도들", 혹은 "알려지지 않은 힌두교도들"이라고 불려지기를 원하는가이다. 이 입장은 다른 사람들의 종교적 헌신에 대해 무감각하다는 것을 보여 준다. 또 다른 질문은 알려지지 않은 기독인에 대한 우리의 관심이 서양 제국주의의 꺼져가는 열망이나 아닌지 하는 것이다. 이 견해를 주장하는 사람들은 다른 사람들이 원하든 원하지 않든 모든 다른 사람들을 기독교라는 우산 밑에 모으려고 시도하고 있는 것같이 보인다.

5. 요약

복음과 타종교들과의 관계에 관한 여러 가지 이론과 이러한 이론에서 나온 여러 가지의 의미를 다룬 후, 우리는 이제 이 주제에 관한 우리의 확신을 요약한다.

A. 이 모든 논의에서 우리는 우리의 입장을 궁극적이며 권위있는 안내자, 곧 계시된 하나님의 말씀 자체에 근거한다. 그보다 더 높은 판단의 기준은 없다. 유일한 대안이 있다면 그것은 인간의 이성인데, 그것은 수용할 수 없다.

B. 예수 그리스도 안에서 하나님 자신을 드러내는 행위의 기록인 기독교의 계시는 유일하고, 절대적이고, 궁극적이다. 그것은 **종교**라는 용어를 가지고 오는 어떤 다른 것과도 질적으로 다르다. 한 마디로, 그것은 다른 종교와 비교할 수 없다.

C. 타종교들은 인간의 종교적 의식(意識)에서 나온 철학, 사고 및 경험으로 이루어진다. 그러나 일반 계시에서 발견되는 진리의 요소(절대자의 존재와 능력 같은), 구약 성경에서 취한 진리의 잔여물(인간의 타락 이야기, 도피성, 피 제사 등), 그리고 신약 성경에 따른 진리의 잔여물(동정녀 탄생, 승천, 코란에서 볼 수 있는 그리스도의 재림)을 포함한다.

D. 세계의 종교들은 정도는 다르나 여러 가지 면의 **윤리적인 진리**를 내

포하나, 십자가 위의 그리스도를 통한 하나님의 구속적인 행위 안에서만 발견되는 **구원의 진리**는 포함하고 있지 않다. 어떻게 세상 종교들이 기독교 (하나의 종교라고 볼 때) 조차 산출해 낼 수 없다고 우리가 고백하는 참다운 의의 본질을 산출해 낼 수 있겠는가? 하나님의 의는 은혜의 선물이지, 종교의 산물이 아니다.

E. 기독교 신앙의 특성은 본질적으로 윤리 자체에 있지 않다. 그 점에서 다른 종교들과 아름다운 유사점들이 있다. 기독교에 대한 특이한 사실은 구세주를 내포하고 있는 유일한 신앙이라는 점이다. 오직 복음 안에서 인간이 해야하는 것 보다 하나님이 해 놓으신 것에 대한 주장을 발견한다.

F. 예수 그리스도는 유일한 구세주이시다. 그는 우리 죄를 위해 죽었으며 우리의 의를 위해 부활하셨다. 전 인류를 위한 구원의 길은 하나 밖에 없으며, 그것은 "모든 이름 위에 뛰어난 이름"(빌 2:9)으로 우주적으로 적용되며 만인(萬人)을 포용한다. 하나님의 구원 대신에 고상하게 만든 윤리로 대치하는 것보다 더 심각한 죄는 없다.

G. 세상 종교들은 복음을 제시하기 위한 교두보를 제공하는 어떤 진리의 요소들과 윤리적 실행을 내포한다는 점에서 복음을 위한 준비가 될 수 있다. 그와 동시에 세상 종교들은 근본적으로 사람들이 복음을 이해하고 받아들이는 것을 어렵게 만드는 그릇된 방향을 지니고 있다. 많은 사람들에게, 십자가는 여전히 "거리끼는 것"이나 아니면 "미련한 것"(고전 1:23)이다. 그러나 무소부재한 성령은 복음의 선포를 선행하며, 그리스도를 받아들이도록 마음을 준비시킨다(선행은총).

H. 기독교 신앙은 통합된 사고(思考)의 체계로 볼 때, 세상 종교들의 성취가 아니다. 기독교 신앙은 개인의 기본적 욕구—용서의 욕구, 하나님과의 평화, 삶의 능력 등—의 성취일 뿐이다.

I. 하나님은 기독교 계시의 영역 밖에 있는 사람들의 마음 속에서 역사

하고 있다. 비기독교 종교의 지배 아래 살고 있는 사람들 가운데는 수용할 만한 신앙의 사람들도 있으나, 그들은 이러한 종교적 제도의 산물이 아니라 성령의 신비스러운 역사의 산물인 것이다.

J. 성경은 기독인들에게 뿐만 아니고, 모든 인류에게 속한 책이다. 그리스도는 서양 나라 뿐만 아니라, 모든 나라에 속한다. 복음은 서양은 물론 동양을 위한, 곧 전 세계를 위한 것이다. "기독교 선교의 과제는 예수 그리스도 안에 있는 온전한 실재(實在)에 대한 우주적 일치를 말과 행위로 증거하는 것이다. 이것은 종교들을 대항하는 메시지가 아니고 종교들을 위한 메시지이다."17)

6. 비기독인을 향한 우리의 태도

기독교 계시의 유일성에 관한 이러한 강한 확신에 비추어 본다면, 세계의 타종교 신봉자들을 향한 우리의 태도는 과연 어떠해야 하는가? 다음의 특성들은 기본 지침이 될 것이다:

A. 겸손을 동반한 확신

한편으로, 기독인으로서 우리는 예수 그리스도 안에 있는 진리를 확신할 수 있다; 그 까닭은 우리가 진리를 갖고 있어서가 아니라, 예수 그리스도가 진리이시기 때문이다. 우리는 우리 죄의 용서와 하나님 아버지와의 관계를 확신할 수 있다. 우리는 복음의 진리와 모든 믿는 자를 변화시키는 복음의 능력을 확신할 수 있다. 우리는 모든 사람들에게 그리스도를 부끄럽지 않게 선포할 수 있으며, 그들에게 하나님의 요구와 약속을 대면시킬

---

17 Carl E. Braaten, *The Flaming Center* (Philadelphia: Fortress Press, 1977), p. 109.

수 있다. 다른 한편으로, 전혀 자랑하거나 교만해질 아무런 근거가 없으니, 이 진리는 인간의 발견이 아니고 하나님이 주신 계시이기 때문이다. 우리의 구원은 도달이 아니고 획득이다; 그것은 우리의 행위에 대한 보답이 아니고, 못박힌 손으로 제공되는 선물이다. 다른 사람과 우리 사이에 차이점이 있다면 그것은 그들은 죄인이고 우리는 복음을 들을 기회를 가졌기에 은혜로 구원받은 죄인들이라는 점이다. 이 말은 그리스도를 선포할 책임을 뜻하는 것이지, 우리 자신에 대하여 자랑할 특권을 뜻하지 않는다. 스리랑카의 작고한 나일즈(D. T. Niles) 박사는 "복음 전도는 한 거지가 다른 거지에게 빵을 어디서 찾아야 할 지를 말하는 것이다"라고 말하곤 했다.

어느 힌두교 신사가 언젠가 스탠리 존스 박사의 설교를 들은 후 말했다: "당신은 내가 지금까지 만난 중 가장 대담한 사람입니다. 당신은 하나님을 만났다고 했는데, 나는 그런 말을 들어본 적이 결코 없습니다."

스탠리 박사의 답변은 다음과 같았다: "나에게는 전혀 자랑거리가 없습니다. 조금도 없습니다. 나는 예수의 얼굴을 보았습니다. 그런데 나는 하나님 아버지를 본 것입니다! 그러나 인도는 들여다 볼 그 얼굴을 갖고 있지 않습니다. 그 결과, 하나님 아버지의 환상은 빨리 지나가고 있습니다."18)

핸드릭 크래머 박사는 비기독인에 대한 우리의 태도는 "솔직한 대담과 급진적인 겸손의 특별한 조화"라고 선언하였다.19) **급진적 겸손인 이유:** 기독교 전달자는 그 자신이 만들거나 성취한 어떤 것이 아닌, 신적 선물의 전달자이기 때문이다; 그리고 그는 거저 받은 것을 거저 주는 것이다. **솔직한 대담인 이유:** 기독인은 그의 발견이 아니라 하나님의 행위인 메시지

---

18 E. Stanley Jones, *The Christ of the Indian Road* (New York: Grossett and Dunlap, 1925), p. 50.

19 Kraemer, *The Christian Message in a Non-Christian World*, p. 128.

의 전달자이며, 신적 계시의 증인이기 때문이다. 이러한 관점에서 그는 자유와 동시에 책임을 가지고, 가장 고상한 종교적 도덕적 성취에도 불구하고 비기독인과 명목상의 교인들 모두가 회심과 중생을 필요로 한다는 사실을 전해야 한다.

B. 타협없는 관용

기독교 증인은 다른 사람의 견해에 대한 그의 태도에 있어서 관용해야 하지만, 동시에 복음의 주장에 있어서는 타협해서 안 된다. 관용한다는 것은 다른 사람의 입장에 대해서 열린 마음, 공정한 마음, 동정하는 마음, 이해하는 마음을 의미한다. 그 말은 의견을 가지고 표현하고, 바꿀 개인적인 권리를 의미한다. 그러나 관용은 기껏해야 부정적이고 소심한 미덕이다. 그것은 어떠한 결정으로도 인도하지 못한다; 그것은 아무런 영감(靈感)도 불어넣지 못한다. 관용은 정중하며 부드럽지만, 진리에 무관심한 것은 아니다. 그것은 진리를 포기할 어떠한 권리도 가지고 있지 않다. **관용은 진리에 기초해야 한다.**

에드먼드 페리(Edmund Perry)는『논쟁 중의 복음』(The Gospel in Dispute)이라는 그의 저서에서 그것을 매우 분명하게 기록한다:

> 관용은 단지 자비로운 태도이며 다른 사람의 확신의 진위(眞僞)와는 전혀 관계가 없다. 우리는 다른 사람이나 타종교들과 완전히 동의하지 않으면서도 그들에게 관용을 베풀 수 있다. 실제로, 예수 그리스도의 복음은 하나님이 **거저 주시는** 은혜이기 때문에, 우리 기독인들은 종교들 가운데서의 관용 뿐 아니라 종교의 **자유도** 요구한다. 우리가 하나님이 거저 주시는 은혜에 충실한 증인들이 되는 정도에 비례하여 우리는 다른 사람들이 종교의 자유를 실천하도록 요구하며 행하는 것이다. 우리는 종교 중의 종교로서 기독교가 주어진 상황 또는 문화 속에서 다른 종교가 존재하고, 가르치고, 전파하고, 개종시키고, 실천하는 동등한 권리를 가지

고 있다는 것을 인정하지만, 이러한 정치적 평등주의는 예수 그리스도의 복음만이 무조건적으로 그리고 궁극적으로 인류에게 그리고 인류를 위한 하나님 말씀이라는 기독인의 신앙을 한 순간이나 어떤 각도에서도 타협하지 않는다.[20]

C. 존경을 동반한 사랑

그리스도는 개개인들을 대하실 때 언제나 그들의 성격을 진정으로 존중하셨다. 그는 그의 뜻을 그들에게 강요시키지 않으시고 그의 요구를 그들이 자발적으로 수락하기를 구하셨다. 만일 그들이 응하지 않으면, 그는 다음으로 넘어가셨다. 그는 하나님의 나라를 끌어들이기 위해서 정치적 행위나 초자연적 기적들을 사용하지 않으셨다. 그는 오직 십자가에 못박힌 메시아로서만이 모든 사람들을 그 자신에게로 끌 수 있음을 믿으면서, 고난받는 종의 이상을 따랐다.

스탠리 박사는 언젠가 마하트마 간디에게 물었다, "우리 기독인이 인도를 돕기 위하여 할 수 있는 것이 무엇입니까?" 주저할 것 없이 간디는 대답했다, "예수님처럼 사십시오. 당신의 종교의 질을 떨어뜨리거나 누그러뜨리지 마십시오. 사랑이 중심이 되게 하십시오."

기독교 메시지의 방법과 전파에 대하여, 외국으로 가는 우리들은 만일 외적인 증거가 없을지라도, 현지인들을 우리들의 양자 양녀로 삼는 내적인 감정을 가져야 하며—비록 외적인 증표는 없을지라도—, 양자 삼은 사람들에게 대한 경의로서 우리의 메시지를 전해야 한다. 우리의 모든 태도는 존경과 사랑으로 특징지워야 한다. 그 나라는 우리의 가정이 되어야 하며, 그 나라의 미래는 우리의 미래, 그리고 우리는 그리스도를 위하여

---

20 Edmund Perry, *The Gospel in Dispute* (Garden City, NY: Doubleday, 1958), pp. 217-18.

그 나라의 종이 되어야 한다.

이 사랑은 단지 그리스도를 위한 우리의 미약하고 제한적인 사랑만이 아니다. 그 사랑은 우리 안에서 역사하고 우리를 통해서 다른 사람들의 삶 속으로 흘러 들어가는 신적인 비할 데 없는 그리스도의 사랑이다. 이런 유(類)의 사랑은 우리에게 있어서 자연적인 것도 아니고, 스스로 산출될 수 있는 것도 아니다. 그것은 하나님으로부터 선물로 받아야 하며, 우리에게 주신 성령으로 말미암아 우리 마음에 부어져야 한다(롬 5:5).

3

질의 응답

요즈음 비기독인들로부터 우리들은 많은 질문을 받게 된다. 그러나 어떤 질문은 더 자주 받게 되며 따라서 우리들의 관심을 끈다. 우리들은 솔직하게 이러한 질문들을 대면해야 하며 또 그것들에 대한 지적인 답변을 찾아야 한다.

1. "모든 종교는 다 같은 것이 아닌가?"

"모든 종교 안에는 근본적인 일관성이 있지 않은가?" 이 견해는 다음과 같은 여러 가지 유추에 나타나 있다:

"모든 길은 로마로 통한다; 모든 종교는 하나님께 이른다."

"모든 강물은 대양으로 흐른다; 마찬가지로, 모든 종교는 하나님께 이른다."

"당신은 어떤 쪽에서부터라도 산의 정상에 이를 수 있다. 결국은 산꼭대기에 오를 수 있는 것이다."

"위층에 오르는 데는 여러 방법들이 있다. 계단을 오를 수 있고, 엘리베이터를 타거나, 사다리를 올라가서 창문을 통해 안으로 들어갈 수도 있다."

"종교의 영혼은 하나이지만, 수다한 형태로 싸여 있다."

"모든 종교는 같은 근원에서부터 흘러나오는 샘이며, 다른 토양과 다른 사람들에게 자양분을 준다"(마하트마 간디).

"왜 당신은 하나님께 이르는 길이 오직 하나 뿐이라고 말하는가? 당신은 각종 질병에 대해 똑같은 약을 처방해 줄 수는 없다."

"만약 사각형의 네 모퉁이로부터 네 사람이 중앙에 이르기를 원한다면, 그들은 각각 다른 방향으로 가게 되지만, 결국 중앙에 도달하게 된다. 세상에는 여러 종교가 있지만, 그 종교는 모두 다 중앙, 곧 하나님께 이르게 된다."

모든 종교가 다 같다는 주장을 내세우기는 쉽지만, 그것을 실증하기란 쉽지 않다. 각종의 종교에 대한 과학적인 연구에 의하면 그 종교들은 전혀 같지 않다.

A. 첫째로, 모든 종교는 그 **교리**가 같지 않다.

(1) 하나님에 대한 개념을 예로 들어 보자. 힌두교에서, 최상의 존재인 브라만은 무관련(無關聯), 무활동(無活動)이며, 충만한 기쁨이며, 부속물이 없는 순수 본질이다. 원래의 불교는 하나님의 존재를 부인했다. 회교에서, 하나님과 인간 사이의 교제는 존재하지 않는다. 부자(父子)지간의 관계를 말하는 것은 신에 대한 존경의 결핍을 의미하기 때문에 신성모독이다. 기독교 신앙에서, 그분은 하나님이며 우리 주 예수 그리스도의 아버지인데, 그분은 탕자와 교제를 갈망하시며, 계속적으로 새롭게 행하며 창조하신다.

(2) 인간의 개념도 살펴보자. 부처는 영혼 같은 것은 없고, 일련의 정신적 상태만이 있다고 가르쳤다. 힌두교에서 인간은 절대자(the Ultimate)로부터 실제로 분리되어 있지 않다. 기독교의 인간은 영원한 혼을 가지고 있다(또는 인간이 영원한 **혼**이다); 인간은 하나

님의 형상으로 만들어졌으나 창조주와는 다르다.

(3) 이제 **세상**의 개념을 살펴보자. 힌두교에서 세상은 하나님의 창조가 아니고, 궁극적 실재로부터의 발산이다. 이것은 마야(maya), 곧 환영(幻影)의 결과이다. 기독교에서, 세상은 하나님의 창조물이며 죄에 의하여 비극적으로 타락된, 그러나 하나님과 인간 사이에서 책임을 수반하는 결정을 내리는 너무나 실제적인 곳이요, 하나님이 역사하는 곳이다.

(4) 마지막으로, **도덕율**의 개념을 살펴보자. 힌두교와 불교에서, 도덕율은 하나님에게 근간을 두지 않는다. 그것은 하나님과 관계없이 작용하는 업보의 법에서 찾아볼 수 있다. 신은 업보의 법 위에 높이 들려 있어서 그 법과 아무런 연관도 없다. 만약 신이 도덕 위로 들려 있다면, 그 신봉자도 역시 도덕을 초월한 곳에 이를 것이다. 그는 선과 악에 의해서 영향을 받지 않는다. 기독교에서 하나님과 인간은 같은 도덕율에 묶여 있다. 우리의 도덕성은 하나님의 성품과 역사적인 사실—곧 그리스도의 성품 안에 단단히 고정되어 있다. 그리스도와 같이 되는 것이야말로 인간이 상상하거나 성취할 수 있는 지고(至高)의 선(善)이다.

B. 둘째로, 모든 종교는 그 **목표**가 같지 않다.

불교의 목표는 생명의 소멸이며; 복음의 목표는 생명의 풍성이다. 힌두교는 탄생과 환생의 회전, 곧 윤회(samsara)로부터의 해방이라고 선포하지만, 복음은 죄의식과 죄의 능력으로부터의 해방이라고 선포한다. 회교의 낙원(관능적인 기쁨의 장소)에 대한 견해는 확실히 기독교의 천국(도덕적으로 완전한 장소)에 대한 견해와 같지 않다.

스탠리 존스 박사는 다음과 같이 표명하였다: "모든 종교가 같다고 주장하는 것은 정신적 포기의 실습이다. 이것은 정신적인 너그러움이 아니라 터무니없는 생각이며 비과학적이다. 과학은 모든 학설에 손을 흔들면서 그 학설들이 다 같이 좋고 다 같이 타당하다고 말하지 않는다. 그러한 태도는 과학을 무기력하게 만든다....과학은 그 학설들이 사실에 적합한지 아닌지를 보기 위해 그 학설들을 삶의 현장에 적응해 보며...선택한다....우리도 또한 삶과 연관된 가장 깊은 것들 가운데서 선택해야만 한다. 나는 분명히 선택한다. 나는 그리스도와 그의 왕국을 선택한다. 사람들이 모든 것을 믿게 하는 것은 믿음이 아니다. 그것은 참으로 무차별주의인 거짓 관용이다."1)

2. "기독교에서 무엇이 새로운가?"

"우리의 종교에도 같은 가르침이 있다."

몇 년 전 나는 북인도에서 기차로 여행하고 있었다. 얼마 되지 않아서 일단의 아미디야 회교도들이 나를 둘러싸고 종교에 대한 열띤 토론을 벌였다. 그러나 내가 기독교 진리를 새롭게 소개할 때마다, 회교도 친구 승객들은 이렇게 말하곤 했다: "우리도 코란에 같은 가르침이 있습니다." 여기에서 나는 회교도들의 새로운 변증론에 직면하였다. 그들은 우리의 복음이 진리가 아니라는 것을 증명하려는 것이 아니고, 그 진리가 **새롭지** 않다는 것을 증명하려 하였다.

힌두교도들도 같은 진리를 가지고 있다고 주장한다. 예를 들면, 예수께서 말씀하셨다: "네 오른편 뺨을 치거든 왼편도 돌려 대며"; "너희 원수를 사랑하며." 힌두교는 말한다: "너희는 도끼에 찍힐 때 그 향기를 도끼에

---

1 E. Stanley Jones, *Along the Indian Road* (New York: Abingdon, 1935), p. 116.

묻혀 주는 백단향처럼 되어야 한다.” 힌두교도 역시 구속의 개념을 가지고 있다고 주장한다. 우유 대양을 젓고 있을 때 젓는 밧줄로 사용된 뱀이 갑자기 독을 뿜어냈는데, 쉬바(Shiva)는 그 독이 대양에 떨어져 우유에 해독을 끼치는 것을 막기 위해 자신이 그것을 마셔 버렸다. 그러나 그것이 뱃속에 들어가서 그를 태워 죽이기 전에, 그의 부인, 파봐티(Parvati)가 그 독이 걸려있는 목을 붙잡아서 목이 푸르게 되었다.

불교도들은 신약 성경에 있는 윤리 중 많은 부분이 언어, 생각 및 행동의 순결과 같은 팔정도에 기록된 윤리와 유사하다고 주장한다.

우리는 기독교와 타종교들 사이에 유사점들이 있다는 것을 인정해야 한다. 우리는 그들의 문화와 사고 가운데 있는 모든 좋은 것들에 대해서 진정으로 하나님께 감사한다. 그러나, 기독교는 교리와 윤리 때문이 아니라, 예수 그리스도의 인격 때문에 유일하다. 그 때문에 모든 것에서 차이가 나는 것이다. 그는 유일하신 분이시다. 그분만이 구원자이며 주님이시다. 타종교에서 어떤 다른 것으로도 속죄할 수 없는 부족한 것이 있다면 바로 그리스도이다. 타종교에는 그리스도가 없다. 그리스도가 없는 것은 그들의 삶에 가장 필요한 것이 없다는 것이다.

스탠리 존스 박사는 인도가 독립하기 전 인도의 어떤 주에서 설교를 하고 있었다. 의장인 힌두교 수상이 그의 개회사 서두에서 말했다: “나는 내 소견을 초청 연사의 연설 후로 미루겠습니다; 왜냐하면 초청 연사가 무엇을 말하든지, 나는 우리의 힌두 경전에서 그 내용과 같은 것들을 찾아낼 것이기 때문입니다.” 그는 무엇이든지 찾을 수 있다고 사전에 자신있게 믿었다. 그러나 집회가 끝나자 그는 난처해졌다. 왜냐하면 존스 박사는 “어떤 것들”을 소개하지 않고; 한 인격인 예수를 소개했으며, 그분은 그들의 경전에 없는 분이기 때문이었다.

무엇이 기독교에서 새로운 것인가? 그리스도이다. 그분은 항상 새롭다! 그런 이유로 복음은 "좋은 소식"인 것이다.

3. "왜 당신들 기독인들은 그리스도만이 구원에 이르는 유일한 길이라고 주장하는가?"

"왜 당신은 소위 '그리스도의 인격의 유일성'을 강조하지 않고 예수의 가르침을 타종교의 가르침과 일치시켜서 말할 수 없는가?"

이것은 우리가 회교도, 불교도, 힌두교도 심지어 유대인들로부터 거듭 반복해서 듣는 질문이다. 이것은 모든 질문들 중의 질문이며, 복음의 핵심에 대한 질문이다.

개인 경험에 의지하여 나는 이 질문에 다음과 같은 일련의 진술로 답을 대신하는 것이 가장 좋다는 것을 발견하였다:

A. 나는 내 것이 아닌 것을 내어 줄 수 있는 위치에 있지 않다. 나는 내가 그리스도를 대신하여 만들어 내고 있는 주장을 제시하려는 것이 아니라, 다만 그리스도가 스스로 하신 주장을 설명하려는 것 뿐이다.

B. 그리스도의 주장을 들어 보라:

(1) 예수께서 말씀하셨다; "내가 곧 길이요, 진리요, 생명이니, 나로 말미암지 않고는 아버지께로 올 자가 없느니라"(요 14:6).

(2) 그는 더 나아가서 그가 "생명의 떡"이며, 그에게 나아가는 자들은 결코 주리거나 목마르지 아니한다고 말씀하셨다(요 6:35).

(3) 그는 "세상의 빛"이며 영생의 근원이라고 주장하셨다(요 8:12; 11:25).

(4) 그는 구약 성경에 실려 있는 메시아와 여호와의 왕국에 대한 오랫동안 기다려왔던 약속의 성취를 몸소 이루셨다(마 13:16-17; 막

1:15; 눅 4:17-21, 24-27, 44).

(5) 그는 베드로의 고백("주는 그리스도시요, 살아계신 하나님의 아들
이시니이다")과 도마의 고백("나의 주시며 나의 하나님이시니이
다")을 받아들이셨다(마 16:16; 요 20:28).

(6) 그는 그의 영원한 실존을 말씀하셨다(요 8:58; 출 3:14). 그를 아
는 것은 하나님을 아는 것이며(요 8:19), 그를 공경하는 것이 곧
하나님을 공경하는 것이다(요 5:23).

(7) 그는 "하나님의 아들"이라고 주장하셨다(요 10:36, 5:17-18).

(8) 그리스도의 사역에서 두 번의 중요한 경우—그의 세례(마 3:17)와
그의 변형(마 17:5)—에 하늘로서의 소리가 그의 신성을 확증해
주었다.

(9) 그는 자신이 죄를 용서하는 능력과(마 9:1-8) 세상을 심판하는 권
세가 있다고 주장하셨다(마 25:31-46; 요 5:22).

이러한 것들은 굉장한 주장이다. 어느 누구라도—부처나 모하메드라
할지라도—자신에 대하여 그처럼 놀라운 진술을 한 사람은 전혀 없었다.

C. 자, 둘 중의 하나는 사실이다: 그리스도가 주장한 모든 것이 맞든
지, 아니면 그리스도가 역사상 가장 큰 거짓말쟁이이거나 가장 큰 기만자
이다; 아니면, 적어도 환각 중이나 과대망상증에 걸려 있다. 중용은 없다.
그가 주장한 분이든지 아니든지 둘 중의 하나이다(대부분의 비기독인들도
예수가 위대한 선생이었음을 받아들인다. 만약 그렇다면 그들은 예수가
그 자신에 대해서 가르친 것을 받아들여야만 한다. 그들은 예수가 선한
분이셨다는 것도 시인한다. 그러나 만약 그가 선하다면, 일부분만이 아닌
모든 부분에서 선한 분이어야 한다. 그렇다면 우리는 그의 주장을 심각하
게 받아들여야만 한다.

D. 나로서는 그리스도를 그의 말씀대로 받아들였으며, 그 결과 그분이

그의 모든 주장대로의 분이라는 사실을 확인하였다. 나는 그를 통하여 하나님 아버지에게 접근할 수 있었다. 그 안에서 나는 길과 진리와 생명을 발견했다. 그는 내게 죄사함과 매일의 삶을 위한 힘을 공급해 주셨다.

E. 기독인으로서 나는 그리스도가 나에게 무엇을 의미하며 그가 나를 위해 무엇을 해 놓으셨는가에 대해 당신과 나누게 되었다. 만일 당신이 그리스도를 신뢰한다면, 그도 당신을 신뢰하신다고 나는 믿는다. 그러면 당신도 역시 그분이 그의 모든 주장대로의 분임을 발견할 것이다.

F. 만약 그리스도가 주장한 대로가 아니라면, 아무래도 상관이 없다. 당신은 그를 털어버리고 잊어 버릴 수 있다. 그러나 만약 그가 주장한 대로의 분이라면, 당신은 그리스도와 정면으로 대면할 수 밖에 없다; 그는 당신의 손 안에 있다; 그리고 당신은 다음과 같은 아주 중요한 질문을 해야만 한다: "그리스도라 하는 예수를 내가 어떻게 하랴?"(마 27:22). 이 주장—그가 유일한 구세주라는 주장—은 우리가 그리스도에게 양보할 어떤 것이 아니고, 그가 우리를 대면하시는 어떤 것이다.

4. "왜 기독인들은 사람들을 회심시키려 하는가?"

"왜 당신은 그리스도를 전해서 인간으로 하여금 더 훌륭한 인간이 되게 하지 않는가?"

그 답변은 이렇다: 우리가 회심을 선포하는 것은 그리스도도 선포하셨기 때문이다. 그는 말씀하셨다: "너희가 돌이켜 어린 아이들과 같이 되지 아니하면 결단코 천국에 들어가지 못하리라"(마 18:3).

회심(回心)과 개종(改宗)에는 차이점이 있다. 예수는 개종을 정죄했지만(마 23:15), 회심은 명하셨다. 개종은 이름만의 외적 변화이다. 그것은 순전히 **수평적이다**—같은 수평선 상에서의 위치의 변경이다. 회심은 하나님의 역사로 인한 삶의 내적인 변화이다. 그것은 근본적으로 수직적이다—한 차원에서 다른 차원으로의 위치의 변화이다.

인도에서 어떤 가톨릭 선교사가 회교도 요리사를 채용하였다. 어느 날 뜻밖에 그 요리사가 고용주에게 말했다: "주인님, 저는 기독인이 되고 싶습니다; 세례를 받게 해 주십시오." 그래서 그 선교사는 한 날을 정하여 세례 의식을 거행하였다. 그는 약간의 물을 그 하인의 머리에 붓고 말했다, "당신은 이제 더 이상 압둘(Abdul: 회교도 이름)이 아니고, 지금부터 당신은 다―우드(Da-ood: 다윗)이오."

세례식이 끝난 후 그 신부는 새로운 회심자에게 말하였다: "한 가지 기억할 것이 있네. 기독인으로서 자네는 금요일에 양고기를 먹지 말고 생선만 먹어야 하네."

모든 것이 몇 주 동안은 순조롭게 진행되었는데, 어느 금요일 그 요리사의 특별한 친구들이 뜻밖에 그를 방문하러 왔기에, 그는 양고기 육반(肉飯; 밥에 섞어 요리한 고기)을 준비해서 그들을 특별 대접 해야겠다고 생각했다. 그가 고기를 요리 할 때에, 신부가 냄새를 맡게 되어 그를 불러 말했다, "다―우드, 내가 말했지 않나, 금요일에는 양고기는 먹지 말고 오직 생선만 먹으라고."

"주인님," 요리사가 대답했다, "저는 양고기가 아닌 생선을 요리하고 있습니다."

신부가 대답했다, "다―우드, 자네는 나를 속일 수 없네, 자네가 요리하고 있는 것은 양고기네."

그래서 그들은 얼마 동안 논쟁을 벌이면서, 신부는 그것이 양고기라고 주장했고, 요리사는 그것이 생선이라고 단언하였다. 마침내, 필사적으로 하인이 말했다, "주인님, 당신은 혼자만 영리하신 분이 아닙니다. 당신은 제 머리에 물을 좀 붓고는, '자네는 더 이상 압둘이 아니라, 지금부터 다

우드이다'라고 하셨습니다. 저도 물을 고기에 부으면서, '너는 더 이상 양고기가 아니고 생선이다!'고 말했습니다."

이것은 내적인 인격의 변화 없이 외적인 이름만의 변화인 개종의 실례이다. 그러나 다른 회교도 대학생이 있었는데, 그는 신약 성경을 조심스레 연구하여 예수가 구세주임을 확신하게 되었고, 그래서 예수를 신뢰하고는 기독인으로 세례를 받았다. 그 후 얼마 안 되어, 그 새로운 회심자가 대학으로 가는 길에, 학교 친구들 몇 명을 만나게 되었는데, 그들이 물었다, "아메드, 네가 종교를 바꾸었다고 들었는데, 그것이 사실이니?"

그는 재빨리 대답했다, "오, 아니야, 너희들이 아주 잘못 알고 있구나. 나는 단순히 내 종교를 바꾼게 아냐. 내 종교가 나를 변화시킨거야!"

그것, 곧 삶의 내적인 변화가 회심이다.

회심은 모든 삶에 기본적인 것이다. 우리들 주위의 모든 것이 하루 24시간 안에 과학자들이 "광합성"이라고 부르는 작용이 일어나고 있다. 그것은 식물이 공기로부터 탄산 가스를 취해서 탄수화물로 화학 변화를 일으키는 작용이다. 모든 유식물 생산은 사실상 이러한 변화에 의존하고 있다.

우리의 몸은 변화를 시키면서 산다. 우리는 고기, 야채와 과일을 섭취해서 그것들을 피, 근육, 건(腱), 뼈와 신경 조직으로 변화시킨다. 식사하러 식탁으로 갈 때마다, 우리는 변화의 과정에 개입하는 것이다.

산업 또한 변화에 의해 작용한다. 공장은 원료를 가지고 완성된 제품으로 변화시킨다. 당신이 입고 있는 옷은 한 때 저 밖의 들에 있는 면—적어도 부분적으로—이었다. 당신이 앉아 있는 앞의 식탁도 한때는 숲 속에 있는 나무였다. 당신의 안경 유리알은 해변가의 모래였다. 당신이 보고 있는 신문은 한때 나무였다.

우리 주변의 모든 것은 변화되어 온 것이다. 중요한 질문은 이것이다:

우리는 변화되었는가? 영혼의 회심은 가장 높은 차원의 변화이며, 그로 말미암아 악한 자가 선하게 되며, 약한 자가 강하게 되며, 부정한 자가 깨끗하게 되는 것이다.

영혼의 회심은 모든 사람에게 필요한 것이다—부자와 가난한 자, 교육받은 자와 교육받지 못한 자, 높은 계급과 낮은 계급, 유럽인과 아시아인, 명목상의 기독인과 비기독인 모두에게 필요한 것이다. 그러므로 우리는 회심의 대상으로 불교도, 회교도, 힌두교도 무신론자들만을 뽑아내지 않는다. 교회의 명목상의 신자들도 역시 회심이 필요하다. 비기독인에게 "당신은 회심되어야 해"라고 말해야 할 자들은 기독인들이 아니다. 그리스도는 인종, 국적, 종교에 상관없이 모든 사람들에게, "당신은 회심해야 된다; 당신은 거듭나야 한다"(요 3:3, 7 참조)고 말씀하신다.

4

복음 대 종교[2]

몇 년 전 어느 주일 아침에 내가 막 선교 설교를 마쳤을 때, 회중 가운데 한 분이 내게로 다가와서는 말했다, "저는 당신들 선교사들을 이해할 수가 없습니다. 우리는 인도가 많은 종교의 발상지이며, 굉장히 종교적인 나라라고 들었습니다. 그렇다면 왜 당신은 또 하나의 종교를 전하러 와서 혼돈만 가중시키십니까? 인도에는 이미 충분한 종교가 있습니다."

나는 대답했다, "친구여, 나는 종교에는 관심이 없고, 복음에 깊은 관심이 있습니다. 나는 종교를 위해서는 길도 건너고 싶지 않지만, 복음을 위해서는 세계 어디라도 기꺼이 갈 것입니다. 그 둘 사이에는 큰 차이가 있습니다."

---

2 이 장은 존 시먼즈(John T. Seamands)의 저서, 『교회의 최상의 과제』(*The Supreme Task of the Church*)에서 발췌한 것임(Grand Rapids: Wm. B. Eerdmans Publishing Co., 1964), pp. 59-70.

종교는 **인간이 만든** 것이며; 복음은 **하나님이 주신** 것이다.

종교는 하나님을 위해서 **인간이 하는** 것이며; 복음은 인간을 위해서 하나님이 해 놓으신 것이다.

종교는 하나님에 대한 **인간의 추구**이나, 복음은 인간에 대한 **하나님의 추구**이다.

종교는 인간이 사다리 꼭대기에서 하나님을 만난다는 희망을 갖고 **자신의 의의 사다리를 올라가려는** 노력이며; 복음은 하나님이 예수 그리스도의 **성육신의 사다리로 내려 오셔서** 사다리의 맨 밑에 있는 우리 죄인들을 만나 주시는 것이다.

종교는 **좋은 견해**이며; 복음은 **좋은 소식**이다.

종교는 **좋은 권면**이며; 복음은 영광스러운 **선포**이다.

종교는 인간을 받아들이나 **변화시키지 못하며**; 복음은 인간을 그대로 받아들여서 **변화시킨다.**

종교는 외적인 개혁에 목적이 있으며; 복음은 내적인 **변화**를 목표로 한다.

종교는 **희게 칠하며**; 복음은 **희게 씻어 준다.**

종교는 가끔 **속임수**가 되며; 복음은 믿는 모든 자를 항상 **구원**에 이르게 하는 하나님의 **능력**이다.

종교는 많이 있지만, **복음은 하나 뿐**이다.

사도 바울의 성경 가운데 서로 상반되는 표현을 주시하여 보자: "너희에게서 난 것이 아니요"—자신을 구원하고자 하는 인간의 노력이며, 그 반대인 "하나님에게서 난 것이요"—이것이 복음이다. 곧 인간의 곤경에 대한 하나님의 해결이다. "행위에서 난 것이 아니니"—다시, 이것은 종교이다. 곧 자신의 노력과 도덕의 신뢰이며, 그 반대인 "믿음으로 말미암아"—이것은 복음이다. 곧 하나님의 구속과 칭의의 제공에 대한 인간의 반응이다.

이것은 우리에게 다음과 같은 극히 중요한 질문을 하게 만든다: 종교와 복음의 근본적인 차이는 무엇인가? 그 차이점은 기본적으로 세 가지이다.

1. 행위 대 실존(實存)

종교는 우선적인 강조를 행위에 두지만, 복음은 우선적인 강조를 실존에 둔다.

종교는 말한다, "선을 행하고, 계속해서 선을 행하면, 결과적으로 당신은 선하게 될 것이다." 복음은 말한다, "무엇보다도, 당신은 선하게 **되어야만** 한다; 당신은 하나님의 은혜로 선하게 되어야 하며, 그러면 밤이 지나고 낮이 오는 것처럼 당신도 선을 행하게 될 것이다."

종교는 말한다, "진실을 말하고, 계속해서 진실을 말하면, 당신은 정직하게 될 것이다." 복음은 말한다, "무엇보다도 마음 속이 정직하면, 당신은 진실을 말하게 될 것이다."

종교는 말한다, "선한 생각을 하며, 계속해서 선한 생각을 하면, 당신은 마음이 청결해 질 것이다." 복음은 말한다, "마음이 청결해지면, 당신은 선한 생각을 하게 될 것이다."

종교는 말한다, "밖에 나가서 사람들을 도우라. 그러면 당신은 그들을 사랑하게 될 것이다." 복음은 말한다, "당신 마음 가운데로 하나님의 사랑을 받아들이면, 당신은 자연적으로 사람들을 사랑하게 될 것이며, 그들을 섬기기 원하게 될 것이다."

그러므로, 종교는 우선적인 강조를 **외적인 행실**에 두는 반면, 복음은 우선적인 강조를 내적인 **성품**에 둔다.

이것은 기독교 믿음이 선행을 도외시한다는 뜻이 아니다. 물론 선행을 중요시한다. 예수는 행동의 사람, 선한 행위의 사람이었다. 예수에 대한 기록은, "저가 두루 다니시며 착한 일을 행하시고"(행 10:38)라고 한다. 그의 온 생애는 백성을 위한 사랑의 봉사로 흘러 넘쳤다. 야고보는 그의 서신에서, "행함이 없는 믿음은 죽은 것이니라"(2:26)고 하고 있다.

그러나 이것은 우선권의 문제이다. 어느 것이 먼저 오는가? 어느 것이 원인이며 어느 것이 결과인가? 어느 것이 뿌리이고 어느 것이 열매인가? 실존은 행함의 결과인가? 아니면 행함이 실존을 따르는가? 우리는 선을 행함으로 선해지는가? 아니면 우리가 선하기 때문에 선을 행하는가?

바울은 선행이 구원의 원인이 아니고 결과라고 아주 분명히 진술한다. 에베소서 2장 9절에서 그는, "행위에서 난 것이 아니니, 이는 누구든지 자랑치 못하게 함이니라"고 쓰고 있다. 그러나 10절에서는 "우리는...그리스도 예수 안에서 선한 일을 위하여 지으심을 받은 자니"라고 쓰고 있다. 디도에게 보낸 서신에서, 그는 다음과 같이 기록함으로 같은 진리를 강조한다: "우리를 구원하시되 우리의 행한 바 의로운 행위로 말미암지 아니하고, 오직 그의 긍휼하심을 좇아, 중생의 씻음과 성령의 새롭게 하심으로 하셨나니." 세 절 후에, "이 말이 미쁘도다...이는 하나님을 믿는 자들로 하여금 조심하여 선한 일을 힘쓰게 하려 함이라"(딛 3:5, 8)고 쓰고 있다.

예수는 우리가 먼저 선하게 되지 않으면 진정으로 선을 행할 수 없다고 말씀하신다. 그는 다음과 같이 질문하신다, "너희는 악하니 (이것에 주목하라) 어떻게 선한 말을 할 수 있느냐?...선한 사람은 그 쌓은 선에서 선한 것을 내고, 악한 사람은 그 (마음의) 쌓은 악에서 악한 것을 내느니라"(마 12:34-35).

성경은 실존을 강조한다. "너희는 거룩하라...성령으로 충만하라...거듭나야 한다...온유하며 친절하라."

선을 행함으로 선하게 되려는 시도는 마치 한 광주리의 사과를 전신주에 묶고는 전신주가 사과나무로 변화되기를 기대하는 것과 같다. 이것은 불가능하다. 그 나무는 사과나무이어야 한다; 그러면 그 나무는 사과를 생산할 것이다.

여러 해 전, 무성 영화 시대에, 어느 조그마한 마을에서 역사상 처음으로 영화가 상연되었다. 카우보이들이 모두 이 현대의 기적을 보려고 몰려들었다. 그 영화의 줄거리는 늘 그렇듯이 잘 생긴 남자 주인공, 아름다운 여자 주인공, 그리고 한 악한의 삼각 관계를 중심으로 이어진다. 영화의 중간쯤 그 악한은 그 아름다운 소녀를 납치하여, 그의 말에 태우고는 그녀와 함께 급히 도망쳤다. 이 장면은 그 카우보이들에게 참을 수 없는 장면이었다. 그들은 그 악한이 그 아름다운 소녀를 유괴해 가지 못하게 하려고 6연발총을 꺼내서 화면에 쏘았다. 그들이 화면에 구멍 투성이를 만들었지만 그 영화는 계속 진행되었다. 악한은 결국 그 소녀를 유괴해 갔다. 만일 그 카우보이들 중 한 사람이라도 제대로 머리를 써서 영사기에 한 방 만이라도 쏘았다면 영화 전체가 멈추었을 것이다!

이것은 영적인 비유이다. 우리 중 많은 사람들은 외적으로만 자신을 개혁하려고 노력한다; 우리는 화면에 구멍 투성이를 만들지만, 죄와 패배란 영화는 우리의 삶 가운데서 계속 진행된다. 우리는 마음이라는 영사기 자체를 다루어야 할 필요가 있다. 예수는 말씀하셨다, "사람의 마음에서 나오는 것은 악한 생각, 곧 음란과 도적질과 살인과 간음과 탐심과 속임과…교만이니"(막 7:21-22). 종교는 화면에 비유되며 복음은 영사기에 비유된다.

당신은 마태복음 23장에 기록된 바리새인들을 향한 예수의 설교를 공부해 본 적이 있는가? 그것은 흥미 있는 설교이다. 우선, 예수는 바리새인들의 선행을 칭찬하셨다. 그는 말씀하셨다, 너희는 기도하며; 십일조를 바치며; 교인 하나를 얻기 위하여 바다와 육지를 두루다니며; 맹세하는 것을 멸시하며; 정기적으로 금식하며; 선지자들의 무덤을 쌓으며; 장로들의 유전을 지킨다. 모두 다 잘했고 좋다.

그러나, 예수는 말씀하신다, 너희는 내적으로 교만하며; 공공연히 "랍비"라 문안받기 좋아한다. 내적으로 너희는 이기적이며; 가난한 자와 과부들을 속인다. 내적으로 너희는 야망이 있으며; 잔치의 상석을 원한다. 너희는 내적으로 위선적이며; 너희는 오직 사람들이 보는 데서만 금식하며 기도한다. 그는 계속 말씀하신다, "너희는 잔과 대접의 겉은 깨끗이 하되, 그 안에는 탐욕과 방탕으로 가득하게 하는도다"(25절). "너희는 회칠한 무덤같다"(27절). 다른 말로 하면, "너희는 좋은 외양은 갖추었지만 마음은 악하다."

예수는, "너는 먼저 안을 깨끗이 하라"(26절)고 말씀하실 때, 그의 설교는 절정에 이르렀다.

진정한 의로움은 걸치는 것이 아니고; 안에 넣는 것이다. 우리의 주된 문제는 마음 안에 있다. 우리는 깨끗한 마음이 필요하다; 우리는 내적인 변화가 필요하다. 우리는 "거듭나야"될 필요가 있다. 우리는 그리스도 예수 안에서 "새로운 피조물"이 될 필요가 있다.

종교는 **외적 행동**을 강조하며; 복음은 **내적 상태**를 강조한다. 종교는 주변에서부터 중심으로, 외부로부터 내부로 들어가려고 한다. 복음은 직접 중심으로 들어가서 안에서부터 밖으로 분출(噴出)한다. 종교는 외적인 개혁을 목표로 하나; 복음은 내적인 변화를 목적으로 삼는다.

2. 원리 대 인격

종교는 원리와 법칙, 규약과 강령에 강조를 두며; 복음은 인격에 강조를 둔다.

종교는 일련의 가르침을 우리에게 제공해 주면서 말한다, "이것들을 받아들이며 믿고 따르라." 복음은 인격을 소개하면서 말한다, "그를 받아들이며 믿고 따르라."

물론, 기독교 신앙도 놀라운 가르침, 고상한 윤리, 철학과 신학의 조직, 의식과 강령이 있다. 그러나 기독교 신앙은 이러한 것 이상의 것이다. 기독교 신앙은 그리스도이며, 그가 현재의 그리스도이기 때문에, 기독교 신앙도 현재의 기독교 신앙인 것이다.

비기독교 종교들과 복음 사이의 큰 차이점 중 하나는, 이러한 종교들과 그 창시자들 간에는 아무런 본질적인 관계가 없지만, 기독교 신앙에는 그러한 관계가 있다는 점이다. 불교에서 부처를 빼도, 불교는 여전히 사성제(四聖啼)와 팔정도(八正道)가 남는다. 회교에서 모하메드를 빼도, 회교는 여전히 다섯 가지 종교적 의무와 신앙의 6개 조항을 보유한다. 비록 힌두교는 아무 특정한 창시자가 없지만, 힌두교에서 라마(Rama)와 크리슈나와 같은 신들을 빼도, 힌두교의 철학적이고 종교적인 개념들은 여전히 남는다. 그러나 만일 우리가 복음에서 그리스도를 빼면, 아무 것도 남는 것이 없다. 왜냐하면 복음은 그리스도이고, 그가 현재의 그리스도이기 때문에, 복음도 현재의 복음인 것이다.

그리스도는 "내가 곧 길이요, 진리요, 생명이니"(요 14:6)라고 말씀하셨다. 그는, "내가 길을 보여 줄 것이며; 진리를 가르칠 것이며; 생명을 줄 것이다"라고 말하지 않았다. 그는, "내가 곧 길이요, 진리요, 생명이니"라고 말씀하셨다. 그리스도를 영접하라. 그러면 당신은 그 길 위에 있으며; 그를 영접하라, 그러면 진리를 가지며; 그를 영접하라, 그러면 당신은 생명을 소유하게 된다!

그러므로 기독인이 되는 것은 단지 교회에 소속하는 것 이상인 것이다; 그것은 교회의 의식을 행하는 것 이상의 것이다. 기독인이 되는 것은 본질적으로 그리스도의 인격을 신뢰하고, 그를 주와 구세주로 받아들이고, 그와의 교제를 시작하며, 그 안에서 새로운 피조물이 되는 것이다.

그러므로 복음과 세계의 종교들 사이의 근본적인 차이점은 사고의 체계가 아니라 인격이다. 부처는 인간이 그를 숭배해야 한다고 가르치지 않았으며; 자신이 발견한 진리를 다른 사람들에게 가르치고자 한 진리의 탐구자였다. 모하메드는 하나님의 선지자에 불과하였다고 분명히 진술했다; 회교도들은 그를 숭배하지 않는다는 사실을 우리에게 금새 알려 준다. 유교에서 공자는 숭배의 대상이 아니다; 그는 다만 한 위대한 선생으로서 존경의 대상인 것이다. 힌두교의 많은 신들은 우리 인간의 많은 약점을 공유한 신화적인 인물들에 불과하다. 그러나 그리스도는 하나님의 아들이라고 주장했으며; 모든 사람의 구세주라고 주장했으며; 그의 인격을 믿으라고 명했으며, 모든 사람은 그를 경배해야 된다고 요구하셨다.

그리스도가 바로 차이점이다. 바로 이것이 비기독교 신앙에서 결여(缺如)된 핵심적인 것이다. 그들의 문화와 사고에는 훌륭한 것들이 있다; 우리는 그것을 인정하며 그것들을 인하여 진정으로 하나님께 감사한다. 그러나 어떤 다른 것으로도 대치할 수 없는 진정으로 부족한 것이 바로 이 그리스도이다.

시크교에서 기독교로 개종한 사두 순다 싱은 인도에서 가장 위대한 기독인 중 하나이다. 어느 날 유럽의 비교종교학 교수—불가지론자—가 그리스도 때문에 다른 신앙을 거부한 잘못을 알려 줄 분명한 의도를 갖고 사두를 면담했다. 그는 물었다, "당신은 옛 신앙에서 갖지 못했던 것을 기독교에서 발견했습니까?"

사두는 대답했다, "나는 그리스도를 모시고 있습니다."

"예, 나도 압니다," 그 교수는 다소 참을성 없게 대답했다, "그러나 당신이 전에 갖지 못했던 무슨 특별한 원리나 교리를 발견했습니까?"

사두는 답변했다, "내가 발견한 특별한 것은 그리스도입니다." 그 교수가 더 시도해 보았지만, 사두의 입장을 바꿀 수 없었다. 그는 당황하며 그러나 생각에 잠겨서 가 버렸다. 사두는 옳았다. 세계의 종교들은 그 안에 훌륭한 것들이 있지만, 그리스도가 없는 것이다.

더 나아가서, 그리스도에 대한 특이한 사실은 부활이다. 그는 우리를 위해서 죽음으로 내려가셨으나 반대편으로 올라와서 승리롭게 말씀하셨다, "나는 부활이요 생명이니; 나를 믿는 자는...영원히 죽지 아니하리니" (요 11:25-26).

아프리카에 있는 한 회교도가 최근에 기독인이 되었다. 그의 친구들이 물었다, "왜 너는 기독인이 되었니?"

그는 대답했다, "글쎄, 이런 것과 같아. 만일 자네들이 길을 가고 있다고 생각해 보자. 그런데 갑자기 두 갈래 길을 만났는데 어느 쪽으로 가야 할지 모르고 있었지. 그런데 그 두 갈래 길에 두 사람이 있었는데—한 사람은 죽어 있고 또 한 사람은 살아있다면—자네들은 어느 사람에게 어디로 가야 할지를 묻겠나?"

그는 지극한 차이점을 발견했다. 모하메드, 부처, 공자, 라마, 그리고 그 외의 사람들은 살다가 죽었으며 인간의 역사의 장면에서 사라져 버렸다. 예수는 살다가 죽었지만 부활하여 오늘도 우리 시대의 사람으로 살아 계신다. 그는 1세기에서 20세기로 발걸음을 옮겨서 우리의 마음 가운데로 곧장 걸어 들어오신다. 그래서 그는 우리의 선생과 본만이 아니라 우리의 구속자이며 주님이시다. 그는 우리 안에 사시며 그의 발자취를 따라 갈 능력을 우리에게 주시는 것이다.

3. 선행 대 은혜

종교는 선행을 강조하며; 복음은 은혜를 강조한다.

종교는 "달성하라"고 말하며, 복음은 "얻으라"고 말한다.

종교는 "시도하라"고 말하며; 복음은 "받아들이라"고 말한다.

종교는 "네 자신을 발전시켜라"고 말하며; 복음은 "네 자신을 부인하라"고 말한다.

종교는 "네 자신을 구하라"고 말하며; 복음은 "네 자신을 항복하라"고 말한다.

종교는 "하라—이것을 하고, 저것을 하라, 그러면 당신은 구원받을 것이다"라고 말한다. 복음은 "다 해 놓았다. 믿어라, 그러면 당신은 구원받을 것이다"고 말한다.

예수는 십자가에서 "다 이루었다"고 외치셨다. 그 말은 우리의 구원을 위해 필요한 모든 것을 하나님이 다 이루신 것을 의미했다. 우리가 꼭 해야 될 것도 없으며, 실제로 할 수 있는 것도 없다. 그것은 보상이 아니고 선물이다. 우리는 구원을 살 수 없으며 공적으로 값을 주고 얻을 수 없다; 우리는 우리 힘으로 구원을 이룰 수가 없다. 우리는 하나님이 그 아들을 통해서 십자가 위에서 우리를 위하여 이루신 것을 단순히 받아들여야 한다. 우리는 그 구원을 하나님의 손으로부터 선물로 받아야만 한다. 구원은 순전히 은혜이며, 공로에 상관없는 하나님의 은혜이다.

그러므로, 복음에 대한 중요한 질문은 단순히 다음과 같다: 하나님이 당신을 위해 이루신 일에 대하여 어떻게 하겠는가? 하나님은 이루어 놓으셨다; 당신은 어떻게 반응하겠는가? 당신은 받아들일 것인가 아니면 거절할 것인가, 믿을 것인가 아니면 부인할 것인가?

그 말은 우리가 자신을 낮추고, 있는 그대로 나아가서, 감사하는 마음으로 하나님의 선물을 받아야 한다는 것을 뜻한다. 진정으로 우리는 그에게, "손에 가져온 것은 아무 것도 없습니다. 다만 주님의 십자가만 붙잡습니다"고 말해야 한다.

우리가 잘 아는 찬송가의 가사대로 우리도 고백해야 한다:

> 큰 죄에 빠진 날 위해,
> 주 보혈 흘려 주시고,
> 또 나를 오라 하시니,
> 주께로 거저 갑니다!

우리는 자신을 개혁시킨 후에 그리스도에게로 나가지 않는다; 우리가 있는 그대로 나가면 그가 우리를 개혁시키신다. 그가 우리를 받으셔서 새롭게 만드실 것이다.

몇 년 전 나는 인도에서 기차로 긴 여행을 하고 있었다. 곧 나는 하나밖에 없는 일등 칸 승객인 어느 힌두교도와 대화를 나누게 되었다. 그는 내게 인도의 성지를 향하여 긴 종교 순례 여행 중이라고 말했다. "실제로," 그는 말했다, "나는 내 생애의 대부분을 종교 순례 여행을 하며 지내 왔습니다."

"왜 당신은 그렇게 많은 순례 여행을 합니까?" 나는 물었다.

"하나님을 찾기 위해서요," 그는 대답했다.

"그러면," 나는 말했다, "그렇게 많은 순례 여행 후에도, 아직 하나님을 발견하지 못하셨습니까?"

그는 고개를 떨구었는데, 그의 얼굴에는 절망의 표정이 역력했다. "아니요," 그는 대답했다. "나는 그를 발견했다고 할 수 없지만, 언젠가는 그렇게 되기를 바라고 있습니다."

미소를 지으면서 나는 말했다, "나의 순례 여행에 대해서 말씀드려도 좋을까요?"

내가 "순례 여행"이란 말을 언급했을 때, 그의 눈은 빛이 났다. "오," 그는 말했다, "당신도 순례 여행을 하셨습니까?"

"예," 나는 말했다, "어느 날 내 생애에서 나는 20계단의 순례 여행을 했는데, 그 계단 마지막에 하나님을 발견했습니다."

"그게 뭔지 말씀해 주십시오," 그는 간청했다.

그런 다음 그에게 내가 기독교 가정에서 선교사의 아들로 태어났다고 말을 시작했다. 나는 어린 나이에 성경을 읽고 기도하는 것을 배웠다. 15살 때 나는 교회에 정회원이 되었으며, 주일 학교 선생이 되었다. 외적인 모습으로는 어느 모로 보나 나는 훌륭한 기독인이었다. 나는 하나님과 그의 아들, 예수 그리스도에 대해서 많이 알았다. 그러나 내적으로 나는 공허했고 만족이 없었다. 하나님은 아주 멀리 계신 것만 같았으며, 그래서 계신 것 같지 않았다. 그리고 나는 그에게 미국의 대학생 시절에 한 전도자가 기독인이 되는 것은 교회에 소속되거나, 또는 교리를 받아들이거나, 또는 의식을 거치는 것 이상의 것이라는 설명을 들었다. 기독인이 되는 것은 우리의 죄를 회개하고, 예수 그리스도를 우리 개인의 구세주로 받아들이고, 모든 일에 그를 순종하는 것이다. 그 설교 마지막에 그 전도자는 그리스도를 구세주로 받아들이기 원하는 사람들은 강단 쪽으로 나와서 기도하고 믿으라고 초청했다.

"바로 그 때," 나는 말했다, "나는 순례 여행을 했습니다. 나는 자리에서 일어나서 그 강단까지 20계단쯤 걸어 내려갔습니다. 나는 무릎을 꿇고, 하나님께 나의 죄를 자백했으며, 예수 그리스도를 나의 구세주로 영접했습니다. 갑자기 하나님이 내게 심히 가까워졌으며, 실재의 분으로 다가오셨습니다. 나는 마침내 하나님을 발견했다고 느꼈습니다. 그 날 이후 나는 하나님의 놀라우신 임재를 내 삶 가운데서 의식해 왔습니다."

"그것 놀랍군요," 나의 힌두교 동행자가 말했다. "나도 그처럼 하나님을 찾게 되기를 바랍니다."

그러자 나는 그도 하나님을 발견할 수 있다고 설명하였다. 그것은 우리의 긴 순례 여행에 의해서가 아니고, 많은 선행이나, 혹은 우리 자신의 노력에 의해서가 아니다. 그것은 "은혜를 인하여 믿음으로 말미암는" 것이다. 나는 그에게 말했다, "당신은 하나님을 만나기 위해서 20계단을 내려갈 필요조차 없습니다. 어느 누구도 하나님으로부터 한 계단 이상 떨어져 있는 사람은 없습니다. 돌아서기만 하면 당신은 구속의 사랑이라는 품에 안기게 됩니다."

며칠 지나지 않아서 나는 그 힌두교 신사로부터 편지를 받았다. 큰 기쁨으로 그는 썼다, "나는 가장 짧은 최후의 순례 여행을 막 끝냈습니다. 바로 당신이 말씀한 대로, 한 계단만 가면 됐습니다. 하나님을 발견한 것을 하나님께 감사드립니다!"

이제 우리는 복음의 중요한 면을 이렇게 요약할 수 있다:

A. 복음은 **실존**(being)을 강조한다. 복음은 "내가 거룩하니, 너희도 거룩할지어다"(벧전 1:16)라고 명한다. 그것은 내적인 품성으로 시작하여 외적인 행위로 옮아간다.

B. 실존은 **변화**(becoming)로 말미암는다. 그래서 예수는, "거듭나야 하겠다"(요 3:7)고 명했다. 그는 또한, "너희가 돌이켜 어린 아이들과 같이 **되지** 아니하면 결단코 천국에 들어가지 못하리라"(마 18:3)고 선언했다. 본성으로 우리는 죄인이다; 우리는 하나님의 은혜로 인한 도덕적인 변화가 필요하다.

C. 실존은 **소속**(belonging)으로 말미암는다. 우리가 그리스도를 구세주로 받아들일 때, 우리는 그와 교제가 시작되는 것이다. 그는 우리 마음 가운데 들어와 거하신다. 그는 우리를 받으셔서 새롭게 만드신다. "그런즉 누구든지 그리스도 안에 있으면 새로운 피조물이라. 이전 것은 지나갔으니 보라 새 것이 되었도다"(고후 5:17).

D. 소속은 **믿음**(believing)으로 말미암는다. 우리는 그를 신뢰함으로

교제 가운데로 들어간다. 믿음은 우리를 그리스도와 연합시키는 고리이다. "영접하는 자, 곧 그 이름을 믿는 자들에게는 하나님의 자녀가 되는 권세를 주셨으니"(요 1:12).

이것이야말로 우리가 세상 사람들에게 선포해야 할 메시지이다: 다른 종교가 아닌, 복음을; 일련의 가르침이나 또는 신학 체계가 아닌, 위대한 분에 대한 기쁜 소식을. 많은 종교가 있지만, 복음은 하나 밖에 없다. 종교는 구속할 수 없으나, 그리스도만이 세상을 구원하실 수 있다.

제 2 부

복음 전달의 방법과 원리

5

복음 전달의 접근 방법

이제 우리는 복음 전달의 기본적이고 기초적인 접근 방법들을 살펴보자. 우선적으로는 비기독인들에게 복음 전달이라는 관점에서 이 주제를 살펴보겠지만, 이 내용은 그리스도와 개인적인 관계를 갖지 못한 명목상의 기독인들에게 증거하는 데에도 도움이 될 것이다.

우선 특성에 있어서 부정적이고 해롭기에 피해야만 할 두 가지 접근 방법들을 살펴보자. 그 다음 우리는 기쁜 소식을 전하는 데 장려해야 할 세 가지 긍정적이고도 효과적인 방법들을 논의할 것이다.

1. 수용할 수 없는 방법

A. 정면 접근법

이는 다른 신앙들을 공격적으로 논박하고 정죄하는 방법이다. 이런 태도는 다른 종교들이 모두 마귀의 역사이며, 잘못 되었고, 일고의 가치도 없다고 간주한다. 따라서 거기에는 복음 전파를 위한 어떤 접촉점이나 거점도 없다. 비기독인들 중에는 이 방법을 "전쟁 선포" 또는 "제국주의적 접근"이라고 부르는 사람들도 있다. 나는 개인적으로 이것을 "숫염소 접근법"이라고 부르고 싶은데, 왜냐하면 이 접근법은 나에게 기차 철도로 달려들어 다가오는 고속 기차의 엔진을 돌격했던 염소의 이야기를 연상시켜주기 때문이다. 용기는 100점, 분별력은 영점!

마하트마 간디는 『기독교 선교』(Christian Missions)라는 그의 저서에서, 그가 고등 학생일 때 어떻게 기독교 신앙에 대해 편견을 갖게 되었는가를 말해 준다. 그는 다음과 같이 기록한다: "나는 기독교에 대해 일종의 혐오감을 갖게 되었다. 이유가 있었다. 그 당시 기독교 선교사들은 고등학교 근처 모퉁이에 서서 힌두교도들과 그 신들에 대해 욕설을 퍼부으며 설교하곤 했다. 나는 이것을 참을 수 없었기 때문이다. 나는 딱 한 번 들었지만, 그것으로 충분했다."[1]

몇 년 전 인도의 마댜 프라데쉬(Madhya Pradesh) 주 정부는 그 관할권 내에서 기독교 선교사들의 활동 상황을 조사할 위원회를 임명했다. 그 위원회 의장은 정통 힌두교도이었으며, 인쇄된 그의 보고서는 의심의 여지 없이 기독교에 대한 그의 개인적 편견을 반영하나, 그래도 그 조사 결과에는 우리가 주목해야 할 비평들이 있다. "기독교 전파의 여러 방법들"이라 명명된 부분에서, 그 위원회는 보고하기를 한 미국 선교사가 설교에서, "여러 공격적인 말로 우상 숭배를 공격했고, 그 결과 그에 대한 고소장이 관할 지사에게 보내졌다." 다른 설교자는 "키르탄(Kirtan: 서정시)을 암송하면서 힌두 신을 공공연히 비난했다." 어느 박람회에서 힌두교의 한 여신이 "간부(姦婦)로 비난"되었다. 그리고 또 다른 설교자는 "힌두교의 신들을 석신(石神)과 사신(死神)으로 선포하였다." "힌두교도들에게 공격적인 방법으로 라마와 크리슈나의 생애가 공격되었다." "다른 종교들은 거짓 종교로 언급되었으며," "소들의 보호 또한 조롱되었다." 그리고 나서 그 보고서는 묻는다, "올바른 사고의 사람이라면 인도의 다

---

1 Mahatma Gandhi, *Christian Missions* (Ahmedabad: Navajivan Publishing House, 1941), p. 3.

수 사회의 종교에 대한 악랄한 공격이 과연 기독교 종교의 일부이거나 아니면 공중 질서 내지 도덕에 도움이 된다고 주장할 수 있는가?"2)

수년 전 여러 훌륭한 책을 저술한 미국 출신의 한 뛰어난 성경 교사이자 전도자가 북인도에 있는 루크나오(Lucknow)기독교대학에서 어느 날 아침 채플 메시지를 전해달라는 요청을 받았다. 그는 대부분 힌두교도, 시크교도 및 회교도들로 구성된 청중 앞에서 선정적(煽情的)인 목소리로 말했다: "사랑하는 친구들이여, 나는 기독인으로서 다른 세계 종교들에 대해 느낀 바를 오늘 여러분들과 함께 나누고자 합니다. 나는 힌두교 신들은 모두 악령들이며, 모하메드는 마귀의 이름이라고 믿습니다." 그의 말은 굉장한 소동을 초래했고, 몇 학생들은 그 집회에서 나가버렸다. 다행히, 이 일은 영국이 아직 권력을 잡고 있던 식민지 기간에 일어났다. 만일 이 사태가 독립 후에 일어났더라면, 그는 십중팔구 심하게 구타당했을 것이다. 왜 그가 그런 접근 방법을 택했는지 묻자, 그 전도자의 변명은 다음과 같았다: "재치 있고 공손하여, 단지 변죽만 울리는 옛날의 방법은 어떤 결과도 이룩해내지 못했습니다. 나는 우리가 문제에 정면으로 부딪쳐서 그것을 있는 그대로 말할 필요가 있다는 결론에 도달했습니다. 사람들은 사실을 알아야 합니다."

정면 접근의 또 다른 실례는 『지구상의 신들』(Lords of the Earth) 이라는 돈 리챠드슨(Don Richardson)의 최근의 저서에서 찾을 수 있다. 인도네시아의 이리안 자야(Irian Jaya)에 있는 얄리(Yali)족 가운데서 사역하고 있는 선교사가 얄리어로 찬송가를 쓴 후, 남자와 소년들이 모인 군중에게 그를 따라 찬송가를 부르게 하였다. 그 가사는 실제로 다음

---

2 M. B. Niyogi, *Report of the Christian Missionary Activities Enquiry Committee, Madhya Pradesh* (Nagpur: Madhya Pradesh Government Printing, 1956), 1:118-22.

과 같다: "켐부(Kembu)의 말(words)을 우리는 거부하네, 우리는 거부하네, 우리는 거부하네, 켐부의 말을 우리는 거부하네—켐부, 그는 나쁘네!"(켐부는 그들이 숭배하는 신령의 이름이다.) 얄리인들이 그 노래 가사를 듣자, 그들의 "입은 못 믿겠다는 듯이 딱 벌어졌다. 모든 사람의 안색이 혐오감으로 가득 찼다." 그들은 그 노래 배우기를 거부했고, 결국 선교사도 포기했다. 그러나 이 사건으로 인한 반발은 오랫동안 얄리족 가운데서 복음 전도 사역을 어렵게 만들었다.3)

이런 식의 접근 방식은 많은 동양권의 국가에서, 특히 강한 반(反) 서구적 태도를 취하는 지역에서 강한 국민적 정서를 갖는 오늘날에는 매우 어리석다. 타종교의 신앙과 신들에 대한 정면 공격은 듣는 사람들의 마음에 분노를 일으키고 기독교 신앙에 대한 편견을 북돋아 줄 뿐이다. 뿐만 아니라, 그런 식의 접근은 전혀 불필요하다. 왜냐하면 다른 사람의 종교를 파괴해야 기독교 신앙을 세우는 것이 아니기 때문이다. 복음은 그 자체의 진가에 의거할 수 있다. 현명한 판매원은 집주인이 가지고 있는 물품의 상표를 절대로 비난하지 않고, 단지 자기 상표의 좋은 점들을 모두 지적한 다음에 직접 시범을 보인다.

이런 점에서 사도 바울은 우리에게 좋은 본보기를 보여 준다. 에베소의 그의 전도 여행 중 아데미 여신을 위한 은감실을 만드는 은장색인 데메드리오라는 사람은, 바울이 사람의 손으로 만든 신들을 비난하고 추종자들로 하여금 능력있는 "다이아나" 신을 숭배하지 못하게 하였다고 비난함으로 전체 민중을 격동시켰다. 소요가 일어나려 할 때 도시 서기장이 현장에 도착하여, 무리를 안정시키며 사람들에게 말했다: "전각의 물건을 도적질

---

3 Don Richardson, *Lords of the Earth* (Glendale, CA: Regal, 1977), pp. 228-29.

하지도 아니하였고 우리 여신을 훼방하지도 아니한 이 사람들을 너희가 잡아 왔다"(사도행전 19:37). 그런 다음 그는 그들이 합법적으로 송사할 것이 있으면 그것을 정식으로 그 시의 지정 민회로 가져가야 한다고 군중들을 설득했다. 그러나 바울과 그 동역자들에 대한 그 관원의 설득은 우리로 하여금 사도의 전도 방법에 대한 직접적인 통찰력을 갖게 해 준다. 비록 그가 그리스도를 유일한 구세주로 담대히 선포하였지만 청중들의 신들이나 신앙을 공격하지는 않았다.

최근의 선교사 정책가인 고(故) 스탠리 존스 박사는 우리에게 또 다른 좋은 본보기이다. 『인도의 길을 따라서』(Along the Indian Road)라는 저서에서 그는 다음과 같이 쓴다:

> 나는 공적 집회에서 다른 사람의 신앙을 결코 공격하지 않는 것을 원리 원칙으로 삼았다. 나는 내가 가진 것을 제시하고 그들 스스로 결론을 내리게 한다. 나는 거듭 힌두교인으로부터 신앙간의 차이점을 보여 달라는 요구를 받는다. 나는 항상 거절한다. 차이점을 말하는 순간 논쟁이 있게 마련이기 때문이다. 그리고 기독교는 논쟁 가운데에서 전파될 수 없기 때문이다.4)

B. 악수 접근법 (타협의 방법)

이 방법은 청중이 복음을 받아들일 수 있도록 더 입에 맞고 쉽게 만들기 위하여 복음을 희석시키는 것이다. 이런 접근 방법은 믿음에 대한 비참한 배신이므로 우리는 배격해야만 한다. 우리는 기독교 메시지의 **형태**를 바꿀 수 있지만, 그 내용을 변화시킬 권리는 없다.

---

4 E. Stanley Jones, *Along the Indian Road* (New York: Abingdon, 1935), pp. 98-99.

인도의 선교사로서의 부르심은 내가 인도에서 고등학교 시절에 가졌던 한 잊지 못할 경험으로까지 거슬러 올라간다. 나는 오밤중에 학교 정문을 통과하는 종교적 행렬을 본 적이 있었다. 그것은 "기독교" 행렬이었는데 모든 면에서 힌두교적이었다. 몇 사람들이 묵직한 밧줄과 사슬로 라다 (ratha: 나무로 된 우상 마차)를 끌며 거리를 통과하고 있었다. 다른 사람들은 마차 앞에서 북을 치며 춤을 추고 있었다. 수백 명의 사람들이 라다 위에 있는 성상들 위에 쌀과 바나나와 꽃을 던지면서 그 주위로 몰려들었다. 이 "기독교" 행렬과 전형적인 힌두교 행렬 간에 다른 점이 있었다면 그것은 성 패트릭, 성 요셉, 그리스도 및 마리아의 성상들이 크리슈나, 쉬바(Shiva) 및 두르가(Durga)의 형상들을 대신했다는 점이다. 추종자들이 이처럼 힌두교에서 기독교로 바꾸는 것은 손쉬운 것이었다.

불행히도 이런 유형의 혼합주의는 오랫동안 남미에서 특히 많은 인디안 종족들 사이에서 있었던 기독교 운동의 특징이었다. 그 대륙의 초기 역사에서, 천국의 어머니인 마리아가 이전 월신(月神)의 대치물로 된 일종의 그리스도적 이방 신앙이 발달했다. 오늘날 교회 지도자들은 이런 혼합적 경향들을 순수한 성경적 신앙으로 바꾸느라고 최선을 다하고 있다.

오늘날의 신학적인 유행들—"보편구원론," "익명의 기독교" 등—은 타협적 접근법이라는 덫에 빠져들고 있다. 이들 신학의 주창자들은 그리스도가 이미 타종교 신앙 안에 본래부터 내재해 있기에 그들이 이미 "구원받았"거나 "기독인"이거나 아니면 그것을 알지 못할 뿐이라고 주장함으로, 기독교를 회교, 힌두교 및 불교도들에게 보다 수용적인 것으로 만들려고 노력하고 있다. 따라서 그들은 그들의 신앙에서 기독교 신앙으로 "개종"할 필요가 없다. 이런 가르침은 복음의 유일성을 포기하고 따라서 기독교를 많은 종교 중의 하나로 만드는 것에 불과하다. 이것은 우리가 너그럽게 보아 줄 수 없는 주장이다.

이제 이런 수용 불가능한 접근 방법들로부터 복음 전파에 합당하고 효과적인 다른 접근 방법들로 전환하자. 우리는 다음의 방법들을 높이 평가한다.

2. 수용 가능한 방법

A. 마음 대 마음의 접근법

비록 우리의 청중들의 종교적 배경이 매우 중요하지만, 복음 전달에 있어서 우리가 일차적으로 관심을 갖는 것은 사람들이지, 그들이 소속된 종교 체계가 아니다. 사람들은 무엇보다도 먼저 인간이고, 그 다음에 회교도, 힌두교도 또는 불교도이다. 인간의 본성과 인간의 곤경이라는 공통분모 속에서 우리는 보편적인 접촉점을 찾을 수 있다. 근본적으로, 밑으로 내려가면 사람들은 모두 같다. 사람들은 같은 종교 의식, 같은 열망, 갈망과 필요를 가지고 있다. 모두들 같은 생리적 필요들이 있으며, 모두들 근심으로부터의 안정과 자유에 대한 필요가 있으며, 모두들 사랑하고 사랑 받고 싶은 필요가 있고, 모두들 소속되고 인정받고 싶은 욕구가 있으며, 모든 사람들이 자기 성취에 대한 갈망을 갖고 있다. 어느 곳에 있든지 사람들은 같은 유혹을 받는다. 모든 사람은 죽음이라는 실재를 직면해야 한다. 용서라는 보편적 필요와 하나님과의 교제를 향한 보편적 갈망이 있다.

보편적 신앙으로서의 복음은 사람들의 근본적 필요에 보편적으로 적용된다. 복음은 삶의 의미, 살아갈 능력, 죄에 대한 용서, 하나님과의 화해, 무조건적 사랑, 죽음을 이긴 승리와 영원한 생명을 제시해 준다. 그러므로 설교는 하나님의 마음과 정신으로부터 메시지를 받아서, 우리의 마음과 정신을 통해 다른 사람들의 마음과 정신으로 흘러 들어가게 하는 과정이다. 우리는 같은 필요와 열망을 가진 자로서, 하나님으로부터 같은 약속과 은사를 받는 자로서, 우리는 모든 곳에 있는 남녀와 동등한 위치에 있다. 그것은 나와 너의 관계가 아니라, 하나님과 우리의 관계이며; "내가 당신을 위해 무엇인가를 가지고 있다"가 아니라, "하나님은 우리 모두를 위해 무엇인가를 가지고 계시다"이다.

마음 대 마음의 접근법은 우리 모두의 전도와 설교에 기초가 되어야 할 일반적 접근법이다. 그것은 영적인 혼합된 공허 속에 살고 있는 사람들과 혼합된 종교적 배경을 갖고 있는 청중들에게 특히 효과적이다.

보편적인 인간의 필요들을 채워 주는 데 있어서 복음의 효율성에 대한 실례들은 어디에서나 볼 수 있다. 한 선교사 부부가 사람들로부터 아무런 반응도 없이 오랫동안 어느 아프리카 촌락에서 애쓰며 전도했다. 마침내 한 가족이 그리스도를 영접하고 세례를 받음으로 그들의 믿음을 공개적으로 증거했다. 그 후 이 가족의 어린 아들이 심하게 아프게 되어 곧 죽게 되는 것 같았다. 그 소식은 마을에 퍼졌고 사람들은 다음과 같이 말했다. "보라, 악령이 이 가족에게 화가 났고 그들의 옛 종교를 버리고 선교사의 종교를 받아들였기에 그들에게 벌을 주는 거야. 그 아이는 정녕코 죽을 거야."

그 선교사 부부가 이 소문을 들었을 때 심히 동요되었다. 그들은 금식하고 기도하면서 하나님께 그 소년의 목숨을 살려달라고 간청했다. 그들은 그 소년의 죽음이 사람들의 미신적인 신념만 확신시켜 주고, 그 지역에서 앞으로 전도의 문을 완전히 닫게 될까봐 두려워했다.

그러나 며칠 후 그 어린 소년은 죽었다. 선교사는 가족들과 함께 기독교 장례식을 치루었는데, 마을 사람들은 호기심을 가지고 구경하였다. 그 후 얼마 되지 않아서, 마을의 원로들이 선교사를 찾아와서 말하기를, "나리, 우리도 기독인이 되기로 결심했습니다. 우리에게 세례를 베풀어 주십시오"라고 했다.

　선교사는 얼떨떨했다. "왜 당신들은 이런 결심을 하게 됐습니까?" 그는 물었다. 그들 중 지도자가 대답했다: "당신은 우리가 죽음을 당할 때 어떻게 행동하는가를 아시지요; 우리가 어떻게 울부짖고, 비명을 지르며, 가슴을 치며 슬퍼하는가를. 그러나 이 가족의 소년이 죽었을 때, 당신들은 모두 찬송가를 부르고 기도하며, 그의 생명을 인하여 하나님께 감사드렸습니다. 만일 당신이 우리에게 말한 이 예수가 죽음의 공포를 가져갈 수 있다면, 우리도 그를 따를 준비가 되어 있습니다!"

　서기 1962년 7월 6일 아침 일간 신문에서 다음과 같은 기사를 읽었을 때 내 마음은 문자 그대로 속에서 타올랐다.

> "승려가 암살범으로 교수형을 당하다."
> 　콜롬보, 세일론(AP통신)—불교 승려인 탈두와 소마라마(Talduwa Somarama)가 1959년 솔로몬 반다라나이크(Solomon Bandara- naike) 수상의 암살범으로서 오늘 교수형을 당했다.
> 　교도소 관리들은 소마라마는 교수형 당하기 24시간 전 기독교식 세례를 받았다고 말했다. 그 이유는 그가 불교에서 용서를 구할 수 없기 때문이었다.

　여기 마음에 자신의 범죄와 죄책(罪責)의 중압감을 느꼈으나, 그 자신의 종교에서는 위로받을 수 없었던 한 불교도가 있었다. 그는 그를 대신하여 십자가에서 죽으신 분께로 돌아왔을 때에야 비로소 그가 갈구했던 구원을 발견할 수 있었다.

　어느 곳에 있는 사람들이건 그들에게 마음 대 마음으로 말하고 복음을 그들의 보편적인 필요와 문제에 관해서 적용한다는 것은 얼마나 큰 특권인가!

　그러나 마음 대 마음의 접근법에 관해 한 가지 주의할 것이 있다. 비록 그것이 많은 기초적 진리를 포함하고 있고, 또 상식적으로 우리의 지침이 되어야 하지만, 우리는 사람의 삶을 형성시킨 종교적 체계에 대한 철저한 지식없이 그 사람을 진실로 이해할 수 없다는 것도 명심해야 한다. 따라서 비록 모든 사람들—그들이 인간이기 때문에—에게 적합한 일반적인 접근 방법이 있을지라도, 힌두교도에게, 회교도에게 적합한 독특한 접근법도 있다. 그들의 신앙에서 그들이 복음을 이해하고 받아들이는 데에 방해와 도움이 되는 개념들을 발견한다. 모든 사람들에게 매우 효과적으로 복음을 전할 수 있도록 이런 특별한 접근법을 발견해 내는 것이 우리의 임무이다.

B. 접촉점 접근법

이 접근법에서 우리는 복음 제시의 시발점으로 사용하기 위해 우리와 청중 사이의 공통점을 찾아내려 한다. 우리는 아는 것으로부터 모르는 것으로, 동의의 영역으로부터 반대의 영역으로 진행해 나간다. 이것은 재치 있고 효과적이다.

다음의 세 가지 영역에서 접촉점들을 볼 수 있다.

a. 일반적 관심들 가운데서. 예수는 이 접근법의 대가이셨다. 대부분 어부였던 제자들에게 그는 "사람 낚는 어부"(마 4:19)가 되는 것에 대해서 말씀하셨다. 그는 농부에게 씨앗과 토양, 파종과 수확에 대해 말씀하셨다. 수가의 우물로 물 길러 온 사마리아 여인에게 그는 "생수"와 "영생하는 샘물"(요 4:10, 14)에 대해 말씀하셨다.

뉴욕의 유명한 목사인 해리 에머슨 포스딕(Harry Emerson Fosdick)은 "모든 사람은 섬과 같다. 당신은 상륙할 장소를 찾을 때까지 그 주위에서 노를 젓는다. 그것은 몇 분밖에 걸리지 않을 수도 있고, 여러 해가 걸릴 수도 있다"라고 말하곤 했다. 이것은 다른 사람이 관심 있는 바가 무엇인지 알아내기 위해서 그가 말하는 것을 주의 깊게 들어야 할 필요가 있다는 의미이다. 우리는 그의 마음과 정신으로 통하는 문을 찾을 필요가 있다.

나는 인도에 선교사로 있던 첫해 어느 날 방갈로(Bangalore)에서 마드라스(Madras)를 향해 기차로 여행 중이었다. 나는 한 흑인 신사가 앉아 있는 것을 보고 곧 그와 대화를 시작했다. 내가 그의 이름을 물었을 때, 그는 보통 "포함 잭"(Gunboat Jack)으로 알려져 있다고 말했다. 그런 다음 나는 그에게 무슨 일을 하느냐고 물었다.

"나는 투사입니다"라고 그는 대답했다. "나는 미들급 챔피온입니다. 당신은 뭘 하십니까?" 나는 웃으며 말했다, "나 역시 투사지만, 다른 종류의 투사입니다. 나는 설교자이며 마귀와 싸우고 있습니다." 그는 섬광처럼 재빠르게 말했다. "당신의 상대는 강력하고 다루기 힘들겠군요!"

이렇게 해서 나는 그와 대화를 시작했다. 그 다음부터 나는 인생에 있어 우리가 교전 중인 싸움, 그리고 우리가 얻으려고 애쓰는 면류관에 대해서 이야기했다. 나는 그에게 물었다, "포함 잭, 당신은 인생의 링에서는 어떻게 지냅니까?"

"별로 좋지 않아요," 그는 대답했다. "나는 마귀에게 거듭 거듭 결정적인 강타를 맞았습니다." 그리고 그는 계속해서 술, 섹스, 도박과의 전투에 대해 묘사했다.

"포함 잭," 나는 말했다. "내가 최고의 지배인을 당신에게 소개해 드릴까요? 그분의 이름은 예수 그리스도이십니다. 만일 당신이 그의 가르침을 따르면, 당신은 매번 마귀에게 결정적인 강타를 먹일 수 있습니다."

우리는 목적지에 도착할 때까지 이런 내용으로 계속해서 얘기했다. 그 후 17년이 지나서야 나는 포함 잭을 다시 볼 수 있었다. 그는 이제 늙었고, 방갈로에 있는 분주한 보도의 걸상에 앉아서 손에 신약 성경을 들고 지나는 사람들에게 증거하고 있었다. 나는 그에게 다가가 손을 내밀며 말했다. "포함 잭, 안녕하십니까?"

그는 약간 기묘한 표정으로 나를 바라보며 말했다. "당신의 얼굴은 낯이 익습니다. 내가 어디에선가 만났던 것 같습니다."

나는 웃으며 말했다. "당신은 강력하고 다루기 힘든 상대를 가지고 있군요!"

갑자기 그는 생각이 났다. "오!" 그는 외쳤다. "당신이 바로 오래 전 기차에서 만나 내게 인생의 링에 대해 말해 준 분이오?"

"예, 내가 그 사람입니다," 나는 대답했다. "나는 결코 우리의 대화를 잊은 적이 없어요."

"글쎄," 그는 서서히 말했다. "나는 당신에게 뭔가 말하고 싶소. 그 때 나는 당신의 말에 별로 주의를 기울이지 않았지요. 그러나 몇 년 후 내 모든 재산을 소모하고 난 후, 나는 밑바닥을 헤매었다오. 나는 처절했소. 그 때 나는 갑자기 인생의 링에서 가장 훌륭한 지배인인 예수에 대한 당신의 말이 생각났다오. 그래서 그 자리에서 무릎을 꿇고 내 삶을 그분께 드렸소. 지금 내 최고의 기쁨은 다른 이들에게 그분에 관해 전하는 것이오."

몇 년 후 달라스에서 애틀란타로 가는 비행기로 여행하면서 나는 옆자리에 앉은 매우 매력적인 젊은 아가씨와 대화하기 시작했다. 그녀는 긴 금발 머리에 미니 스커트를 입고 있었다.

나는 그녀에게 물었다, "어디에 가십니까?"

"애틀란타까지요," 그녀는 대답하며 "어디까지 가십니까?"라고 물었다.

"애틀란타를 경유해 렉싱턴까지 갑니다," 나는 대답했다.

그런 다음 나는 그녀가 무슨 일을 하고 있는지를 물었다. 그녀가 말하기를 꺼려하는 것을 알아차리고 나는 몇 가지 그녀에게 할 말을 암시해 주었다. "대학생이십니까?…사무실 비서이십니까?"

매번 그녀는 아니라고 했다. 마침내 그녀는 약간 당황하면서 말했다. "나는 애틀란타에 있는 한 나이트 클럽의 고고 걸(go-go girl)입니다."

나는 손을 내밀며 말했다. "악수합시다! 나는 고고 보이(go-go boy) 입니다."

그녀는 놀라서 쳐다보았다. "고고 보이? 그건 새로운 건데요. 당신은 어떤 나이트 클럽에서 일하십니까?"

"오," 나는 말했다. "우리 사업은 전 세계에 걸쳐 지사를 두고 있어요." 나는 그녀로 하여금 잠시 추측케 한 후 마침내 말했다. "내가 어떤 식의 고고 보이인지 말하지요. 나는 예수 그리스도를 따르는 사람이며, 그분은 내 상관이지요. 그분은 그의 모든 제자들에게 '온 세계로 가서(go) 모든 사람에게 복음을 전하라'고 명했지요. 그분은 우리에게 가서(go) 모든 족속으로 제자를 삼으라고 명했지요. 이는 그리스도를 따르는 모든 자들이 고고 보이나 고고 걸이라는 뜻이요. 우리 모두는 그리스도를 위해 '가 고'(go) 있지요." 그런 다음 나는 그녀에게 그리스도와 그의 주장에 대해 얘기해 나갔다. 나는 그 때 이후로 그 아가씨를 본 적이 없으나, 그녀의 관심에 맞추어 한 간단한 증거가 그녀의 마음 속에서 역사했기를 바라고 있다.

우리는 그리스도의 증인으로서 사람들의 관심과 어휘의 통로를 통해 기쁜 소식을 나누는 기술을 개발할 필요가 있다.

b. **공통적 필요와 문제.** 마음 대 마음의 접근법에서 이미 지적한 바와 같이, 복음 제시를 위한 주된 접촉점은 모든 사람들에게 공통되는 필요들과 문제들 가운데서 찾을 수 있다.

한 신학교 교수가 비행기에 탑승해서 이륙에 대비해 그의 좌석 벨트를 조이고 있을 때, 그는 옆 좌석의 승객이 아래로 손을 뻗쳐, 서류 가방에서 작은 위스키 병을 꺼내, 홀짝홀짝 마시고 있는 것을 보았다. 그 승객은 옆 사람이 지켜보는 것을 알고 약간 당황해서 다음과 같이 설명했다. "우리가 공중으로 올라가며 비행기가 도약해 오를 때, 이 몇 모금이 나를 진정시켜 줍니다.”

즉각 그 교수는 아래로 손을 뻗쳐 가방을 열고, 신약 성경을 꺼내 그 사람에게 다음과 같이 말했다. “우리가 공중으로 올라가며 비행기가 도약해 오를 때, 나는 이 책을 펴서 다음 구절을 읽습니다, ‘두려워 말라. 내가 너와 함께 하리라…나의 평안을 너희에게 주노라.”

그의 반응은 아주 뜻밖이었다. 그는 좀 기가 죽은 태도로 말했다. “아주 큰 차이군요, 그렇지 않습니까?”

이렇게 해서 신학 교수는 그의 삶 가운데서 위로와 힘을 주는 그리스도의 임재에 대해 증거할 수 있는 좋은 기회를 얻게 되었다.

또 다른 실례는 시카고의 한 호텔 커피 숍에서 있었던 대화이다. 어느 목사가 조반을 끝낼 때 한 사람이 옆의 걸상으로 미끄러지듯 와서는 신경질적으로 주문했다. “빵 몇 개와 커피 한 잔.” 그런 다음, “당신, 그 머릿기사를 보았소?” 그 낯선 사람은 “항공기 추락, 52명 사망”이라고 쓰여있는 맞은 편의 조간 신문의 굵은 표제를 가리키면서 물었다. “나는 오늘 정오에 로스앤젤레스행 비행기를 타기로 되어 있었는데, 솔직히 나는 깜짝 놀라서 몸이 뻣뻣해졌다오. 만일 내가 아침에 회의에 참석차 그 곳에 갈 필요가 있었다면, 나는 표를 취소하고 그 비행기를 탔을 거요.”

그들은 커피를 마시면서 비행기 여행과 기차 여행의 상대적 안전성에 대해 이야기를 나누었다. 그 목사 또한 버팔로(Buffalo)행 비행기 예약을 했으며, 비행기를 탈 예정이었다.

“글쎄요, 그것은 당신이 만사를 어떻게 보느냐에 다 달려 있다고 생각해요,” 그 낯선 사람은 명상에 잠겼다. “당신의 수명이 다하면, 그걸로 끝이오.”

목사는 그 놀란 사람을 잠시 보며 답했다. “예, 나도 그렇다고 생각합니다. 그러나 나는 수명을 끝내 주는 분을 알고 있습니다.”

그 낯선 사람은 마치 컵을 떨어뜨릴까봐 두려워하는 것처럼 컵을 내려 놓았다. 이 사람이 농담을 하고 있는가? 그러나 그가 질문하기 전에 목사 는 계속 했다. "아시다시피, 수명을 주는 분은 바로 나의 아버지이십니 다." 그런 다음 그는 모든 길에서 그를 지켜 준다고 약속하신 하나님 아버 지의 사랑어린 돌보심에 대해 그 낯선 사람에게 이야기했다. 그와 그의 "수명"이 모두 아버지의 수중에 있으며--그리고 아버지께서 마치게 하실 때까지 그의 수명은 "끝장"나지 않을 것이다.

성령의 도우심으로 우리는 우리가 만나는 사람들의 두려움과 상처와 갈망을 발견해야 하며, 하나님의 말씀에서 그들의 당면한 필요를 말할 수 있어야 한다.

c. **공통된 종교 사상들.** 이것은 우리가 다른 종교의 사상들과 관례들에서 기독교와 유사한 것들을 찾아서 복음 제시를 위한 거점으로 사용하고자 하는 것이다.

몇 년 전 나는 좋은 친구인 인도의 평신도 전도자와 함께 기차로 여행 중이었다. 그 작은 좌석의 세 번째 승객은 우연히도 회교도 상인이었다. 그 날 하루 동안에 정해진 기도 시간—회교도들은 하루에 다섯 번—이 올 때 마다 그 사람은 기도용 깔개를 꺼내서, 기차 바닥에 펴고는 코란에 따 라 기도 의식을 행하는 것을 나는 보게 되었다. 그 사이 내 전도자 친구와 나는 성경을 읽고 조용한 기도로 아침 경건 시간을 마쳤다. 그 회교도 승 객이 그 날의 세 번째 기도를 마쳤을 때, 나는 그에게 말했다.

"친구여, 당신은 매우 종교적인 사람이군요. 당신은 기도를 믿고 기도 시간을 매우 신실하게 지키십니다. 우리 기독인들 또한 기도의 중요성을 믿습니다. 우리에게 기도가 당신에게 어떤 의미를 주는지 얘기해 주겠습 니까?"

그는 주저 없이 대답했다. "솔직히 말하면 이 모든 기도 행위는 내게 큰 의미가 없습니다. 그것은 단지 의무감으로 하는 판에 박힌 습관에 불과합니다."

그러자 나는 말했다, "내게 기도가 어떤 의미가 있는지 말씀드려도 될까요?" 그의 동의를 얻자, 나는 내 인생에서 기도가 단지 무미건조한 일상적인 습관이었던 시기가 있었던 것을 설명해 나갔다. "나 역시 의무적으로 기도했어요. 그러나 하나님을 개인의 구세주와 주로 알게 된 후부터 기도는 내게 새로운 의미를 주었어요. 그것은 아들이 아버지께 말하는 것과 같습니다. 내가 기도할 때 나는 그분의 임재를 매우 가까이 느낍니다." 나는 하나님께서 얼마나 구체적인 방법으로 기도에 응답해 주셨는가에 대해 한 두 가지 예를 들기까지 했다. 내 전도자 친구 또한 비슷한 증거를 했다. 그 회교도 승객은 우리 둘이 기도의 주제로부터 그리스도를 통한 하나님과의 개인적 경험에 이르기까지 이야기해 나가는 동안 깊은 관심을 가지고 들었다. 이 경우에서 기도라는 일반적 관례가 복음을 위한 접촉점이 되었다.

마샬 머프리(Marshall Murphree) 목사는 로데시아(Rhodesia)에서 사역한 노련한 선교사인데, 정령 숭배자들인 쇼나(Shona) 부족의 신앙에서 가치 있는 접촉점들을 지적했다. 첫째로, 이 부족들은 일신론자들이며 므와리(Mwari)라 부르는 창조주인 최고의 신을 믿는다. 기독교 전달자는 그들의 신 개념을 온전한 성경적 개념으로 대치하고, 죄인들을 위한 그분의 구속적 사랑과 사람들의 일상적인 일 가운데서의 그분의 관여하심을 강조하면 된다. 게다가, 쇼나 부족은 한때 하나님이 사람과 함께 말하고 행했으나, 사람이 너무 악해져서 어느 날 저녁 하나님은 강을 건너가 버렸고, 그래서 사람을 궁지에 빠지게 했다는 전설을 가지고 있다. 이 점에서 복음의 복된 소식은 하나님이 예수 그리스도라는 인간의 몸으로 강을 건너 되돌아 와서 사람을 그 자신과 화목시키려 한다는 것이다.

또한 쇼나 부족의 중보자 개념은 도움이 된다. 그들은 처음에 죽은 사람들의 영혼이 하나님과 인간 사이에 중보자들이 되었다고 믿는다. 그들에게 중보자가 진실로 필요하다는 사실을 확인해 주어야 하나, "하나님과 사람 사이에 중보도 한 분이시니, 곧 사람이신 그리스도 예수라. 그가 모든 사람을 위하여 자기를 속전으로 주셨다"(딤전 2:5-6).

마지막으로, 쇼나 부족의 영혼 소유 사상에는 성령 충만의 가르침을 위한 근사한 기초가 있다. 외부의 악령이 그들을 소유함으로 그들이 평상시에는 안 할 짓들을 하게 하여 그들을 해롭게 할 수 있다는 것을 믿는 사람들에게, 자비로운 하나님의 성령이 어떻게 그들 가운데 내재할 수 있으며, 그들에게 좋은 것만 가져다 주고, 그들을 의로운 길로 인도할 수 있는가 하는 것을 이해하는 것이 상대적으로 쉽기 때문이다. 실제로, 서양 국가들의 불가지론자들보다 로데시아의 쇼나 부족들이 이것을 받아들이기가 더 쉬울지 모른다.

접촉점 접근법에 있어서 단 한 가지 주의할 점이 있다. 그 유사성은 진실해야 한다. 종종 진짜 대응물같이 보이는 것일지라도, 자세히 조사해 보면, 표면상으로만 그런 경우가 있다. 예컨대, 실제로 힌두교도들은 성육신 사상을 믿는 것이 사실인데, 그들이 말하는 것은 열 가지 환생이다. 그러나 환생의 본질과 목적은 그리스도의 성육신의 그것과 완전히 다르다. 힌두교 사상의 여러 환생 중에 하나는 물고기 형태, 또 하나는 거북이, 또 다른 것은 멧돼지 및 반인반수(사자 사람) 등이 있다. 게다가, 환생의 **목적**은 악인을 멸망시키고 의인을 지키려는 데 있다. 이런 모든 것들은 성경적 성육신과는 아주 다르다.

그러나 이런 것들을 제외하고는, 접촉점 접근법은 선별적이고 현명하게 사용될 경우에 기독교 메시지 전달에서 매우 효과적인 방법이 될 수 있다.

C. 대조 접근법

이것은 기독교와 타종교들 간의 유사점 보다는 대조점들을 발견하려는 것이므로 접촉점 접근법과는 서로 상반된다. 이런 접근법은 논리적인데, 그것은 기독교 신앙이 비길 데 없는 유일한 계시라면, 복음과 다른 종교들 사이에는 많은 대조점들이 발견되리라 기대되기 때문이다. 그런 대조점들의 실례로서 우리는 다음을 인용할 수 있다.

a. 임의로 징벌하는 신들 그리고 괴롭히고 파괴하는 악령들과는 대조적으로, 사려 깊게 보살피고, 무조건적으로 사랑하며, 우리의 선만을 원하시는 하나님 아버지의 계시가 있다.

b. 많은 종교적 광신자들 중에서 볼 수 있듯이, 필사적이고도 계속적으로 신을 추구하는 것과는 대조적으로, 잃어버린 양과 잃어버린 동전의 비유에서 그렇게 아름답게 묘사된 것 같이 하나님께서 **우리**를 찾고 계시는 성경적 계시가 있다.

c. 힌두교의 업보의 개념에 따르면 모든 사람은 "자기 소행의 열매를 먹어야"한다. 기술적으로 볼 때 용서의 가능성이 전혀 없다. 성경에 따르면, "만일 우리가 우리 죄를 자백하면 저는(하나님은) 미쁘시고 의로우사 우리 죄를 사하시며 모든 불의에서 우리를 깨끗케 하실 것이다"(요일 1:9).

d. 젖 짜는 여자를 농락하고 주부로부터 버터를 훔친 힌두교 신화에 나오는 난봉꾼인 크리슈나와는 대조적으로, "모든 일에 우리와 한결 같이 시험을 받은 자로되 죄는 없으신"(히 4:15) 흠없고 거룩한 하나님의 아들이 있다.

e. 힌두 경전에 따르면, 어떤 환생이든 그 목적은, "악인의 멸망과 선한 자의 보호"이다(바가바드 기타: Bhagavad Gita 4:7-8). 예수는 그가

세상에 오신 목적을 아주 명확히 말씀하신다. "인자의 온 것은 잃어버린 자를 찾아 구원하려 함이니라; 내가 의인을 부르러 온 것이 아니요 죄인을 부르러 왔노라"(눅 19:10; 마 9:13).

대립적 접근법은 영향력의 장점이 있는데, 그 까닭은 두드러지고 현저한 대조들이 복음의 유일성을 계시해 주며 듣는 사람들의 마음을 사로잡기 때문이다. 우리는 처음으로 이런 진리들을 듣는 사람들에게 주는 충격을 느낄 수 있을 정도이다.

그러나 여기에서 우리는 다시 주의점을 말하지 않을 수 없다. 이 방법을 사용함에 있어서, 기독교 전도자는 그 대조점을 말로 지적해 주지 말고, 단지 긍정적인 태도로 복음의 독특한 진리를 제시해 주고 듣는 사람들이 스스로 대조점을 알게 하는 것이 현명하다. 예컨대, 우리는 "크리슈나는 부도덕하지만, 예수는 온전히 거룩하다"고 말할 필요가 없다. 그리스도의 거룩을 제시해 주는 것만으로 충분하며, 그리할 때 사람들은 그분이 완전히 다르다는 것을 즉시 쉽게 알게 될 것이다. 우리는 "당신들의 신들은 당신을 질병으로 징계하고 또한 무섭지만, 우리 하나님은 사랑의 하나님이며 당신의 유익만을 바라신다"고 단도직입적으로 얘기할 필요가 없다. 단지 하나님의 긍휼, 관심과 사랑을 제시해 주면, 그들이 알아서 이해하게 될 것이다. 우리는 "당신들의 종교에는 용서의 여지가 없지만, 기독교에는 용서가 있다"고 얘기할 필요가 없다. 예수가 어떻게 창녀, 중풍병자, 십자가상의 강도를 용서하셨는가를 설명하고, 그분의 약속의 말씀들을 인용함으로 용서에 대한 하나님의 제언을 담대히 선포하는 것으로 충분하다. 다시 말하면, 대조점들은 듣는 사람들의 신앙을 경시하지 않으므로 나쁜 감정을 일으키지 않는 방법으로 제시해야 한다. 재치 있고 적극적인 태도로 제시되어야 한다.

우리가 논의한 세 방법들은 상호 배타적인 것이 아니라 서로 보완적인 것이다. 세 가지 모두 어떤 주어진 설교에서 사용될 수 있다. 메시지 전체를 통해서 인간 대 인간으로서 말하고, 기본적인 인간의 필요와 문제를 복음과 관련시킴으로써 마음 대 마음의 접근법이 저변에 깔려 있어야 될 것이다. 처음에 우리는 접촉점 접근법을 사용하여 같은 근거로 청중들을 만나며, 그들에게 친근한 개념들을 사용할 수 있다. 그런 다음에 우리는 적극적인 태도로 복음의 특이한 진리들을 조심스레 지적하고, 구세주의 근본적인 주장들을 가지고 청중들과 대면함으로써 "대조 접근법"을 적용할 수 있다. 이 세 가지 접근법들은 서로 혼합되고 서로 보강되어, 우리의 진리 전달에 있어서 다양성과 영향력을 줄 것이다.

6

복음 전달을 위한 준비

효과적인 복음의 전달은 적절한 준비가 필요하다. 고립되어 있는 독단적인 행위가 아니라, 어떤 선례에 종속되어 있다. 특별히 기독교 전도자가 주의할 필요가 있는 네 가지 영역이 있다.

1. 선교지의 종교를 연구하라

인도에서 선교하는 선교사는 분명히 힌두교와 회교에 정통하고 있기를 원할 것이다. 아프리카에서 선교하는 선교사는 전통적 종교(정령 숭배)와 회교에 친숙하여야 할 것이다. 동남 아시아와 동양에서 선교하는 선교사들은 불교에 직면하게 될 것이다. 이러한 연구는 선교지에 가기 전부터 시작해서 여러 해 계속되어야 한다.

할 수만 있다면, 종교 창시자에 대한 좋은 자서전을 읽어라. 왜냐하면 창시자의 다양한 경험 가운데서 그의 기본적인 개념의 발전에 대한 실마리를 발견할 수 있기 때문이다. 석가모니(Siddhartha Gautama)의 고통과 고난이라는 보편적인 질문은 마침내 불교의 사성제(四聖喘)를 유발(誘發)시켰다. 모하메드가 초기에 유대인들과 기독인들을 접촉한 결과 유대-기독교의 체계로부터 일련의 개념들을 받아들이게 되었으며, 반면에 그가 문맹자이었다는 사실은 코란에 언급된 여러 성경적 사건들을 왜곡시키는 결과를 가져왔다.

종교의 경전들도 읽어라. 왜냐하면 그 안에서 기본적인 신앙과 실천을 발견할 수 있기 때문이다. 어떻게 신약 성경을 읽지 않고 그리스도와 기독교 신앙에 대하여 알 수 있겠는가? 마찬가지로, 어떻게 코란을 읽지 않고 회교를 진정으로 이해할 수 있겠는가? 또는 베다, 우파니샤드(Upani-shad), 바가바드 기타를 읽지 않고 힌두교를 이해할 수 있겠는가?

그 종교의 **추종자**가 쓴 종교의 주석을 읽도록 하라. 그는 내부의 인사로 그리고 개인적인 확신을 가지고 말한다. 우리는 흔히 기독인이 쓴 세계 종교에 관한 책으로 만족한다. 그가 객관적으로 저술하려고 노력했다손 치더라도 다른 종교의 핵심 사상을 갖게 되기는 여전히 어려운 것이다.

그 종교의 신(神), 축제, 종교 의식, 예배 형태에 대하여 배워라. 비기독인들은 우리가 진지하게 그들의 신앙과 실천에 대한 정보를 찾을 때 그들은 그러한 문제들에 대한 대답을 기꺼이 해 줄 것이다.

또한 종교의 "정신"과 그 종교의 목적이 무엇인지를 분별하도록 하라. 숙명론, 두려움, 또는 인본주의의 정신이 저변에 깔려 있지는 않은가? 열반, 구원, 극락은 무슨 뜻인가?

관심의 대상이 된 종교와 기독교 신앙 사이의 공통 근거, 접촉점, 차이점과 대조점들을 발견하라. 복음을 제시하는 데 교두보의 역할로 쓰여질 수 있는 진리의 요소가 무엇인가? 그 종교의 지지자들이 기독교의 기본 진리를 이해하고 받아들이는 것을 어렵게 만드는 지적인 방해물은 무엇인가?

모든 것이 어려운 과제이다. 그것은 우리 편에서의 시간, 힘, 진지한 연구를 요구할 것이다. 그러나 효과적인 복음 전달을 위해서 꼭 필요한 작업이다.

아마도 우리는 20세기의 위대한 선교 정책가인 프랭크 러바크(Frank Laubach) 박사의 중대한 경험으로부터 교훈을 받을 수 있다. 회중 교회 선교 위원회가 파송한 그의 첫 선교지는 필리핀의 민다나오 섬이었다. 15년 동안 아무런 외적인 결과가 없이 그는 거친 모로(Moro)족들(철두철미한 회교도들) 가운데서 사역하였다. 그들은 무관심하고, 불친절해 보였다. 지치고 용기를 잃은 채, 어느 날 밤 그는 조그마한 선교 사택 뒤에 있는 씨그날(Signal) 언덕으로 올라가서 오랫동안 묵상하고 기도하였다. 갑자기 내적인 음성이 들리는 것 같았다. "나의 아들아, 너는 그들을 진실로 사랑하지 않기 때문에 그들과의 사역은 실패했다. 너는 그들에게 우월감을 갖고 있다." 고통 가운데서 프랭크 러바크는 외쳤다. "주님, 그것은 사실입니다. 저는 이 사람들에게 우월감을 가지고 있습니다. 저는 그들을 진정으로 사랑하지 않고 있습니다. 주님, 오셔서 저를 변화시켜 주옵소서, 저를 고쳐 주옵소서." 갑자기 그는 하나님께서 그의 선입견과 사랑하지 않는 태도를 벗기시고, 모로족들을 위해서 사랑으로 채우시는 것을 느꼈다. 그가 만난 첫 번째 모로족을 껴안고, "하나님은 당신을 사랑하십니다. 나도 당신을 사랑합니다"라고 말할 수 있을 것 같았다.

다시 내적 음성이 말했다. "만일 네가 모로족들이 네 종교에 대하여 공평하기를 원한다면, 너도 그들 종교에 대해 공평하게 대하라. 그들과 함께 코란을 연구하라."

프랭크 러바크는 모로족과 자신의 사역에 대해 전적으로 새로운 태도를 가지고 언덕에서 내려갔다. 가는 도중에 그는 모로족 성직자들을 만났는데 그들의 눈에서 평상시와 같은 증오의 빛을 보았다. 내적인 충동에 이기지 못해서, 그는 그들을 큰 소리로 불렀다. "나는 당신들의 코란을 공부하기 원합니다. 나에게 가르쳐 줄 수 있습니까?" 그 성직자들은 놀라서 그를 쳐다보았다.

한 사람이 말했다. "그가 회교도가 되기를 원한다고 생각해." 다음 날 라네오(Lanao) 호수 사방에서 온 성직자들이 각각 코란을 가지고 프랭크 러바크의 집으로 왔다. 그들이 방에 가득 차고 자유롭게 이야기를 시작하였을 때, 그는 마침내 장애물이 무너진 것을 깨달았다.

이 경험은 프랭크 러바크의 사역에 있어서 전환점이 되었다. 그는 모로족을 도와줄 수 있는 방법과 수단을 찾기 시작하였다. 그는 그들의 마라나우(Maranaw) 언어를 글로 만들어 짧은 기간 내에 읽는 법을 가르쳐 줄 기발한 방법을 개발하였다. 그는 읽는 법을 배우는 성인반을 맡을 20명의 선생님들을 채용하여 훈련시켰으며, 곧 수백의 모로족들이 읽는 법을 배우기 시작하였다. 갑자기 그 선교사는 모로족들의 태도가 완전히 변화된 것을 발견하였다. 그들의 이전 증오심과 선입견들은 사라져 버렸다. 일 년 이내에 마을에 있는 대부분의 사람들이 그의 친구가 되었다. 추장들을 포함한 모로족들이 이제 종교 예배에 참석하기 시작했다. 젊은 사람들이 그리스도에 대한 신앙을 고백하고, 교회에 참가하였을 때, 공공연한 반대는 없었다. 그 모든 것은 프랭크 러바크가 모로족들에게 코란을 가르쳐 달라고 요청하였을 때 시작된 것이다. 그가 그들의 신앙에 대하여, 그리고 인간으로서 그들에게 관심을 보였을 때, 그들은 그의 신앙-그리고 그에게 관심을 갖게 되었다.[1)

2. 현지인의 언어를 습득하라

타문화권 복음 전달에 종사하고 있는 자들에게, 언어 숙달은 최우선 순위이다. 언어의 통달은 선교사의 생활과 사역에 있어서 효과와 비효과 사이의 차이를 정확하게 만들어 낸다. 언어는 그의 중요한 도구이다.

미국 성경 협회(American Bible Society)의 유진 나이다 박사는 남

---

1 David Mason, *Apostle to the Illiterates* (Grand Rapids: Zondervan, 1966), pp. 31-35, 43.

미의 어느 지역에 대하여 언급한 바, 그 지역에는 20여 명의 선교사들이 30여 년 동안 선교 사역을 담당하였다. 그 기간 중 한 명의 선교사도 심도 있게 인디안 말을 배우지 않았다. 실제로 한 명의 선교사만이 그렇게 하려는 노력을 경주했다. 그 결과, 16명도 안 되는 인디안들이 회심하였다고 하였으나, 그들 중 반 이상이 옛날의 신앙으로 되돌아갔다. 나이다 박사는 논평한다: "만일 한 문화가 언어를 사용하지 않고 그 개념들을 전할 수 없다면, 어떻게 선교사들이 사람들의 언어를 사용하지 않고서 외국의 개념들을 가르칠 수 있겠는가?"2)

언어의 숙달은 사람들을 이해하는 데 필요하다. 그 이유는 언어가 그들 정신의 열쇠이기 때문이다. 언어는 그들의 생각, 사고, 느낌을 나타낸다. 언어는 사람들과 가까워지기 위해서도 필요하다. 언어는 그들의 **마음의** 열쇠이다. 편안하게 사람들을 만나고 그들을 사랑하는 최상의 방법은 그들의 모국어를 배우는 것이다. 최종적으로, 언어는 효과적인 복음 전달에 필수적이다. 언어는 인간의 **영혼**에 대한 열쇠이다. 선교사는 근본적으로 선포할 메시지를 가진 사람이다. 이 복음은 우리들 대부분에게 아주 단순하게 보이나, 한 번도 그것을 들어보지 못한 사람들에게는 전적으로 다르고 생소한 많은 개념들을 포함하고 있다. 이러한 개념들은 그 본질에 있어서 그리고 그것들을 받아들인 사람들의 삶에 영향을 준 결과에 있어서 혁명적인 것이다. 그러므로, 선교사가 그러한 하나님의 사랑과 은혜의 위대한 진리들을 될 수 있는 대로 간결하고 명료하게 제시할 수 있기 위해서 그들의 언어에 철저하게 익숙해지는 것은 너무나도 중요하다. 십자가의 메시지는 사람들의 사고 방식, 그들의 관용어 및 그들의 속담 가운데서

---

2 Eugene Nida, *Customs and Culture* (New York: Harper, 1954), pp. 212-13.

가장 잘 전달된다. 우리는 우리가 선포하기를 원하는 기독교의 개념들을 잘 전달할 수 있는 말들을 발견해야 한다.

남아프리카의 개척 선교사인 로버트 모펫(Robert Moffat)은 이러한 사실을 크르만(Kuruman)의 베츄아나(Bechuana) 사람들 가운데서 그의 사역 초기에 발견하였다. 처음에 그들의 마음과 의식 가운데로 들어가는 길을 찾는 것은 쉽지 않은 작업이었다. 유일한 열쇠는 사람들의 언어라는 것을 모펫이 깨달았을 때 혁명이 일어났다. 몇 년 동안 그는 화란어(Cape Dutch)를 사용했는데, 그 언어는 여자들을 제외한 몇몇 남자들만이 이해하였다. 트스와나(Tswana)어를 정복한다는 것은 모펫에게 막중한 과업이었다. 그것은 문자화된 언어가 아니었고, 그는 어학의 훈련을 받지도 않았다. 처음에는 소리를 알아듣고 파악해야만 했으며, 그 다음에는 그것들을 원고에 옮긴 후, 전적으로 알려지지 않은 문법을 파악해서, 마침내는 성경 번역을 위한 적절한 어휘들을 발견해야 하는 것이었다. 그러나 그는 계속했으며, 1857년까지 성경 번역이 완성되었고, 그의 인쇄기로 출판까지 하였다. 그러나 "더욱 중요한 것은 일단 언어를 배우고 나니, 그를 향한 사람들의 태도가 완전히 변한 것 같았으며, 복음이 그들 가운데서 역사하기 시작했고, 일종의 종교적인 부흥이 일어났으며, 1859년에는 첫 세례식을 가졌다."[3]

나는 최근에 신학생들과 함께 인도로 수학 여행을 갔는데, 우리는 어느 날 시골의 전원 생활을 관찰하기 위하여 한 전형적인 도시를 방문하였다. 점심 식사 때 우리는 어느 부유한 기독인 농부의 가정에 초대되었다. 훌륭한 식사를 마치고서 우리는 뒷마당에 있는 망고 나무 그늘에서 휴식을 취

---

3 Stephen Neill, *A History of Christian Missions* (Grand Rapids: Eerdmans, 1964), pp. 312-13.

하고 있었다. 집 옆을 따라서 이웃 마을로 통하는 길이 있었는데, 사람들이 오가고 있었다. 얼마 후 나는 상당히 많은 사람들이 길가에 모여서, 웅크리고 앉은 채 우리를 쳐다보고 있다는 것을 알게 되었다. 처음에 나는 생각하였다: "이 마을 사람들은 한꺼번에 이렇게 많은 백인들을 본 적이 없구나. 그래서 우리를 호기심에서 쳐다보고 있구나." 그러나 우리를 초대한 주인은 나에게 말했다, "왜 사람들이 우리를 쳐다보고 있는지 아십니까? 당신이 저에게 카나라(Kanara)어로 유창하게 이야기하는 것을 듣고는 반해 버린 것입니다. 그들에게로 가서 카나라어로 몇 마디 해보시지요. 그러면 그들은 굉장히 기뻐할 것입니다."

그래서 나는 그들에게 가서 말했다, "당신들은 내가 말하는 것과 같은 언어로 말하는군요." 그들은 미소지으며 끄덕였다. "그건 아름다운 언어이지요, 그렇지 않습니까?" 그들은 더욱 더 미소지었다. 그러자 나는 그들과 간단히 농담을 하였고, 그들은 웃음으로써 반응하였다. 마지막으로 나는 그들에게 말했다, "아시는 바와 같이 나는 설교자이며 나의 신앙에 대해 말하는 것을 좋아합니다. 만일 당신들이 허락하신다면, 내가 경배하는 분에 대해 기쁘게 말씀드리겠습니다." 그들의 동의를 받고, 나는 그들에게 그리스도를 반 시간 가량 전했다. 아무도 움직이지 않았다. 그들은 깊은 관심을 가지고 들었으며, 다 마쳤을 때 그들은 진심으로 나에게 감사하였다. 내가 그들의 언어를 알지 못했더라면, 그것은 절대로 불가능했을 것이다. 그러나 그들이 내가 카나라어로 말하는 것을 듣고는 그들도 기꺼이 들었던 것이다. 이것은 그들의 마음의 열쇠이었다.

3. 현지인과 일체감을 갖도록 하라

일체감은 효과적인 복음 전달을 위해서 절대적으로 필요하다. 우리 주님도 이 점에 있어서 최상의 본보기이다. "그는 근본 하나님의 본체시나 하나님과 동등됨을 취할 것으로 여기지 아니하시고, 오히려 자기를 비워, 종의 형체를 가져, 사람들과 같이 되었고, 사람의 모양으로 나타나셨으매 자기를 낮추시고 죽기까지 복종하셨으니, 곧 십자가에 죽으심이라"(빌 2:6-8).

예수는 우리 인간과 온전히 일체감을 가지셨다. 그는 우리의 빈곤과 일체감을 가지셨다: 그는 마구간에서 태어나셨으며 그의 머리 둘 곳도 없으셨다. 그는 우리의 수고와 일체감을 가지셨다: 그는 목수의 작업대에서 일하셨다. 그는 우리의 육체적인 필요와 일체감을 가지셨다: 그는 종종 배가 고팠고 갈증을 느끼셨다. 그는 우리의 시험과 일체감을 가지셨다: 그는 "모든 일에 우리와 같이 시험을 받은 자로되"(히 4:15). 그는 우리의 시련과 일체감을 가지셨다: 그는 오해를 받았고, 거절당했고, 학대받으셨다. 예수는 인간의 고통과 죄와 일체감을 가지셨다: 그는 "간고를 많이 겪었으며, 질고를 아는 자이다"(사 53:3). 그는 죄인들과 함께 세례 요한에게 세례를 받으셨다. 우리를 대신하여 죄를 짊어지셨으며 두 강도 사이에서 십자가에 달려 돌아가셨다.

예수는 또한 백성의 문화와 일체감을 가지셨다. 비록 그는 온전한 유대인이었으나, 그들의 편협과 편견을 공유하지 않으셨다. 이러한 모든 점에서, 예수가 말할 때, 사람들이 "그 사람의 말하는 것처럼 말한 사람은 이때까지 없었나이다"(요 7:46)라고 반응한 것은 놀라운 일이 아니다.

사도 바울도 매우 효과적인 복음 전달자이었다. 그가 섬기는 사람들과 가깝게 일체감을 가졌기 때문에 고린도 교회에 쓴 서신에서 그의 일체감의 정도를 다음과 같이 자세히 묘사하고 있다:

내가 모든 사람에게 자유하였으나, 스스로 모든 사람에게 종이 된 것은, 더 많은 사람을 얻고자 함이라. 유대인들에게는 내가 유대인과 같이 된 것은 유대인들을 얻고자 함이요, 율법 아래 있는 자들에게는 내가 율법 아래 있지 아니하나 율법 아래 있는 자 같이 된 것은 율법 아래 있는 자들을 얻고자 함이요, 율법 없는 자에게는 내가 하나님께는 율법 없는 자가 아니요 도리어 그리스도의 율법 아래 있는 자나 율법 없는 자와 같이 된 것은 율법 없는 자들을 얻고자 함이라. 약한 자들에게는 내가 약한 자와 같이 된 것은, 약한 자들을 얻고자 함이요, 여러 사람에게 내가 여러 모양이 된 것은, 아무쪼록 몇몇 사람들을 구원코자 함이니(고전 9: 19-22).

마찬가지로, 효과적인 복음 전달자는 그가 섬기는 사람들과 일체감을 가져야만 한다. 그는 그들과 하나가 되어야 하며, 그래야 그들의 사상을 인식하고, 그들의 견해들을 이해하고, 자기 표현에 대한 그들의 갈등을 순수하게 동정해야 한다—비록 그 방법을 시인하지는 않을 수도 있지만 말이다. 그는 그들의 문화에 적응해야 한다. 물론 반드시 외적인 것에서가 아니라 내적인 정신과 영혼에 있어서이다. 수용자는 전달자가 수용자의 배경을 이해하고, 의견은 다를지라도 그의 입장을 존중해 주는지를 확인하고 싶어 한다.

사람들과 일체감을 가지려는 노력에서, 우리의 목적은 함께 또는 하나라는 느낌을 달성하는 것이다. 이것은 단순히 이념의 만남이 아니라, 인격의 만남인 것이다. 그것은 접촉 이상의 것이다; 그것은 복음 전달이다. 그것은 우리가 그 나라와 그 민족에게 속하고 있다는 편안한 느낌이다. 그렇게 되면 우리는 더 이상 외부인이나, 방관자가 아니다; 그 대신 우리는 내부인이고, 참여인이 되어 상호간의 통찰력과 정신 상태를 나눌 수 있게 된다.

일체감은 단순한 동정 이상의 것이다. 이것은 일종의 가부장적 우월감의 표현에 불과할 수 있다. 진정한 일체감은 우리 자신을 다른 사람의 위치에 놓고 그의 생각과 감정을 발견하려는, 다시 말해서 긍정을 넘어선 감정 이입(感情移入)의 차원인 것이다. 감정 이입은 이해와 동정을 갖고 그들의 삶 가운데로 들어가는 능력이며, 그렇게 될 때 그들은 방관자나 아니면 도움을 필요로 하는 사람들이 아니며, 우리가 그들을 개인으로 존중하기 시작한다.

일체감은 복음 전달에 필수적이다. 왜냐하면 기쁜 소식은 무형의 어떤 것이 아니고, 한 인격과 관계가 있기 때문이다. 효과적인 복음 전달은 전하는 자와 듣는 자 사이의 적절한 관계가 포함되어 있다. 듣는 자가 전하는 자를 한 인격으로 받아들이지 않고는, 그의 메시지를 받아들이지 않을 것이다.

일체감은 한 번에 다 오지 않는다. 그것은 경험을 나누는 일에 실제로 참여함으로 사람들과 어울리고, 그들의 집을 방문하며, 우정을 맺고, 그들의 언어를 배우고, 마음과 정신으로 "그들과 하나"가 되는 것을 통해서, 선교사는 일체감을 성취하게 된다.

인도에 있는 한 선교사는 하류 계급에 속한 사람들로부터 기독교 신앙의 메시지를 전해달라는 초청을 받았다. 그들은 진흙 오두막에서 사는 매우 가난한 사람들이었다. 약속된 날에 그 선교사는 어른 12명이 모인 집으로 갔다. 물소 한 마리와 몇 마리의 닭이 그 방 한 모퉁이에 있었다. 통풍이 거의 되어 있지 않았으며, 조그마한 기름 등잔불이 희미하게 비칠 뿐이었다. 그 오두막집의 마루는 말린 소 거름이 있었다. 그 선교사는 마루 명석에 앉아서 참을성 있게 그리스도의 이야기와 복음의 의미를 이 사람들에게 나누었다. 여러 번 방문하고 기도한 끝에 이들은 그리스도를 그들의 구세주로 믿고 기독교 세례를 받았다. 교회가 탄생한 것이다!

얼마 후 그 선교사가 이 새로운 회심자들을 방문하고 있었을 때, 그들 중 한 사람이 말했다, "선교사님, 당신이 처음 우리에게 오셨을 때

왜 우리가 당신의 말을 그렇게 관심 있게 들었는지 아세요? 비록 그리스도의 이야기가 아주 놀랍고 우리 마음에 와 닿았기는 했지만, 우리의 주의를 끈 것은 당신이 하신 말씀만이 아닙니다. 그 이유는 당신이 부유한 (그들이 보기에는 부자) 미국인으로서 허름한 우리 집에 기꺼이 와서, 더러운 마루에 앉고, 우리의 초라한 음식을 들며, 우리와 마음을 편히 가졌기 때문에, 당신이 하는 말씀이 진실이라는 확신이 생겼으며, 우리로 하여금 당신의 말을 경청하게 만든 것입니다." 그 선교사는 영혼들을 구원하기 위해서 "여러 사람에게 내가 여러 모양이 되는 것"이 얼마나 중요한 것인가를 비로소 깨닫게 되었다.

4. 훌륭한 청취자가 되라

복음은 전달하는 것도 중요하지만 듣는 것도 못지 않게 중요하다. 목회와 선교 사역에서 종교 전문가들은 흔히 이야기의 대부분을 이끌어 나간다. 종종 설교자들은 자신을 하나님의 뛰어난 메시지를 전하는 유일한 중개자로 여긴다. 그는 사람들에게 가서 진리를 말해 주려는 것이지, 진리에 대한 다른 사람들의 생각을 들으려고 하는 것이 아니다. 그는 스스로 말한다, "나는 진리를 가지고 있어; 그들은 내 말을 들어야 해." 만일 이러한 태도가 극단적이 되면 메시지는 필연적으로 부적절하게 될 것이다. 비록 진리라고 할지라도, 그것은 받아들이는 사람에게 미치지는 못한다.

하나님의 심부름꾼으로서, 우리가 다른 사람들의 말을 즐겨 듣지 않는다면, 다른 사람들이 우리의 말을 들어야 된다고 기대할 무슨 권리가 있는가? 우리는 먼저 말할 권리는 얻어야 한다.

중국에 있던 한 선교사가 어느 마을의 소문난 반기독인 지도자를 한 번 방문해달라는 요청을 받았다. 그는 확고한 유교 신자였고 중국의 고전 학자였지만, 그의 마을에 새로 설립된 기독교 회중을 심하게 반대하였다. 그 선교사는 몇 마디 간증을 하려 했으나, 실망스럽게도 그를 초대한 주인은 내내 서양인들과 서양의 관습들을 비난하면서 전체적인 대화를 독점하였다. 한 시간 반이 지난 후에야, 그 선교사는 주인에게 공손하게 인사를 하고 전적으로 실패했다는 생각을 가지고 방으로 되돌아 왔다. 그가 느끼기에는 아무 것도 이루어진 것이 없었으며, 주님이 영광을 받으신 것도 아니었다. 그 다음 날 아침, 놀랍게도, 그렇게 간절하게 그 학자를 방문해 달라고 요청했던 친구가 그를 보러 와서는 기뻐하면서 외쳤다: "이제까지 자네가 한 설교 중 가장 훌륭한 설교였다오!" 그는 계속해서 말했다, "어제 밤 그 학자는 온 동네를 돌아다니며 모든 사람들에게 자네를 칭찬했다네, 자네가 너무 겸손하고 참을성 있게 그가 한 모든 말을 다 들어 주었기 때문에 자네야말로 진정으로 훌륭한 사람이라고 말이오. 그는 오늘 밤 공개적으로 당신에게 감사를 표하기 위해서 교회에 올 것이네."[4]

그 다음 복음의 전달자인 우리들이 먼저 듣는 사람들의 신앙, 포부, 마음의 상처를 경청하지 않고서 어떻게 그들의 구체적인 필요에 맞는 메시지를 전할 수 있는가?

인도에서 내가 선교사로 있는 동안, 나는 먼저 듣고 그 다음에 말해야 되는 것을 빨리 배웠다. 만일 내가 새로운 마을에 가서 곧바로 설교를 시작했다면, 나는 온갖 종류의 문제들을 발견하였을 것이다. 사람들은 대체로 무관심하였으며 마치 "이 낯선 사람은 누구이지? 그는 도대체 무엇을 하고 있지? 그의 포교 내용의 윤곽이 무엇지?"라고 말하는 것처럼 의심의 눈초리를 갖고 주변을 서성거렸다. 더군다나, 내가 한 말은 그리 큰 영향

---

4   T. Stanley Soltau, *Facing the Field* (Grand Rapids: Baker, 1959), pp. 51-52.

을 주지 못했다는 것을 알게 되었다. 나는 목표에 적중하지 못했다. 그러나 내가 처음으로 시간을 내서 사람들을 방문하고 그들과 아는 사이가 되면서 사정은 달라졌다. 그래서 아침에 나는 마을의 추장, 판차얏(panchayat: 마을 의회)의 회원들, 지역 학교의 선생님들과 학생들, 그리고 친근감을 조금이라도 표현한 사람들을 방문하곤 하였다. 많은 질문들이 오고 갔으며, 이러한 방법으로 많은 선입견과 의아심들이 마을 사람들의 마음에서 사라지게 되었다.

오후가 되자 나는 그들과 상당히 친밀한 관계가 되었다. 나는 더 이상 낯선 사람이 아니었다; 나는 그들 가운데 있는 손님이었다. 그러나 이러한 것 보다도, 그들이 말하는 것을 주의 깊게 경청함으로 그들의 마음의 상처와 슬픔, 갈망, 그리고 문제들을 발견할 수 있었다. 그런 다음에 저녁 설교를 위하여 그들 앞에 섰을 때, 나는 그들의 상황과 필요에 적절한 것을 말해 주는 복음의 국면을 강조할 수 있었다. 듣는 자들의 얼굴 표정으로 나는 메시지가 적중한 것을 알 수 있었다.

복음 전달자는 설교 전에 잘 들어야 할 필요가 있을 뿐 아니라, 설교 후에도 청중들이 메시지를 제대로 이해했는지 확인하기 위해서 경청해야 한다. 효과적인 복음 전달은 전하는 자에서 받아들이는 자에게로 일방통행이어서는 안 된다. 듣는 자에서 말하는 자에게로, 소위 "사회적 피드백"(feedback)이 있어야 하는데, 그렇지 않으면 결과는 비참할 수 있다. 예를 들어, 전쟁에서 장군은 부하들에게 어떻게 명령을 내리는가를 알아야 할 뿐 아니라 병력이 어떻게 움직이고 있는지도 알아야 한다. 그렇지 않으면 그의 명령은 서투른 비극을 낳게 될 것이다. 명령은 나가야 하나, 정보는 계속적으로 되돌아와야 한다. 마찬가지로, 기독교 복음 전달자는 필요한 수정이나 조절을 하기 위해서 어떻게 메시지를 다루어야 하는가를 인식해야만 한다.

멕시코의 위클리프(Wycliffe) 성경 번역회에서 봉사하고 있는 내 친구가 신약 성경을 애즈텍(Aztec) 인디안 방언으로 번역하고 있었다. 그가 요한삼서를 마쳤을 때, 번역의 정확성을 검토하기 위해 성경 구절들을 자료 제공자에게 읽어 주었다. 선교사가 첫 절—"장로는 사랑하는 가이오에게 편지하노라"—을 읽자 그 인디안의 얼굴에는 난처한 표정이 나타났다. "왜," 그는 물었다, "장로는 닭에게 편지를 썼습니까?" 선교사는 그 때서야 비로소 "가이오"가 그 특정한 방언에서 "닭"이란 뜻인 것을 알게 되었다. 그래서 그는 "장로 가이오라고 불리우는 사람에게 편지하노라"고 고쳐야만 했는데, 이 번역은 애즈텍족이 흔히 동물 이름을 사람에게 지어주기 때문에 완전히 맞는 번역이었다.

지역의 종교를 연구하고, 언어를 배우고, 특수한 상황에 있는 사람들과 일체감을 갖고, 그리고 듣는 기술을 연마함으로써, 기독교 전달자는 진리의 효과적인 전달자로서 자신을 더 적절하게 준비 할 수 있다.

7

복음 전달의 기본적 원리

지금까지는 복음 전달의 준비를 위하여 우리에게 지침이 될 실제적인 제안에 대해 논의했으나, 이제부터는 복음의 실제적 제시를 위한 기본적인 원리 몇 가지를 다루고자 한다. 이 논의가 비기독인들을 위한 사역에 관계된 것이지만, 이러한 원리들은 진실로 보편적인 가치를 지니고 있기에 명목상의 기독인들에게 사역하는 데에도 적용될 수 있다. 그렇다면 이러한 기본적인 원리란 무엇인가?

1. 복음 제시에서 단순하라

분명한 복음 전달의 필요성은 우리가 단순한 시골 사람들에게 설교하거나 증거할 때 특히 더하다. 교육받은 철학자에게는 복잡한 접근 방법이 정당화될 수 있을지 모르겠다. 그러나 일반적으로, 기독교의 가르침에 대한 배경이 적거나 없는 사람들을 다룰 때에는, 우리는 단순하고 기본적인 복음의 사실들을 제시하는 것으로 시작해야 한다. 우리는 무거운 신학과 심오한 설명을 피해야 한다. 이러한 모든 것은 길 안에 있는 성숙한 기독인들에게는 큰 도움이 되겠지만, 아직 그 길로 들어오지 않은 사람들에게는 아주 적절하지 않다. 우리가 예수의 설교 방법을 주의 깊게 연구한다면, 그가 주로 이야기식 방법을 사용했으며, 일상적인 생활에서 예화들을 택하신 것을 알게 된다. 그는 목자와 양, 꽃과 잔디, 문과 길, 강과 우물, 물과 음식, 나무와 과일, 건축과 반석에 대해서 말씀하셨다.

몇 년 전 선명회 잡지에 "일본의 신흥 종교로부터 배울 수 있는 교훈들"이라는 기사가 실려 있었다. 다섯 가지 교훈 중 첫째는 이것이었다: 우리는 대중을 위한 단순한 메시지—신학이 아니라—가 필요하다. 그리고 그 목록의 셋째는 기독교의 메시지를 실제적인 삶과 연관시킬 필요가 있어야 한다는 것이다. 그 저자는 신흥 종교들이 급성장하는 이유 중 하나는 그들의 가르침이 단순하고, 이해하기 쉽고, 따르기 쉽다는 것이라고 지적한다. 동시에 그는 일본 교회의 느린 성장의 이유는 많은 설교가 교리적인 문제에 집중하며 또한 대중이 이해하기 어려운 것들이기 때문이라고 지적한다. 그러므로 단순한 메시지를 위한 권고는 듣는 사람들의 필요와 관련되어 있는 것이다! [1]

나는 스탠리 존스 박사가 인도의 교육받은 상층 계급의 힌두교도들에게 복음을 선포하는 것을 여러 번 들을 수 있는 특권을 가졌다. 그는 그러한 지식층의 청중에게 접근하면서 보통 철학적이고 심리학적인 개념들을 사용하였다. 그러나 그가 평범한 사람들에게 설교하는 것을 한 번 들은 적이 있었는데, 그의 접근 방법은 완전히 달랐다. 나는 그의 단순하면서도 효과적인 개요를 결코 잊지 못할 것이다. 모든 주제가 듣는 사람들의 종교적, 사회적 배경에 직접적으로 연관되었다. "기독인이란 누구인가?"라는 주제로 말하면서 그가 강조한 점들은 다음과 같다:

기독인은:
(1) 한 하나님을 믿는다—많은 신이 아니다

---

1 William Woodard, "Japan's New Religions," *World Vision*, Feb., 1965, p. 24.

⑵ 한 형제애를 믿는다--전 세계적으로

⑶ 한 구세주를 믿는다--예수 그리스도

⑷ 삶의 목적이 있다--그리스도를 영화롭게 하는

⑸ 한 기회를 믿는다--현세에서

그들은 스탠리 형제가 말한 것이 무엇인지를 이해했으며 그의 메시지의 영향력을 느꼈다.

초대 교회의 제자들이 선포하였던 복음의 단순성과 명확성으로 되돌아갈 필요가 있다. 영국의 지도적인 성경 교사인 존 스토트(John R. W. Stott) 박사는 제자들의 기쁜 소식은 최소한 다음의 5가지 기본적인 요소를 포함한다고 하였다.[2]

⑴ **복음의 사건들**: 예수의 죽음과 부활 (눅 1:1; 24:14, 18; 고전 15:3-5). 이것들은 역사적인 사건이지만, 무엇보다 구원의 사건들이었다. "예수는 우리 범죄함을 위하여 내어줌이 되고"(하나님의 목적), 그리고 "또한 우리를 의롭다 하심을 위하여 살아나셨느니라"(하나님의 입증; 롬 4:25 참조).

⑵ **복음의 증거들**: 메시지의 확증을 위하여 사도들이 호소한 증거들. 이것은 구약 성경으로 구성되어 있는데, 구약 성경의 예언들은 그리스도 안에서와, 그리고 후에 신약 성경에 기록된 사도들의 개인적이고 직접적인 증거 안에서 성취되었다(행 1:8; 2:32; 3:15; 5:32; 10:39-42).

⑶ **복음의 확인들**: 예수는 죄를 용서하여 주고 구원을 주시는 권세를 가진 구세주이다. 그리고 그는 순종을 요구하는 권세를 가진 주님이시다(행 5:31; 빌 2:9-11). 초대 교회의 기독인들은 그리스도가

---

2 John R. W. Stott, *Christian Mission in the Modern World* (Downers Grove, IL: InterVarsity Press, 1975), pp. 44-53.

과거에 무엇을 하셨는가만을 단순히 강조한 것이 아니라, 현재 그가 어떠한 분이신가를 강조했다. 역사적인 그리스도는 현재적인 그리스도이다.

⑷ 복음의 약속들: 오순절날의 베드로의 설교를 주시하라. 그는 그리스도의 이름으로 죄사함과 성령의 선물을 제시하였다. 다시 말해서, 과거에 대한 용서와 성령의 내주(內住)를 통한 현재의 새로운 삶을 제시하였다(행 2:38).

⑸ 복음의 요구들: 회개와 믿음. 제자들은 사람들에게 그들의 죄에서 돌이키고 그들의 삶을 그리스도께 전적으로 바치라고 선언하였다 (행 3:19; 16:31). 그리고 모든 요구에서 당장－"지금"－결단해야 된다는 긴박성이 있었다(행 17:30).

2. 설교에서 긍정적이 되라

국내외를 막론하고 기독교 전도자가 "살인하지 말지니라, 간음하지 말지니라, 도적질하지 말지니라, 네 이웃에 대하여 거짓 증거하지 말지니라"(출 20:13-16) 등과 같은 복음의 금지 사항들을 강조하는 함정에 빠져들기가 너무나 쉽다. 종종 그는 이런 성경적인 금지 사항들 이외에 춤추지 말라, 도박하지 말라, 영화를 보지 말라 등의 문화적인 금기 사항들을 첨가하는 경향이 있다. 그러므로 복음은 주로 부정적인 것으로 여겨진다. 『교회 성장의 원동력』(The Dynamics of Church Growth)이라는 책에서 와스콤 피켓 감독은 인도에서 그가 어떻게 선교 사역 초기에 부정적인 말로 기독교 신앙을 제시하는 위험성을 배웠는가를 묘사한다.

하층 계급의 가죽 직공들이 그에게 그들의 마을을 방문해서 기독교를 설명하여 달라고 요청하였다. 그들의 힌두교 친척들 중 최근에 기독인들이 된 후 그들도 예수를 믿으라고 간청하였다. 피켓 목사가 지정된 장소에 갔을 때, 50여 명의 남녀들이 그의 말을 들으려고 모여 있었다. 그는 한 시간 이상 매우 부정적인 말로 말씀을 전했다. 예수의 제자들은 우상을 숭배하지 말아야 하며, 술을 마시지 않아야 하며, 도박을 하지 말아야 하며, 늙거나 병들어 죽은 동물들의 살을 먹지 말아야 한다고 했다. 그는 그 지역의 가죽 직공들의 모든 해로운 습관들을 다루었다. 저자는 이렇게 논평한다, "그것은 좋은 충고였지만, 복음은 아니었다."

설교가 끝나자, 그 마을의 영적 고문인 한 힌두교 지도자가 몇 마디 해도 좋으냐고 물었다. 좋다고 하자 그는 말하였다: "나는 처음부터 여러분들에게 선교사가 언급한 것들을 하지 말라고 했습니다. 그러나 나는 그보다 한 걸음 더 가겠습니다. 여러분들은 어떤 동물의 고기도 먹지 마십시오. 또한 토마토나 비트도 피처럼 빨갛기 때문에 먹지 마십시오. 그리고 달걀이나 가지도 먹지 마십시오." 이런 식으로 그 힌두교의 지도자는 선교사의 금지 사항에다 더 많은 것을 첨가했다.

피켓 감독은 지독하게 큰 실수를 저질렀다고 고백한다. 그는 복음을 기다리는 사람들에게 그리스도와 복음을 전혀 제시하지 못하였다. 그들은 얼마나 실망했겠는가! 마침내 그는 이렇게 논평한다. "기독인들은 복음을 부정적인 금기 사항으로 축소시키지 말아야 한다. 그리스도의 교회는 부정적인 것들과 금지 사항들을 가지고 힌두교, 불교, 심지어는 많은 정령 숭배 종교들과 경쟁할 수 없다. 그러나 인간이 만든 종교는 하나님과 인간과 삶에 대한 확신의 풍요와 능력과 영광에 그리스도의 복음과 겨룰 수 없다."[3] 2년 후, 많은 방문과 노고 후에야 피켓 목사는 그 가죽 직공들에

---

3 J. Waskom Pickett, *The Dynamics of Church Growth* (Nashville: Abingdon, 1963), pp. 82-84.

게 세례를 베풀고 그들을 교회의 교제 가운데로 받아들이는 특권을 갖게
되었다.

미지의 아프리카에 있는 선교사에 대한 이야기가 있는데, 그 곳에서는
사람들이 이를 뽀족하게 가는 습관이 있었다. 그 선교사는 부족의 족장을
회심시키기 위해 많은 노력을 하고 있었다. 추장은 매우 늙었으며, 선교
사는 아주 구약 성경적이었다. 그의 기독교는 "하지 말라"는 것에 몹시
치우쳐 있었다. 그 아프리카인은 인내심 있게 들었다.

"나는 이해할 수 없습니다," 그는 마침내 말했다. "당신은 나에게 이웃
의 아내를 취해서는 안 된다고 말씀하셨습니다."

"그렇습니다," 선교사는 말하였다.

"이웃의 상아나, 소도요."

"그렇죠."

"그리고 나는 승전(勝戰)의 춤을 출 수도 없고, 매복하였다가 이웃을
죽여서도 안 되는군요."

"그렇고 말고요."

"그러나 나는 이러한 것들을 전혀 할 수 없습니다." 추장은 유감스럽다
는 듯이 말했다. "나는 너무 늙었죠. 늙는 것과 기독인이 되는 것은 결국
같은 것이군요."

기독교 전도자로서 우리는 복음의 부정적인 제시를 조심스럽게 피해야
한다. 그대신 우리는 주님의 장대한 주장들과 약속들을 강조해야 한다.
이것이야말로 우리가 선포해야 하는 "기쁜 소식"이다.

기독교 설교자에게 또 하나의 좋은 충고는 이것이다: 논쟁하지 말라—
증거하라! 당신은 논쟁에는 이길지 모르나 사람을 잃게 된다. 당신의 목
적은 사람을 얻는 것이지, 논쟁이 아님을 명심하라. 당신은 원래 기독교
를 위해서 변호하는 변호사가 아니라, 복음의 위대한 진리를 증거하는 증

인이다.

나는 애스베리신학교 총장이었던 프랭크 스탱어(Frank Stanger) 박사가 몇 해 전 목회자 수양회에서 메이필드(Mayfield) 박사를 소개한 내용을 결코 잊을 수 없다. 메이필드 박사는 이전에 직업적인 변호사였지만 그 당시에는 미국 감리교회의 평신도 활동 위원회의 총무로 봉사하고 있었다. 그를 소개하면서 스탱어 박사는 말했다: "메이필드 박사의 효율성(效率性)은 그가 한 때는 변호사였다가 이제는 증인으로 변했다는 사실에 있습니다. 그리고 우리 중 많은 설교자들의 비효율성은 우리가 증인들이어야 하는데 변호사 역할을 하는 사실에 있는 것입니다."

얼마나 맞는 말인가! 우리는 너무 자주 그리스도를 선포하기 보다는 오히려 변론하는 일에 종사한다.

나는 스탠리 존스 박사가 그의 첫 설교 경험을 이야기하는 것을 몇 번 들었다. 그가 회심하고 얼마 안 되었을 때 볼티모어에 있는 그의 교회의 수요일 저녁 기도 예배에서 설교 부탁을 받았다. 그는 여러 시간 열심히 준비하였다. 성구 사전과 주석을 사용해서 설교를 작성한 후 그것을 암송하였다. 그가 설교하기 위해 두렵고 떨리는 마음으로 강단에 섰을 때 처음 몇 문장은 유창하게 잘 해냈다. 그리고 그가 인디퍼런티즘(indifferentism)이란 단어에서 더듬었는데, 청중 가운데 두 소녀가 킥킥거리고 웃기 시작하였다. 그러자 스탠리 형제는 당황하게 되었으며 갑자기 아무 것도 생각나지 않았다. 그는 설교 내용을 생각해 내려고 이삼 분간 서 있었지만, 아무 효력이 없었다. 그래서 그는 기가 죽은 태도로 회중에게 말했다: "그런데, 여러분, 말씀드리기 죄송하지만, 나는 설교 내용을 잊어버렸습니다." 그런 다음 그는 강단에서 내려와서 회중 가운데 앉으려고 했다. 그러나 그가 걸어 내려오고 있을 때 내적 음성이 그에게 말했다: "스탠리, 내가 너를 위해서 한 것이 아무 것도 없단 말이냐?"

그는 대답했다, "예, 물론 하신 것이 있습니다."

"그렇다면 그것을 말할 수 없단 말이냐?"

"할 수 있을지도 모르겠습니다." 그래서 그는 자리에 앉지 않고, 단상 앞으로 다시 와서 말했다: "여러분 친구들이여, 아시다시피 나는 설교는 할 수 없지만, 주님께서 나를 위해 하신 일을 여러분들에게 말씀드리기를 원합니다." 그의 개인 간증의 결과로 한 젊은 청년이 그날 저녁에 회심하였다. 그는 목사가 되었으며, 후에 그의 딸은 아프리카 선교사가 되었다.

그 사건을 묘사하면서, 스탠리 형제는 다음과 같이 말하곤 하였다: "그 것은 나에게 극적인 전환점이었다. 나는 하나님을 위한 변호사로서는 실패자였다. 그러나 하나님을 위한 증인으로서 그가 나를 위해 하신 일을 말했을 때 나는 성공자였다. 그 순간에 나는 나의 부르심을 깨달았다: 나는 증인이 되어야만 한다."4) 머지않아, 스탠리 형제는 그 시대에서 가장 위대한 설교자 중 한 사람이 되었다. 그러나 그는 무엇보다도 항상 하나님의 구속의 은총의 증인이었다. 그리고 우리도 그래야 된다!

우리가 증거할 때, 그 증거가 청중의 종교적, 문화적 배경과 관련이 있는지 확인해야만 한다. 수요 기도 예배 중에 일어나서, "사랑하는 친구들이여, 나는 그리스도께서 나를 구원해 주셨고 성결케 해 주신 사실을 간증하기를 원합니다"라고 말하면, 아마도 어떤 지역에서는 의미가 있을 수도 있으며—마음에서 우러나오는 "아멘" 소리도 듣게 될 수 있지만, 다른 상황에서는 전적으로 무의미할 수도 있다. 신학적인 배경이 거의 없거나 전혀 없거나 아니면 성경적으로 무식한 사람들 가운데서는, "그리스도께서 나의 습관을 변화시켜 주셨고 마음 속을 깨끗하게 해 주셨습니다"라고 말

---

4 E. Stanley Jones, *A Song of Ascents* (Nashville: Abingdon, 1968), pp. 65-66.

하는 것이 더 효과적일 수 있다.

이제 이러한 원리가 명목상의 기독교 국가에 살고 있으나 환경적 배경이 다른 사람들에게 증거할 때에 효력이 있다면, 하물며 전적으로 다른 종교적, 문화적 배경을 가진 사람들을 위해 사역할 때 이 원리가 얼마나 더 많은 효력이 있겠는가.

인도의 힌두교 청중들에게 증거할 때, 나는 그리스도가 나를 위해 하신 일을 말하는 효과적인 방법은 그가 나에게 샨티(shanti) 곧 평안을 주셨다는 사실을 증거하는 것임을 알게 되었다. 인도에 있는 모든 사람들은 샨티를 추구하고 있으며, 그리스도를 샨티-다야카(Shanti-dayaka) 곧 "평안을 주시는 자"로서 지적해 주는 것이 힌두교도들에게는 매우 의미있고 관심을 끄는 개념이다. 예수도 아주 분명히 말씀하셨다: "평안을 너희에게 끼치노니; 곧 나의 평안을 너희에게 주노라. 내가 너희에게 주는 것은 세상이 주는 것 같지 아니하니라"(요 14:27).

정령 신앙의 배경을 가진 사람들, 곧 그들을 둘러 싼 모든 악령들을 크게 두려워하며 사는 사람들에게 그리스도를 모든 악령들의 정복자로서, 그리고 우리를 두려움으로부터 구해 줄 수 있는 분으로 지적해 주는 것은 진실로 "기쁜 소식"의 본질이다. 복음서에서 예수는 "죄를 짓지 말라"고 말씀하신 것보다 "두려워 말라"고 말씀하신 것이 더 많다.

인도 사람들에게 또 다른 효과적인 접근 방법은 그리스도를 위대한 짐꾼으로 제시하는 것이다. 사람들이 무거운 짐을 머리에 이고 가는 것은 흔히 볼 수 있는 광경이다. 기차 역 부근에서 두세 개의 여행 가방을 혼자서 나르는 쿨리(coolie: 짐꾼)에서부터 수형(竪型) 피아노를 나르는 네 사람들에 이르기까지 어디에서나 흔한 광경이다.

그 결과 딱딱한 포장 도로에서나 나무 밑에서, 또는 기차 역전에서 지쳐서 자고 있는 많은 사람들을 보게 된다. 그들은 너무나 지쳐 있어서 포장 도로의 딱딱함이나 주변의 소음도 잊고 잔다. 우리 그러한 사람들에게 죄의 무거운 짐에 대해서 말할 수 있으며, 어떻게 예수가 모든 자들에게 약속하셨는지를 말할 수 있다: "수고하고 무거운 짐진 자들아, 다 내게로 오라. 내가 너희를 쉬게 하리라"(마 11:28).

인도에서 사람들은 더러운 옷을 도비(Dhobi), 곧 빨래꾼에게 보내는데, 그는 옷을 시냇물에 적셔서, 비누로 (비누가 있으면!) 그것을 비빈 다음 옷을 돌판에 놓고 두들겨 댄다. 나는 어느 캐나다 선교사가 한 정글 캠프 모임에서 설교하면서 그의 털 목도리를 꺼내 바닥에 놓고 거듭 반복하여 두들기면서, 그의 죄가 어떻게 갈보리란 시냇물에 씻겨 내려갔는지를 설명한 것을 결코 잊을 수가 없다. 그는 계속해서 시기, 분노, 원한, 위선, 속임, 탐욕 등의 목록을 죽 열거했다. 누구나 그가 목도리를 바닥에 놓고 두들길 때 죄가 강 밑으로 흘러 떠내려가는 것을 볼 수 있을 정도였다. 그 예화를 드는 동안 졸거나 잠자는 사람은 한 사람도 없었다!

3. 복음 선포에서 그리스도 중심이 되라

무엇을 강조하느냐가 아니고, 누구를 강조하느냐가 기본적이며, 훈계가 아니고 한 인격을; 우리가 믿는 바가 아니고, 우리가 신뢰하는 분을 강조하는 것이 기본적이다.

신약 성경을 조심스럽게 연구하면 그리스도가 초대 교회의 전도 메시지의 중심인 것을 보여 준다. 다음의 구절들을 주목하라:

사도들이 큰 권능으로 주 예수의 부활을 증거하니(행 4:33).

저희가 날마다 성전에 있든지 집에 있든지 예수는 그리스도라 가르치기와 전도하기를 쉬지 아니하니라(5:42).

빌립이 입을 열어 이 글에서 시작하여 예수를 가르쳐 복음을 전하니 (8:35).

즉시로 각 회당에서 "예수의 하나님의 아들"이심을 전파하니(9:20).

우리는 십자가에 못박힌 그리스도를 전하니...내가 너희 중에서 예수 그리스도와 그의 십자가에 못박히신 것 외에는 아무 것도 알지 아니하기로 작정하였음이라(고전 1:23; 2:2).

기독교는 구약 성경이 아니라, 그리스도로 정의를 내려야만 하며, 서양 문명도, 심지어는 서양에서 이루어진 체계도 아니며, 그리스도 자신으로 정의를 내려야 한다; 그리고 기독인이 되는 것은 그리스도를 따르는 것이다. 스탠리 존스 박사는 그의 선교 사역 초기에 이 비밀을 깨달았다. 그는 간증한다:

내가 처음 인도에 갔을 때 나는 매우 긴 줄—창세기에서 요한계시록까지, 서양 문명에서 서양 기독교회까지의 매우 긴 줄—을 붙잡고 있었다. 나는 모세와 다윗과 예수와 바울과 서구 문명과 기독교회를 염두에 두고 싸우면서, 그 줄을 오르락 내리락하고 있었다. 나는 염려했다. 아무런 잘 규정된 논쟁점이 없었다. 나는 이러한 고투가 거의 변함없이 구약 성경이나 서양 문명, 또는 기독교회, 이 셋 중 하나에 한정되어 있다는 것을 알게 되었다. 나는 문제의 핵심이 빠져 있다는 사실을 정확히는 표현할 수 없으나 그래도 직감적으로 느끼게 되었다. 그러자 나는 나의 줄을 줄여야만 하며, 그리스도께 나의 입장을 두어야 하며, 비기독교 세계 앞에서 예수 그리스도와 그의 십자가에 못박히신 것 외에는 아무 다른 것도 알지 않아야 될 사실을 알게 되었다. 험한 폭풍과 일의 압박이 더 이상 나를 지탱할 수 없는 데까지 몰고 갔다. 그 때서야 나는 비로소 처음부터 깨달았어야 될 것을 알게 되었다. 나는 복음이 예수의 인격 안에 있으며, 그 자신이 기쁜 소식이며, 나의 유일한 사명은 예수를 위해 살면서, 그를 전해야 된다는 사실을 알게 되었다. 나의 사명은 단순해졌으며, 생기가 넘치게 되었다. 내가 예수 계신 곳에 거할 때 나는 매순간 생기가 넘치는

것을 발견했다.5)

존스 박사의 어느 집회에서, 기독교에 반박하는 명석한 저술가인 자이나교의 한 변호사가 일어나더니, 구약 성경에 관한 여러 가지 질문을 하였다. 존스 박사는 대답했다, "나의 형제여, 나는 당신의 질문들에 대답할 수 있다고 생각합니다. 그러나 나는 그렇게 해야 할 필요성을 느끼지 않습니다. 나는 기독교란 그리스도라고 정의합니다. 당신이 그리스도에게 반박할 어떤 반대가 있다면, 나는 쾌히 듣겠으며 또 할 수 있으면 답변해 드리겠습니다." 그 변호사는 대답했다, "누가 그런 구별을 할 권세를 당신에게 주었습니까? 어느 교회 협의회가 당신에게 그러한 권세를 주었습니까?"

존스 박사는 그것은 어느 교회 협의회도 아닌 그리스도 자신이 그에게 그것을 주셨다고 대답했다. 왜냐하면 그리스도 자신이 "너희가 옛적에 대해서 말한 것을 들었거니와…그러나 내가 너희에게 말하노니"라고 말씀하셨기 때문입니다. 그래서 그도 그 주인의 인도하심을 따르고 있는데, 그리스도도 그 자신의 말을 성경에서 최종의 권위 있는 말로 만드셨기 때문이다. 그는 계시의 미완성 단계에서 마지막 단계인 예수에 이르기까지 싸움을 걸고 있었다. 계시는 점진적이며, 그리스도에서 절정을 이루었다. "그렇다면 왜 나는," 존스 박사는 물었다, "완성된 단계가 여기 그리스도 안에 있는데 미완성 단계에서 싸움을 해야 합니까?" 그 변호사는 당황하면서 그의 질문이 핵심에서 벗어난 것임을 알았다.6)

그리스도는 큰 차이를 만들어 내신다. 바로 여기에 비기독교 신앙의

---

5 E. Stanley Jones, *The Christ of the Indian Road* (New York: Grossett and Dunlap, 1925), pp. 7-8.
6 Ibid., pp. 9-10.

큰 부족함이 있는 것이다. 그들의 문화와 사고에는 많은 훌륭한 것들이 있다—우리는 기꺼이 그것을 받아들이며 그것들을 인하여 진정으로 하나님께 감사한다—그러나 어떠한 다른 것으로도 메꿀 수 없는 진정으로 부족한 것이 있는데 그것은 바로 그리스도이다.

인도의 힌두교에서 기독교로 회심한 사람 중 상류 브라만 계층의 차크라바티(A. C. Chakravarti)라는 사람이 있었다. 어려서부터 그는 평안을 찾겠다는 큰 열망을 갖고 있었다. 그래서 그는 힌두 경전과 코란까지 조심스럽게 연구해 보았지만 마음 가운데 만족이 없었다. 그 후 얼마 동안 금욕주의에도 심취해 보았다; 그러나 평안을 찾을 수가 없었기에, 그는 사업을 하기로 결심하고, 가능한 한 많은 돈을 벌어서 세상의 안락과 쾌락에 몰두해 보고자 하였다. 여전히 평안은 없었다. 마침내, 그는 힌두교의 성지(聖地)인 브린다반(Vrindaban)에 있는 어느 사원의 성직자가 되었다.

어느 날 차크라바티는 한 새로운 기독교 회심자가 마을에 왔다는 소식을 들었다. 그와 마찬가지로, 그 회심자도 상류 계층의 힌두교 출신이었다. 그래서 차크라바티는 그 새 기독인을 찾아 다시 힌두교로 전향시키는 것이 그의 임무라고 생각했다. 그러나 그가 논쟁을 제기할 적마다, 그 기독인은 성경 구절을 인용하였다. 이것은 차크라바티를 좌절시켰으며, 그래서 그는 신약 성경을 한 권 사서 잘못과 실수를 찾아낼 생각으로 그것을 읽기로 했다. 그는 그래야 자신에게 유리한 상황에서 그 기독인을 만날 수 있을 것이라고 생각했다. 그러나 신약 성경을 읽어나가면서, 그의 죄와 구세주의 필요성을 인식하기 시작했다. 마침내, 그가 요한복음 14장 6절—"내가 곧 길이요, 진리요, 생명이니"—에 도달했을 때, 그는 자신에게 말했다, "나의 추구는 끝났다. 나는 예수 그리스도 안에서 진리와 평안을 발견했다." 그 결과 그는 그리스도를 영접했으며 세례도 받았다. 그런 다음 그는 그 도시에서 전도 센터를 시작하기로 결심했다.

어느 날 차크라바티가 힌두 사원의 뜰을 걷고 있을 때 그는 성직자 친구들에게 둘러 싸였다. 그들은 그에게 마구 질문들을 퍼붓기 시작했다: "말해 보시오, 차크라바티, 왜 당신은 기독인이 되었소? 우리 힌두교도가 갖고 있지 않은 그 무엇이 기독교에 있단 말이오? 우리는 경전, 위대한 사원, 유명한 구루, 철학과 윤리가 있지 않소? 기독교의 무엇이 새로운 것이란 말이오?"

차크라바티는 대답했다, "나의 형제들이여, 바로 단 한 가지요. 나는 그리스도를 발견한 것이오. 그가 바로 차이점이오!"

바로 그 점이다! 차이는 그리스도이다. 그러나 그것은 너무나 큰 차이이다.

기독교 선교 역사에서 다음의 두 가지 예화는 우리가 설교할 때 중심 주제에서 벗어나는 어리석음을 충분히 보여 줄 것이다. 모라비안 선교사들이 1740년 그린랜드에 처음 도착해서 주민들에게 설교를 시작했을 때, 그들은 첫번째 과업이 주민들에게 하나님의 존재, 속성, 그리고 완전을 확신시켜 주고, 하나님의 율법에 순종을 강요함으로 그들이 숭고하고 더욱 신비로운 복음의 진리들을 받아들이도록 그들의 마음을 점차로 준비시키는 것이라고 생각했다. 이론적으로 생각해 보면, 이러한 접근 방법은 가장 합리적인 것 같아 보이지만, 실제로 실천해 보면, 그것은 전적으로 비효과적인 방법임을 발견하게 된다. 오 년 동안 그 선교사들은 이러한 선상에서 사역을 했지만, 그들의 말을 듣는 사람들로부터 한 사람의 환자도 건지지 못했다. 그러자 그들은 "그리스도와 십자가에 못박힌 그리스도"를 문자 그대로 전하기로 결정하였다. 그들이 주민들에게 화해의 말씀을 성경대로 단순하게 선포하자마자 죄를 깨닫게 하고 회심시키는 능력을 경험하기 시작했다. 이것은 사람들의 마음을 감동시켰으며 가장 놀라운 결과를 가져왔다. 짧은 기간 안에, 그 지역의 많은 사람들이 예수 그리스도를 구세주로 모시는 순수한 믿음을 갖게 되었고, 그들의 삶이 변화된 것이다.[7]

두 번째 예화는 인도네시아의 북부 수마트라에 살고 있는 바탁(Batak)족의 회심이다. 노르웨이의 개척 선교사인 러드윅 노멘센(Ludwig Nommensen)이 이 년의 기간 동안 기독교 신앙을 전해 주었더니, 늙은 바탁 추장은 그 선교사에게 아닷(Adat), 곧 바탁의 일반법이 모세의 십계명과 산상수훈의 가르침과 아주 유사하다고 말했다. "우리는 당신이 우리에게 말씀해 준 것에 다 동의하고 있습니다," 그는 공언했다. 그러자 노멘센은 그가 복음의 유일성을 분명하게 전해 주지 못했음을 깨달았다. 바울처럼, 그도 그리스도와 십자가에 못박힌 그리스도를 전하기 시작했다. 그후 늙은 추장이 다시 그 선교사에게 와서 말했다, "우리의 일반법은 도적질하지 말라, 간음하지 말라, 거짓 증거하지 말라, 그리고 이웃을 정당하게 대하라고 말해 주고 있지만; 우리는 그것을 순종하지 않고 있습니다. 우리는 우리들의 법을 어겼기 때문에 나쁜 바탁족입니다. 당신은 처음으로 우리가 일반법을 순종할 수 있는 힘을 알 수 있는 방법을 말씀해 주셨습니다. 만일 예수가 우리에게 훌륭한 바탁족이 되는 능력을 주신다면, 우리는 그를 우리의 주님으로 모시기를 원합니다."[8]

오늘날 백 오십 만 이상의 바탁족이 주 예수의 제자들이며, 바탁 교회는 동남 아시아 전역에서 가장 크고 가장 토착적인 교회 가운데 하나이다.

복음의 유일성은 예수 그리스도의 인격과 그의 변화시키는 능력에 있다. 우리는 그리스도 중심의 메시지를 전할 때에만 효과적인 복음 전달자

---

7 *Practical Anthropology* (Nov.-Dec., 1960), p. 272.

8 J. Merle Davis, *New Buildings on Old Foundations* (New York: International Missionary Council, 1947), p. 43.

가 되는 것이다.

4. 복음의 시범에서 그리스도처럼 되라

선교사 자신은 메시지의 일부분이다. 효과적인 복음 전달은 훌륭한 말로 진리의 구두적(口頭的) 선언 그 이상이다; 그것은 항상 선행이 따르는 진리에 대한 생생한 시범이다.

훌륭한 힌두교의 대표적 인물인 라다크리쉬난(Radhakrishnan) 교수가 언젠가 말했다, "당신네 기독인들은 **특별한** 주장을 하는 **평범한** 사람들인 것 같아 보입니다." 어떤 의미에서 그는 전적으로 맞는 말을 했다. 왜냐하면 우리 기독인들은 다만 유일한 구세주를 가리키는 평범한 사람들—기껏해야 은혜로 구원받은 죄인들—이기 때문이다. 그러나 그가 진정으로 의미하고 있는 바는 기독인이라고 자처하는 대부분의 사람들의 삶이 타종교의 추종자들의 삶보다 더 나을 것이 없으면서도, 예수 그리스도의 구원의 능력에 대해서는 기상천외의 주장들을 하고 있다는 말이다. 우리를 주춤하게 만드는 이 고발에는 충분한 진리가 담겨 있다.

스탠리 존스 박사는 복음에 대한 인도인들의 공격은 세 단계를 거쳐 왔다고 한다. 처음 사람들은, "그것은 **참다운** 것이 아니군요"라고 말했다. 그 다음 그들은, "그것은 **새로운** 것이 아니군요, 당신네들이 기독교에서 갖고 있는 것을 우리도 역시 우리 종교에서 본질적으로 갖고 있지요"라고 말하기 시작했다. 오늘날 그들은 말한다, "그것은 **당신**이 아니군요." 말하자면, "당신네 기독인들은 고백하는 것과 실천하는 것이 아주 다르군요." 이것은 모든 공격 중 가장 심각한 공격이다.

전문적인 성경 번역가인 유진 나이다 박사는 다음과 같이 그것을 아주 간결하게 서술한다:

　　신의 모든 전달 방법은 말로만이 아니라 삶을 통해서 오기 때문에 본
질적으로 성육신적(聖肉身的)이다. 어떤 진리가 말로만 전달될지라도,
그것이 삶으로 옮겨질 때까지는 아무런 참된 효력이 없다. 오직 그러할
때만이 생명의 말씀은 받는 자에게 생명이 된다. 말은 어떤 의미에서 그
자체만으로서는 아무 것도 아니다. 지혜가 행동으로 나타나지 않으면 빈
말인 것처럼, 말씀도 경험과 상관이 없으면 효력이 없는 것이다. 하나님
이 예수 그리스도 안에서 성육신하심으로 말씀(하나님의 지혜의 표현과
계시)이 육신이 되었다. 이와 같은 근본적인 원리가 교회 역사를 통해서
적용되어 왔다. 왜냐하면 하나님은 은혜를 증거하기 위해서 말 뿐만 아
니라 인간을, 메시지 뿐만 아니라 전달자를, 성경만 아니라 교회를 계속
적으로 사용하셨기 때문이다.9)

　　구약 성경의 메시지는 정의보다는 시범에 의하여 전달된다. 믿음을 말
할 때, 여러 많은 말로 믿음을 정의하려고 하지 않고, 믿음의 사람, 아브
라함을 믿음의 본질과 능력에 대한 예화로서 우리 눈으로 직접 보듯이 생
생하게 보여 주고 있다. 구약 성경은 용기와 순종을 정의하지 않고 불 용
광로의 세 히브리 청년과 사자 굴의 다니엘에 대해서 말해 주고 있다. 순
결을 정의하지 않고 요셉이 보디발의 아내를 향한 행실에서 나타난 순결
에 대한 삶의 그림을 그려 주고 있다. 이러한 예는 얼마든지 있다.
　　신약 성경에서 그리스도는 우리 믿음의 중심으로 제시되며, 그리스도
에 대한 중심점은 그가 육신이 된 말씀이라는 사실이다. 그는 기독교 메시
지의 시범이요, 구현인 것이다. 복음서 저자들은 동정심에 대한 논문을
제시하지 않지만, 예수가 눈먼 자, 절름발이, 배고픈 자, 그리고 버림받은
자들을 보살펴 주시는 것을 묘사한다. 그리하여 우리는 행동으로 나타난
동정심을 보는 것이다. 우리는 사랑의 정의를 찾아 볼 수 없지만, 예수가
십자가에서, "아버지여, 저희를 사하여 주옵소서; 자기의 하는 것을 알지

---

9 Eugene Nida, *Message and Mission* (New York: Harper, 1960), p. 226.

못함이니이다"(눅 23:34)라고 외치시는 음성을 듣는다. 또한 우리는 순결에 대한 수필 역시 찾아 볼 수 없지만, 모든 일에 우리와 한결같이 시험을 받은 자로되, 죄는 없으신, 거룩한 삶을 사신 예수를 보는 것이다. 우리는 능력의 정의는 찾아볼 수 없지만, 빈 무덤 앞에 서서, "나는 부활이요 생명이니; 나를 믿는 자는...영원히 죽지 아니하리니"(요 11:25-26)라고 말씀하시는 예수를 보는 것이다.

오늘도 이것은 마찬가지이다. 모든 효과적인 복음 전달은 성육신적이다; 그것은 입술로만 아니라 설교자의 삶을 통하여 나타난다. 우리는 메시지와 전달자를 구분해서 생각할 수 없다. 설교자와 말씀을 나타내 주는 씨 뿌리는 자와 씨의 비유는 한 좋은 예화이다. 그러나 그것은 한 가지 점에서 구별된다. 씨의 질은 씨 뿌리는 자의 인격에 의해서 영향을 받지 않는다는 점이다. 만일 좋은 씨이면 농부가 어떠한 삶을 살고 있는지 상관하지 않고 자랄 것이다. 그러나 영적 영역에서는, 씨의 질은 씨 뿌리는 자의 태도, 개성 및 인격에 많이 달려 있다. 토양의 비옥은 씨 뿌리는 자의 신뢰성에 많이 달려 있다. 선교사는 메시지를 줄 뿐만 아니라, 또한 메시지대로 **살아야** 한다.

한 여자 선교사가 어느 인도 마을에서 힌두교도들에게 설교하고 있었다. 청중이 경청하고 있는 동안, 설교 중간에 그 마을의 한 사람이 일어나서 선교사의 지프차 가까이에 서 있는 선교사의 운전사에게로 걸어갔다. 그는 운전사와 간단히 말한 다음 돌아와서 자리에 다시 앉았다. 그는 전보다 더욱 설교자의 말을 경청하는 것 같았다. 그 선교사는 모든 것이 궁금해서 후에 운전사에게 그 마을 사람이 그에게 한 말이 무엇인지 물었다. 그 운전사는 대답했다, "마님, 그는 제게 당신의 훌륭한 설교 내용에 아주 감명받았다고 말했죠. 그러나 그는 당신이 저를 당신의 하인으로 어떻게 대우하며 또한 집에서는 어떻게 생활하셨는지를 알고 싶어했죠. 저는 그에게 당신이 친절하고 사려가 깊으며 그리고 설교대로 사시는 분이라고 분명히 말했죠. 그랬더니 그가 만족해하는 것 같아 보였죠!"

아프리카에 있는 한 선교사가 어느 회교도 기계 수리공과 함께 험악한 도로를 여행하고 있었는데, 갑자기 차가 요란한 소리를 내더니 멈추었다. 그 두 사람이 엔진을 다시 작동시키느라고 애를 쓰고 있을 때 트럭 한 대가 저 위에서 오고 있는 것을 보았다. 그들은 운전사에게 도와 달라는 신호를 보냈으나, 그는 손을 내젓고 조롱하는 듯한 큰 소리를 지르며 속력을 내며 사라져 버렸다. 선교사의 회교도 동료는 화가 치밀어 올랐다. 그는 그 트럭 운전사가 길 저 밑으로 사라지자 저주스런 말로 소리쳤다. 마침내 그 두 사람은 차를 고치고 여행을 계속하게 되었다. 그들이 얼마 가지 않았을 때 바로 그 트럭이 구덩이에 빠져 있는 것을 만났다. 운전사와 조수가 안간힘을 다하여 차를 끌어내려 하고 있었다.

그 회교도는 기뻐서 웃었다. 그는 선교사에게 말했다, "이제 우리가 그들에게 보복할 때가 왔습니다. 우리도 그들에게 손을 내젓고는 그냥 지나쳐 버립시다. 그리고 그들이 어떻게 하는지 봅시다!"

그 선교사는 말했다. "아니오, 우리는 그렇게 할 수 없습니다. 그들이 곤란한 상황에 처해 있는데 우리가 그들을 도와야만 됩니다!"

그 기계공은 놀랐다. "뭐라고요," 그는 소리쳤다. "당신은 저 악당들을 도와 주려고 합니까? 그들은 도움을 받을 자격도 없습니다."

그러나 선교사는 가서 도와 주자고 단호하게 말했다. 그들은 너무 힘들여서 그 트럭을 구덩이에서 꺼낼 수가 있었다. 그들이 여행을 다시 계속하자, 그 회교도는 선교사에게 말했다, "이제야 나는 당신이 지금까지 당신의 신앙에 대해서 내게 말씀하고자 했던 바가 무엇인지 알 것 같습니다. 내게 더 말씀해 주십시오."

기독교 메시지를 매일의 삶 가운데서 나타내는 것을 보기 전에는 그 메시지에 결코 진지하게 주의를 기울이지 않을 사람들이 전 세계에는 너무도 많다. 그들은 그 메시지를 들어야 할 뿐만 아니라 또한 보아야만 하는 것이다.

5. 메시지를 관련성 있게 만들도록 하라

효과적인 복음 전달은 듣는 자의 특별한 필요와 상태에 맞게 해야 한다. 영국의 도날드 소퍼(Donald Soper)는 그것을 다음과 같이 표현한다: "우리는 사람들이 있는 곳에서 시작해야지, 그들이 있기를 바라는 곳에서 시작해서는 안 된다." 이것은 물론 우리가 사역하고 있는 사람들의 필요, 희망, 갈망, 공포, 동경, 그리고 깊숙한 동기를 이해하기 위해서 시간을 내야 하는 것을 의미한다. 우리는 이러한 사람들과 동질감(同質感)을 갖고, 그들의 수준에 맞추며, 그들의 마음의 상처와 희망을 듣고, 그들과 기꺼이 대화해야 할 것이다. 그렇지 않으면, 적절한 유추를 사용해서 표현해 보면, 우리에게 강력한 화살이 있을지도 모르나 목표에는 결코 이르지 못할 것이다.

A. 첫째, 우리는 메시지를 듣는 자의 구체적인 **필요**와 관련시켜야만 한다. 여기에서 강조점은 **필요**이지 **요구**가 아니다. 대부분의 사람들은 요구는 알지만, 필요는 모르는 경우가 많다. 사람들이 표현하는 의식적인 요구는 흔히 그들이 갖고 있는 무의식적이고 저변에 깔려있는 필요의 징후에 불과하다. 그래서 기독교 전달자는 외적인 요구를 넘어서 깊은 내적인 필요를 찾아내야 한다.

이 점에서 우리는 심리학자 아브라함 매슬로우(Abraham Maslow)에게 빚을 지고 있는데, 그는 인간의 필요의 단계를 제시하면서 점차적으로 중요한 순서로 인간의 기본적 필요를 열거하였다.10) 그가 때로는 그

이외의 필요들을 덧붙이기도 하지만, 대개는 다음의 다섯 가지 범주로 구분된다:

(1) 생리학적 필요

(2) 안전의 필요

(3) 소속과 사랑의 필요

(4) 자기 존중의 필요

(5) 자기 실현의 필요

매슬로우 이론의 기본 요지는 이 모든 다섯 가지 필요가 인간 본성에 필수적인 것이지만, 그들 모두가 한꺼번에 작동하면서 개인 생활을 지배하지는 않는다. 그 필요는 일반적으로 그 당시의 기본적으로 채워지지 않고, 의식의 중심에 있으며, 현재 그 개인의 동기를 지배하는 필요이다. 그 아래 단계의 필요들이 채워질 때까지는 높은 단계의 어떠한 필요도 동기 부여의 자극제가 되지 못한다. 예를 들면, 배고픈 사람은 배가 부를 때까지는 관념적인 토론에 관심이 없을 것이다. 그러므로 사람들을 이해하고 또 그들에게 효과적으로 복음을 전달하기 위하여, 우리는 그들의 필요의 단계를 파악해야 한다.

첫째는 **생리적 필요**—배고픔, 목마름, 잠과 같은 기본적 신체적 욕구이다. 만일 이러한 필요들이 채워지지 않으면, 인간은 그것들을 채우고자 있는 힘을 다 할 것이다; 그리고 이러한 필요들이 채워질 때까지, 그는 그 본성에 내재한 다른 필요들을 뒤로 제쳐놓을 것이다. 복음 전달의 대가인 우리 주님도 접촉한 사람들의 삶에 있는 이러한 기본적 필요들을 깊이 의식하셨다. 그는 병자를 고치고 배고픈 자를 먹이셨다. 이와 마찬가지

---

10 Abraham Maslow, *Motivation and Personality* (New York: Harper, 1970), pp. 88-106.

로, 기독교 선교는 병원, 고아원, 구제 사업 및 기타 인도주의적 봉사를 통하여 사람들의 기본적인 육체적 필요들을 채워 주었다. 그리고 많은 경우, 떡을 주는 것이 생명의 떡을 제공해 주기 위한 길을 예비해 놓는 역할을 했다.

다음은 **안전의 필요**--안정과 감정적인 확신에 대한 관심이다. 사람들은 안정, 공포, 염려 및 혼돈으로부터의 자유를 갈망한다. 끊임없는 변화, 식량난, 실직, 범죄 및 전쟁의 위협의 세계에서, 이러한 필요는 아주 강하게 요구되고 있다. 이러한 혼돈의 상황 속으로 변함없는 그리스도와 불변의 천국 복음의 메시지가, "그리스도 안에 있는" 자들을 위해 염려와 혼란에서의 해방이라는 영광스러운 약속과 함께 오는 것이다.

인간의 동기 유발의 다음 단계는 극히 중요한 **소속과 사랑의 필요**이다. 심리학자들은 인간의 기본적 필요 중 하나가 사랑하고 사랑받는 것이라고 동의한다. 이것과 결부되는 것으로 의미 있는 관계에 대한 욕구, 곧 동질감과 교제를 제공할 어떤 그룹과 관계를 맺고자 하는 욕구가 있다. 평범한 격언, "사랑은 세상을 돌아가게 한다"는 우리가 흔히 인식하고 있는 것보다 더 많은 진리를 담고 있다. 그리고 그 반대도 역시 진리이다, "사랑의 결핍은 세상을 잘못 가게 만든다.

몇 년 전 시카고에 있는 한 부인이 교묘한 책략을 써서 어떤 젊은 부부의 아기를 유괴했다. 며칠 후 체포되어 경찰의 질문에 답하면서 그녀는 흐느꼈다, "나는 단지 사랑할 대상을 원한 것 뿐이에요." 그녀는 최근에 아버지, 남편, 그리고 유산으로 아기까지 잃은 사실이 드러났다.

유럽과 미국 전역에서 부유한 가정 출신의 수많은 히피들이 가족 관계에서 사랑과 애정을 발견하지 못했기 때문에 고아(인도) 해변가와 카불(아프가니스탄)과 카투만두(네팔)의 산으로 도망갔다.

"하나님이 당신을 돌보시며, 당신을 사랑하십니다"라는 메시지는 말과 삶으로 적절하게 전달될 때, 이러한 영역의 필요가 있는 곳이면 어디에서나 수용적(收用的)인 심령들을 만나게 된다. 사람들이 그들을 위해서 자신의 생명을 주신 분에 의해서 무조건적으로 사랑받고 있다는 것을 인식할 때; 그리고 그들이 순수한 감사의 마음으로 하나님을 사랑하기 시작할 때, 사랑하고 사랑받고 싶은 그들의 필요가 영광스럽게 채워지는 것을 경험한다. 그들이 사랑을 나누는 회중의 교제 가운데 들어가고, 깊은 성경 공부와 기도 그룹의 일원이 될 때, 그들은 의미 있고 지속적인 교제권의 일부라고 느낀다. 그리하여 그들의 소속감의 필요가 충족되는 것이다.

네 번째의 기본적 필요는 **자기 존중의 필요**, 곧 자기 가치와 자기 존중의 필요이다. 많은 사람들이 열등감 내지 빈약한 자아상으로 괴로워하고 있다. 그들은 기대에 도달할 수 없다고 느끼기 때문에 좌절감을 갖는다. 그들은 위신 또는 지위, 아니면 최소한 배려와 인정을 갈망한다. 그러한 사람들을 위한 기쁜 소식은 하나님이 그들의 공적에 근거하지 않고 무조건적인 사랑에 근거하여 그들을 받아 주신다는 것이다. 그분은 사람을 있는 그대로 받아들이신다. 자신의 죄, 연약, 실패에도 불구하고 그리스도가 그를 받아 주셨고 이제는 하나님의 자녀라는 사실을 아는 것만으로도 대단한 해방감을 주는 경험이다. 그것은 자기 존중을 위해 무엇인가 이루어진 것을 느끼는 경험이다.

나는 인도에서 아주 가난하고, 사회적으로 "불촉 천민"(不觸賤民)으로 멸시받는 사람들이 처음으로 그리스도를 구세주로 영접하고 하나님의 자녀가 되었다는 것을 성령에 의해서 내적인 확신을 갖게 된 것을 잘 기억한다. 그들은 확신을 가지고 말한다, "우리들은 만질 수도 없는 불촉 천민들이지만, 하나님께서는 우리들을 만져 주셨습니다. 우리들은 폐물(廢物)이지만, 하나님께서는 우리들을 그 나라로 받아 주셨습니다. 이제 우리는 사회에서 떳떳한 사람이 될 수 있습니다!"

제일 높은 단계는 **자기 실현의 필요**이다. 이것은 인간의 내적 잠재력을 실현하고, 존재의 목적을 깨닫고, 그의 운명을 충족시키고, 개성을 표현하려는 욕구이다. 매슬로우에 의하면, 이 단계에 이르는 사람은 거의 없다. 그러나 결국 인생에는 의미가 있으며, 하나님이 각자를 위한 특별한 계획과 장소를 갖고 계시며, 하나님이 각자를 세계적인 사역에 동참할 동반자로 부르신다는 것을 발견하는 것은 얼마나 놀라운 계시인가. 이기심 없이 자신을 창조적인 활동에 바침으로, 각자는 궁극적이고도 개인적인 성취를 찾을 것이다.

매슬로우의 단계는 완전한 것이 아닐지도 모른다; 그리고 한 단계의 필요가 다른 단계의 것과 중복되는 것이 있을지도 모른다; 그러나 그것은 우리에게 사람들의 기본 동기들을 지적해 주는 유용한 도구가 될 수 있다. 더 나아가서, 그것은 개인을 접근하는 데 유용할 뿐만 아니라, 그룹을 접근하는 데도 역시 유용하다. 왜냐하면 한 지역의 주민들은 공통의 필요를 느끼는 것이 보통이기 때문이다. 예를 들면, 가난에 찌들은 주민들을 위해서는 기본적인 생리적 필요가 가장 시급할 것이다. 인도 힌두교 사회의 하류 계층의 주민들은 자기 존중을 찾으려고 발버둥치고 있다. 부유한 400클럽의 회원들은 명성과 권력에도 불구하고 개인의 자기 실현을 추구할 것이다. 깨어진 가정 출신의 젊은이들은 의심할 것도 없이 사랑과 소속감을 찾을 것이다. 그러므로 모든 것은 복음 전달자에게 의미심장한데, 그 필요에 적합한 복음의 특정한 일면을 강조하여 전달할 수 있도록 도와주기 때문이다.

B. 복음 전달자는 듣는 자들의 필요에 맞게 메시지를 전해야 할 뿐 아니라, 그들의 특수한 영적 상태에도 맞게 전해야 한다.

이 점에 관해서, 제임스 엥겔과 윌버트 노튼이 『추수에 무엇이 잘못되었나?』에서 제시한 인식의 단계가 크게 도움이 될 것이다.[11)

(1) 절대자의 인식은 있으나 복음의 효율적 인식은 없음

(2) 복음의 첫 인식

(3) 복음의 기본 원리에 대한 인식

(4) 복음의 함축적 의미의 파악

(5) 복음에 대한 긍정적 태도

(6) 개인적 문제의 인식

(7) 행동을 위한 결정

(8) 회개와 그리스도에 대한 믿음

이 모형은 하나님(신적 전도자), 인간적 복음 전달자, 그리고 받는 사람 간의 상호 작용의 역할을 통합하려는 시도이다. 하나님은 일반 계시에서 특별 계시로, 확신에서 중생으로 진행하신다. 복음 전달자는 선포에서 설득으로 진행하며, 듣는 자의 반응은 일반적 인식에서 구체적 결정으로 진전한다.

누구나 이 단계에 나타난 연속체 어딘가에 속할 것이다. 엥겔과 노튼은 다음과 같이 진술한다:

> 어떤 사람들은 일반 계시(양심과 자연)라는 하나님의 역사를 통하여 신은 인식하겠지만, 효과적인 복음에 대한 인식은 하지 못할 것이다. 또 어떤 사람들은 복음의 함축적인 의미를 파악하고 그 필요를 인식할 것이다. 이 인식이 변화(개인 문제의 인식으로서 표현된 변화)를 위한 강한 필요를 수반할 때, 그 개인은 자신의 인생을 그리스도에게 맡기라는 도전에 직면한다. 그 이전에는 그러한 도전에 적절히 반응해야 될 충분한 이해나 필요도 있지 않았다. 그러나, 그런 결단을 한 사람들은 성령의 역사를 통하여 여러 단계의 영적 성장을 거쳐 그리스도의 형상으로 변화되어 간다.[12]

---

11 James Engel & H. Wilbert Norton, *What's Gone Wrong with the Harvest?* (Grand Rapids: Zondervan, 1975), pp. 44-46.

하나님과 인간은 듣는 자가 인식의 첫 단계에서 결단의 단계로 인도하기 위하여 특이하게 상호 협동한다. 하나님은 일반 계시를 통하여, 곧 창조와 양심의 증거를 통하여 하나님 자신에 대한 인식을 야기시키므로 그 과정을 시작하신다. 그 후 설교자는 복음의 주장을 설명해야 할 중대한 책임을 맡는다. 하나님은 성령의 역사를 통하여 듣는 자의 죄를 깨닫게 하신다. 일단 그가 자신의 영적 문제를 인식하게 되면, 복음 전달자는 그의 생애를 예수 그리스도께 맡기도록 **설득할** 수 있다. 개인이 이 단계를 받아들일 때, 하나님은 중생을 통하여 새 생명을 부여하신다.

엥겔과 노튼의 기본적 이론에 의하면 "복음 전달자의 책임은 사람들의 영적 상태에 따라 접근하여, 메시지와 방법을 적절히 조화시켜 그들로 하여금 결단할 수 있도록 인도하고, 그 후 계속적으로 성장할 수 있게 하는 것이다."13)

비서구 국가의 많은 사람들은 십중팔구 가장 낮은 단계의 인식 수준에 있을 것이며, 반면 많은 명목상의 기독교 국가에서는 두 번째와 네 번째 단계 사이의 어딘가에 있을 것이다. 복음 전달자로서 우리들의 과업은 사람들이 처해 있는 상태를 파악한 다음, 하나님의 은혜로 그들을 다음 단계로 인도하는 일이다.

일단 복음을 받아들인 자가 새로운 탄생의 경험을 하여 그리스도 안에서 새로운 사람이 되면, 전도자–설교자는 선포자의 역할에서 교사의 역할로 바뀐다. 그는 새로 믿은 자를 성령과 성결의 충만한 경험으로 인도해서, 예수 그리스도의 지혜의 충만한 데까지 성숙하게 자라가도록 해야 한다.

---

12 Ibid., p. 46.
13 Ibid.

6. 성령을 믿고 의지하라

우리는 전도가 마치 우리 자신의 기술과 노력에 의지하는 인간적 사업인 것처럼 생각하고 행동해서는 안 된다. 전도는 하나님의 무한한 자원에 의존하는 신적 사업인 것이다.

하나님은 최초의 가장 위대한 전도자이시다. 전도는 그의 마음과 정신에서 시작되었으며, 타락한 인간을 위한 그의 마음에 파고드는 관심과 동정에서 생겼다. 인간이 죄를 지은 순간 하나님은 전도자가 되셨다. 그의 구속 계획은 절망의 순간에 계획된 사후 방편이 아니었다. 그것은 창세까지 거슬러 올라간다. 왜냐하면 성경은 예수가 "창세 이후로 죽임을 당한 어린 양"(계 13:8)이라고 말해 주기 때문이다.

하나님은 활동하시는 하나님이시다. 그는 끊임없이 일하신다. 이것은 무속성(無屬性), 무활동(無活動)의 힌두교의 신(神) 사상과 상반된다. 불교도들 가운데서도, 부처의 상(像)은 흔히 누워있는 분으로 그려진다. 그러나 여호와는 일하시는 분으로 나타난다. 그는 끊임없이 창조하고 재창조하며, 구속(救贖)하고 새롭게 하며, 그의 계획을 완성시키신다. 성경은 근본적으로 하나님의 구속적 행위, 역사상의 인간들 가운데서의 하나님의 구속적 행위에 대한 기록이다. 그것은 단지 관념을 모아놓은 것이 아니고 행위에 대한 서술이다.

이제 일하고 계시는 하나님이 우리를 일하라고 부르신다. 그는 혼자서 세상을 구원하실 수도 있지만, 혼자서 세상을 구원하시는 것을 택하지 않으신다. 그는 부르신다: "내가 누구를 보내며, 누가 우리를 위하여 갈꼬?"(사 6:8). 하나님은 구속을 인간에게 제공하기 위하여 인간의 형태를 취하고 인간들 가운데 있는 인간이 되셨다. 하나님은 구속을 인간에게 실현하기 위해서, 인간들을 사용하여 인간들에게 접근하셨다. 그것이 바로 하나님이 아브라함과 선지자들과 이스라엘을 택하신 이유이다. 그것이 또한 예수가 12제자들을 택하셨고, 70인을 파송하셨고, 그의 교회를 세우신 이유인 것이다. 예수가 시작한 일을 이제는 그의 선택된 사람들을 통하여 계속 하신다.

그러므로 전도는 신인(神人) 협동 내지 동역이 된 것이다. 하나님은 일하신다; 그는 우리를 일하라고 부르신다; 우리는 이제 함께 일한다. 예수는 그의 제자들에게 말씀하셨다: "가서 모든 족속으로 제자를 삼아...볼지어다 내가...너희와 항상 함께 있으리라"(마 28:19-20). 그러므로 마가복음은 다음과 같이 끝을 맺는다: "제자들이 나가 두루 전파할새, 주께서 함께 역사하사 그 따르는 표적으로 말씀을 확실히 증거하시니라"(16:20). 베드로는 예루살렘에 있는 공회 의원들에게 말했다: "우리는 이 일에 증인이요...성령도 그러하니라"(행 5:32). 바울은 고린도의 기독인들에게 썼다: "우리는 하나님의 동역자들이요"(고전 3:9). 하나님과 함께 하는 동역자가 되는 것은 얼마나 놀라운 일인가! 근본적으로 우리가 하나님과 일하는 것이지 하나님이 우리와 일하시는 것이 아님을 우리는 항상 명심하자. 우리는 하나님을 이용하지 않는다—우리는 우리 자신의 계획을 가지고 하나님께 도움을 요청하지 않는다. 하나님은 하나님의 종합 계획을 가지고 그와 함께 일하도록 우리를 부르신다.

이 신인(神人) 동역에 관한 좋은 예화는 사도행전 8장 26절부터 35절에 기록된 빌립과 에디오피아 내시의 이야기에서 볼 수 있다. 성령이 앞서 가신 사실을 주목하라. 성령은 빌립에게 가사로 내려가는 길까지 가라고 명했다. 성령은 어려움에 처해 있는 사람에게 가서 사역할 사람이 필요한 것을 알렸다. 빌립은 성령의 음성을 듣고 순종했다. 그는 사마리아의 성공적인 전도 사역을 버리고 사막으로 내려갔다. 그것은 모두 다 비합리적인 것 같아 보였지만, 그는 성령의 부르심에 순종했다. 그리고 빌립이 에디오피아 내시를 만났을 때, 성령이 이미 역사하여 그의 가르치는 사역의 길을 예비하셨음을 알게 되었다. 왜냐하면 그는 에디오피아인이 선지자 이사야의 글을 읽고 있는 것을 발견했기 때문이다. 만일 그 사람이 민수기를 읽고 있었더라면 빌립은 알맞는 본문을 찾기 어려웠을 것이다. 그러나 그는 이사야서, 그것도 특별히 이사야서 53장을 읽고 있었다. 그것보다 더 좋은 성경책이 있을 수 있으며, 그것보다 더 나은 장(章)이 있을 수 있겠는가? 빌립이 구약의 고난받는 종에서 시작하여 복음서의 십자가에 못박힌 구세주를 제시하면서 에디오피아인을 인도하는 것은 쉬운 일이었다. 그는 "이 글에서 시작하여 예수를 가르쳐 복음을 전했다." 그 결과 에디오피아 내시는 믿고 세례를 받았다.

하나님의 성령은 세계 각처에 있는 사람들의 마음과 정신 가운데서 역사하고 있다. 그는 심지어 예수의 이름을 전혀 들어보지도 못한 사람들 가운데서도 역사하고 있다. 그는 회교도, 힌두교도, 불교도, 정령 숭배자, 공산주의자, 무신론자, 그리고 명목상의 기독인들의 마음 가운데서도 역사하고 있다. 그는 개인들과 종족들을 복음 전달자를 위하여 준비시키고 있다. 존 웨슬리는 이것을 "선행 은총"이라고 불렀다. 그러므로 어떤 의미에서 우리가 그리스도를 사람들에게 데려가는 것이 아니고; 성령의 신비스러운 역사에 의해서 그리스도가 우리를 어느 정도 준비되어 있는—어떤 때는 더 많이, 어떤 때는 더 적게 준비된—사람들에게 데려가신다.

우리가 그리스도의 기쁜 소식을 선포할 때에, 성령은 듣는 자의 마음과 정신 가운데서 역사하신다. 예수는 성령이 "죄에 대하여, 의에 대하여, 심판에 대하여 세상을 책망하시리라…그가 내 영광을 나타내리니, 내 것을 가지고 너희에게 알리겠음이니라"(요 16:8, 14)고 약속하셨다. 이것은 우리가 말씀을 선포하는 동안, 성령이 사람들의 마음을 진리로 조명(照

明)하여 그들에게 죄를 깨닫게 하고, 구세주에게로 인도하신다. 이러한 성령의 내적 사역이 없이는, 우리의 모든 말과 노력은 전혀 쓸모가 없는 것이다. 우리가 가장 완전한 개요, 가장 잘 선택된 말, 가장 능력 있는 전달을 한다 하더라도, 만일 성령이 그의 일을 하시지 않으면, 우리의 메시지는 실패로 돌아가게 된다. 그러나 그의 신실하심을 알고 그의 강력한 능력을 믿으면, 우리는 하나님의 말씀이 헛되이 돌아오지 아니하고 그의 뜻을 이룰 것임을 확신하게 된다(사 55:11).

몇 년 전 나는 남 인도의 트리반드럼(Trivandrum) 시에 있는 대학교 학생들을 상대로 선교 사역을 지도하고 있었다. 어느 날 아침 한 젊은 의과 대학생이 나를 보러 왔다. 그는 대단히 진지한 태도로 말했다, "나는 하나님이 있다고 믿기가 어렵습니다. 내게 하나님의 존재를 증명해 주실 수 있겠습니까?"

그래서 나는 한두 시간 동안 그에게 하나님의 존재에 대한 모든 이성적인 논증들—우주적인 논증, 신학적 논증, 도덕적 논증, 그리고 인류학적 논증—을 제시해 주었다. 그러나 긴 토론 후에도 그는 여전히 확신하지 못했다. 그러나 그는 저녁 예배에 와서 하나님의 말씀을 들을 것을 약속했다.

이틀쯤 지난 후, 내가 교회로 막 들어가려고 할 때, 목사님이 나에게 그 젊은 의학도가 쓴 쪽지를 건네 주었다. 거기에 그는 이렇게 갈겨 썼다: "나는 당신이 말씀하신 것에 어떤 진리가 있다고 생각합니다. 제발 나를 위해서 기도해 주십시오." 그 다음날 저녁 내가 메시지를 마치고 회중이 흩어지고 나서, 나는 이 젊은이가 손에 얼굴을 파묻은 채, 교회에 여전히 앉아 있는 것을 목격했다. 그는 울고 있는 것 같아 보였다. 그래서 나는 그의 곁으로 가서 앉았다. "무엇이 문제인가요?" 나는 물었다.

"선교사님," 그는 대답했다. "나는 굉장한 죄인입니다, 나를 위해서 기도해 주십시오." 나는 내가 알고 있는 모든 방법으로 최선을 다하여 그를 위해 기도했으며, 성경 말씀으로 상담했다. 마침내 그는 간단한 기도를 드렸으며, 우리는 우리 가운데 하나님의 임재를 아주 분명하게 느꼈다. 갑자기 그는 얼굴에 미소를 지으며 나를 쳐다보더니, 내 손을 꽉 잡고 말했다, "이제야 나는 하나님이 계시다는 것을 알았습니다. 그가 내 마음 안에 계십니다!"

나는 성령의 은혜로운 역사를 깨달았다. 어떠한 이성과 논쟁으로도 할 수 없는 것을, 그는 그의 말씀을 통해서 이룩하셨다. 그는 이 젊은이가 죄를 깨달을 수 있게 했으며, 그를 회심시켜서 영적인 사망에서 영적인 생명으로 옮기셨다. 오직 성령만이 이러한 역할을 할 수 있는 것이다.

우리는 복음의 효과적인 전달자로서 성령을 믿고 의지해야 할 뿐 아니라, 또한 성령으로 충만해야만 한다. 예수는 그의 제자들에게 말씀하셨다: "오직 성령이 너희에게 임하시면 너희가 권능을 받고…내 증인이 되리라"(행 1:8). 그는 또한 그들에게 분명하게 명하셨다: "너희는 위로부터 능력을 입히울 때까지 이 성에 유하라"(눅 24:49).

신약 성경을 통하여 그려진 선이 있는데, 그 선은 오순절에서 나누어진다. 그 선의 한쪽 면에서 우리는 영적 무능, 도덕적 실책, 부인, 패배를 발견한다. 이 모두는 기독인다운 모습을 나타내지 못한다. 예루살렘의 다락방에서 적은 그룹의 제자들이 함께 모여 있는 것을 상상해 보라. 만일 그들이 뒤돌아 본다면, 온통 공포와 비극으로 점철된 십자가상의 처형(處刑)만이 있었을 것이다. 수치가 되살아났다. 만일 그들이 앞을 바라본다면, 그들에게는 온 세계로 가서 모든 족속에게 복음을 전하라는 엄청난 임무가 있었다. 그들에게 메시지가 있었지만, 그것을 선포할 담력은 없었다. 그들이 만일 안쪽을 들여다본다면, 실망과 실패가 있었다. 두려움이 잠재해 있었고, 시기가 곪았으며, 의심에 휩쓸렸으며, 겁이 마치 목 둘레에 있는 맷돌처럼 짓눌렀다.

그러나 이러한 모든 것 가운데서, 두 가지 사실이 그들을 확고하게 붙잡아 주었다. 하나는 사건이었고, 또 하나는 약속이었다. 첫째로, 부활의 사실이 있었다. 처음에는 이것이 쉽게 믿어지지 않았지만, 이제 그들은 그 사실을 확신한 것이다. 그들의 주님은 살아나신 것이다! 그런 후에, "너희는 몇 날이 못되어 성령으로 세례를 받으리라"(행 1:5)는 약속이 있었다. 주님은 그의 말씀을 주셨으며; 그는 결코 그 말씀을 어기지 않으신다.

오순절 날에 그 약속은 성취되었으며, 성경의 기록은 "저희가 다 성령의 충만함을 받고"(2:4)라고 말해 주고 있다. 이제 우리는 무엇을 발견하는가? 그 선의 이쪽 면에는 영적 능력, 도덕적 확신, 구속적 공격의 능력, 영적 전달—전부가 좋은 증거이다. 비굴한 자는 정복자가 되며; 겁쟁이는 용맹스러워지며; 우유부단한 자는 활력 있게 되며; 약한 자는 강하게 된다. 이 모두는 너무나도 진실한 기독인의 모습을 나타낸다.

사도행전은 어떻게 성령의 능력이 초대 제자들로 하여금 효과적인 말씀의 전달자들이 될 수 있게 하였는지 종종 묘사한다. 다음의 구절들을 주목하라:

저희가 다 성령의 충만함을 받고 성령이 말하게 하심을 따라 다른 방언으로 말하기를 시작하니라(2:4).

이에 베드로가 성령이 충만하여 가로되...(4:8).

무리가 다 성령이 충만하여 담대히 하나님의 말씀을 전하니라...사도들이 큰 권능으로 주 예수의 부활을 증거하니(4:31, 33절).

바울이라고 하는 사울이 성령이 충만하여 그를 주목하고 가로되...(13:9-10).

현대의 복음 전달자로서 우리는 우리의 삶 가운데서 성령의 충만과 능력을 얼마나 필요로 하는가! 오순절은 영적인 사치가 아니다; 그것은 기독인의 봉사를 위한 전적인 필수품이다; 그것은 장식품이 아니라, 필수적인 장비이다; 우리 뜻대로 취할 수 있거나 버릴 수 있는 어떤 것이 아니라, 필수물이다. 선택의 여지가 없다: 오순절이 아니면 실패인 것이다. 왜냐하면 인간의 영은 성령이 채우시지 않으면 실패하기 때문이다.

8

복음 전달에 대한 장애 극복

몇 년 전 나는 대학생 사중창단의 일원으로 세계 전도 여행을 하였다. 우리는 넉 달 간의 일정으로 남아프리카의 케이프타운(Cape Town)에 막 도착했다. 환영식에서 우리를 소개한 교회 지도자가 말하기를, "친구들이여, 나는 이 젊은이들을 영국의 사우스햄턴(Southampton)에서 온 배에서 내려 바로 몇 시간 전에 만났으므로 이들을 잘 모릅니다. 그러나 내가 한 가지 이들에 대하여 확실하게 말할 수 있는 것은 내가 지금까지 만났던 사람들 중에서 가장 못생긴(homely) 친구들이라는 것입니다."

우리 네 명은 놀라서 서로 쳐다보았다. 우리가 잘생기지 않았다는 것은 알았지만, 누가 우리를 이렇게 공개적으로 발표하는 것은 달갑게 여겨지지 않았다! 그러나, 후에 우리는 그 소개자가 우리를 높이 칭찬했다는 사실을 알게 되었다. 남아프리카의 백인들 사이에서 homely라는 단어는 "다정하고, 편안하고, 친하기 쉽다"는 것을 의미한다. 문제가 된 것은 말하는 사람과 듣는 사람 사이에 이해가 달랐다는 것이다. 그래서 칭찬이 모욕이 되었던 것이다.

위의 언급한 사건에서 결과는 유머러스한 것이었다. 그러나 영원한 영적 진리를 전달하는 과정에서 오해가 일어날 때 그 결과는 매우 심각할 수 있다. 우리가 이해하는 것보다는 자주, 우리가 전하려고 하는 메시지가 원래 메시지와는 안타까울 정도로 상관 없는 만화처럼 되거나 듣는 자에게 전혀 무의미한 것이 될 수도 있다.

표면상으로, 복음 전달은 매우 간단한 과정인 것 같다. 그것은 세 가지 필수적 요인들만을 포함한다:

(1) 근원 (전달자)

(2) 메시지 (전달되는 내용의 실제 형태)

(3) 수용자 (듣는 자)

세 가지 모든 성분들은 필수적이다. 왜냐하면 복음 전달의 근원이 없이는 메시지가 있을 수 없고, 누군가가 그 메시지를 받지 않으면 복음 전달이 되지 않기 때문이다.

그러나 실제 실행에 있어서 복음 전달은 본질상 매우 복잡할 수 있다. 왜냐하면 복음 전달은 두 가지 조건들을 전제로 하기 때문이다:

(1) 근원은 의도를 가지고 있다(전달자는 마음 속에 전달하려고 하는 중요한 내용을 가지고 있다).

(2) 수용자로부터 반응이 있다(실제적으로나 개념적으로). 문제는 설교자가 의도한 뜻(encoding)과 듣는 자가 내린 해석(decoding) 사이에 차이가 생길 때 일어난다.

그러므로 우리가 효과적인 복음 전달에 대한 주된 장애들을 이해하고 또 장애들을 극복하는 방법을 발견하는 것이 필수적이다. 이러한 장애들은 언어적, 문화적, 또는 종교적인 것들일 것이다.

1. 언어 장애를 극복하라

A. 구두(verbal) 전달

언어 구조, 생각의 형태, 어휘, 관용어, 함축, 그리고 단어의 뜻에서 차이점들 때문에 메시지를 전달할 때 문제들이 발생한다. 다른 나라에서 통역을 통하여 설교를 시도해 본 사람은 틀림없이 잠재적인 어려움들을 경험했을 것이다. 일본에서 설교하는 미국인 전도자가 청중에게 말했다, "친구들이여, 나는 오늘 여러분에게 짧은 단어 '아이'(I)에 대해서 말씀드리기를 원합니다"(분명히 그는 포기되지 않은 자아에 대하여 말하려고 했다). 그러나 짧은 영어 단어 'I'는 일본어로 사음절 단어인 "와타쿠시"(Watakushi)로 통역되었다. 아프리카에서 설교하고 있던 다른 미국인 전도자는 설교 서두에서 네 가지 쉽(ship)에 대하여 설교하겠다고 하였다. 통역자는 그것을 "배"(ship) 또는 "보트"에 해당하는 말을 사용하면서 문자적으로 통역하였다. 그런 다음에 설교자는 "네 가지 쉽"—relationship(관계), fellowship(친교), partnership(협력), 그리고 stewardship(청지기직)—에 대하여 설교하였다. 물론 통역자가 이러한 단어들을 아프리카어로 통역하였을 때, 그 단어들 중의 어느 것도 "쉽"(ship)으로 끝난 것은 없었다.

관용어는 번역하기 어렵다. 일본에서 어느 강사가 설교 중 "그는 너무나 기뻐서 죽을 지경이었다"(He was tickled to death)는 표현을 사용했다. 통역자는 이러한 영어 관용어에 익숙하지 않아서 그것을 문자 그대로 "그는 죽을 때까지 긁혔다"(He was scratched until he died)고 통역했다. 두운(頭韻)의 사용도 문제가 될 수 있다. 왜냐하면 한 언어에서 같은 글자로 운이 맞거나 시작되는 단어들이 다른 언어에서는 반드시 그렇지 않을 수도 있기 때문이다.

우리가 영어로 사용하는 설교 개요와 형태 가운데는 북인도어, 스와힐리(Swahili)어, 한국어 또는 기타 언어들로는 효과적으로 사용될 수 없는 것도 있다. 내가 좋아하는 선교 설교 중 하나는 "중대한 생략"(The Great Omission)이란 제목이다. 그 주된 개념은 commission(임무)에서 c를 빼면 omission(생략)이 된다는 것이다. 그러면 그 c는 무엇을 나타내는가?

  ⑴ 모든 사람들이 길을 잃었기에 구세주를 필요로 한다는 우리의 확신(conviction);

  ⑵ 사람들의 영적인 필요를 위한 우리의 관심(concern); 그리고

  ⑶ 우리의 사람과 금전에 대한 헌신(consecration).

우리가 이 세 가지 요소를 잃을 때, 위대한 임무는 중대한 생략이 된다. 그것은 설교를 외우기 쉽게 하기 위한 개요이지만, 그것은 영어의 특성에 기초한 것이기에, 다른 언어로 번역할 때는 그 효력을 잃어버린다. 그러므로 우리는 멋진 영어 개요들을 제쳐놓고 우리가 복음을 전달하려고 하는 언어의 특성을 기초로 하는 전적으로 새로운 개요들을 개발해야 한다.

때로는 단어의 함축에 차이점이 있기 때문에 메시지의 의도와 메시지의 해석 사이에 차이가 있다. 똑같은 단어나 구절이라도 설교자와 듣는 자에게 완전히 다른 뜻을 줄 수도 있다. 필리핀에 있는 선교사가 "사단아, 내 뒤로 물러서라"(Get thee behind me, Satan)는 제목으로 설교하고 있었다. 그러나 그는 "getting behind"란 말을 "나를 따르고 나의 협조자가 되어라"(follow me and be my helper)는 뜻으로 사용하였다.[1] "그 죄를 가리우심을 받는 자"(롬 4:7)란 구절이 필리핀의 민다나오(Mindanao)의 힐리게이논(Hiligaynon)어로 문자 그대로 번역되었을 때, 그것은 의도했던 죄사함의 의미를 뜻하는 것이 아니라, 단순히 그 죄들이 하나님의 시야로부터 숨겨진 것을 의미했다.[2] 요한일서 기자는 말한다. "누가 이 세상 재물을 가지고 형제의 궁핍함을 보고도 도와 줄 마음을 막으면 하나님의 사랑이 어찌 그 속

---

1 Eugene Nida, *Customs and Culture* (New York: Harper, 1954), p. 216.
2 Ibid.

에 거할까 보냐?"(요일 3:17) 그러나 남부 멕시코의 촐(Chol)어로는 "close up his bowels"(도와줄 마음을 막으면)이란 구절은 변비에 걸리게 되었다는 것을 의미한다. 번역자가 개역 성경판에서 보는 "Close up his heart"를 번역하려고 했을 때, 그것은 "간질병 발작을 하다"는 의미의 촐어의 관용어라는 것을 발견했다. 마침내 그들은 저자의 원래의 의미를 전달하는, "그는 그에게 아무 것도 주지 않았다"로 번역하였다.[3]

수용자에게 맞도록 복음 전달을 적응할 때, 그 과정에서 메시지의 내용을 잃게 되지 않을까 하는 두려움이 있는데, 이것은 합당한 염려이다. 적합하지 않은 형태를 사용함으로 메시지를 본래의 의미와 전혀 다르게 바꿀 수도 있다. 진리와 복음 주장들의 **타협**은 진실된 적응이 아니다. 적응이란 듣는 사람에게 의미가 정확하게 그리고 알아듣기 쉽게 하기 위해서 사람들의 배경에 맞춘 메시지의 **조절**인 것이다.

더 심각한 문제는 사람들이 사용하는 언어가 회개, 믿음, 사랑, 죄, 구원, 성화같은 복음의 기본적 개념을 전달하는 단어들을 가지고 있지 않을 때 일어난다. 남미의 콜럼비아에 있는 모틸론(Motilone) 원시 종족의 언어에는 "죄"라는 단어가 없다. 그 곳에서는 거짓말, 도둑질, 살인 등과 같이 구체적인 악행을 지적해야 한다. "사랑"을 표현하기 위한 유일한 방법은 "내 배는 당신을 몹시 원한다—나는 당신을 먹고 싶다"라고 말하는 것이다. "회심"은 "마귀의 발자국을 떠나 하나님의 발자국에서 시작하는 것"으로 표현된다. "믿음," "믿는다"는 "하나님 위로 걷다"로 번역되는데, 이것은 모틸론족이 개천을 건널 때 미끄러운 통나무 다리 위로 걸어야 하는 "믿음"을 잘 묘사하기 때문이다. 모틸론족이 기독인이 될 때 "그는 새로운 언어를 얻는다"; "그는 예수가 그 입에서 말하게 한다." 이것은

---

3 Ibid., p. 217.

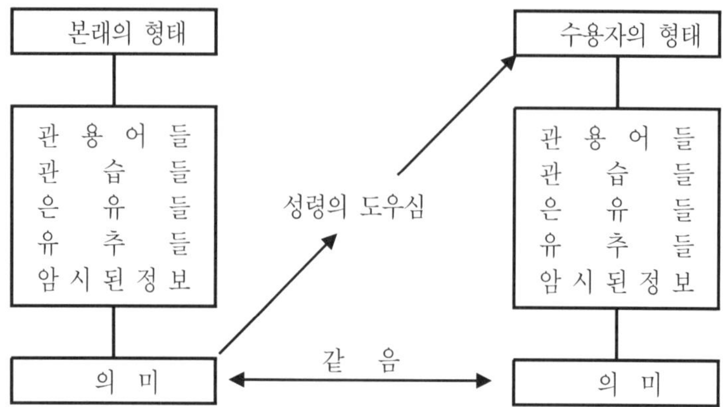

[그림 1] 원래의 근거가 되는 메시지는 성경의 언어 형태로부터 걸러지고 그 다음
의미가 똑같이 전달되도록 수용자의 언어 형태로 여과되어져야 한다.

그가 새로운 생명을 얻었다는 것을 의미한다.

서아프리카의 말리(Mali)에 있는 도곤(Dogon) 부족의 언어에는 양심이라는 단어가 없다. 선교사들은 **마음-지식**이라는 복합 단어를 만들어 냈다. "사랑"이라는 단어가 없기에 요한복음 3장 16절은, "당신은 하나님에게 중요하다. 그래서 하나님은 그의 아들을 주셨다"로 번역해야만 했다. 파푸아 뉴기니의 우사루파(Usarufa) 산족은 "사랑"의 명사형을 가지고 있지 않다. 그들은 동사 형태만 가지고 있는데, 그것은 항상 목적어를 취한다. 이것은 추상 명사가 전체적으로 사용된 위대한 사랑의 장인 고린도전서 13장을 번역할 때 문제가 된다. 번역자는 동사 형태를 사용해야 하고 "내가 사람의 방언과 천사의 말을 할지라도, 하나님과 또는 다른 사람들을 사랑하지 않으면, 나는 소리나는 구리와 울리는 꽹과리가 되고"와 같이 모든 경우 목적어가 무엇인지를 결정해야만 한다(그런데 우사루파족은 구리와 꽹과리가 없으므로 다른 어떤 것으로 대체되어야 한다).

"회개"는 정신, 의지, 마음의 변화를 포함하는 심오한 변화인데, 과테말라의 켁치(Kekchi)어로 번역하면, "그것은 내 마음을 아프게 한다"이다. 서아프리카 바올리(Baouli)에서는 그와 똑같은 개념이 "그것은 너무나 마음을 아프게 하므로 그만 두고 싶다"라고 표현된다. 남아프리카의 북부 소토(Sotho)어로는, "그것이 풀리게 된다"로 묘사된다. 남부 멕시코의 촐족은 "내 마음이 스스로 돌이킨다"라고 말한다. 이런 모든 적용에 있어서, 우리는 회개라는 주된 개념이 내포된 것을 쉽게 알 수 있는데, 결국 이것이 중요한 논쟁점이다.4)

"신앙"이란 중요한 단어는 많은 언어 가운데 있지 않으므로 적당한 구절로 묘사해야만 한다. 남부 멕시코의 젤탈(Tzeltal)어에서는 "신앙"을 "마음으로 하나님께 매달리는 것"이라고 말할 수 있는 반면, 파나마어인 발리엔테(Valiente)어로는 "하나님께 기댄다"라고 말해야 한다. 또 수단의 아누악(Anuaks)족은 신앙을 "자신을 하나님의 손에 놓는 것"이라고 말하며, 북쪽 근처의 우덕(Uduk)족은 신앙을 "하나님의 말씀을 사람들의 몸에 연결하는 것"이라고 말한다.

서아프리카의 밤바라(Bambara)족 가운데서 일하던 선교사는 "하나님이 우리를 구속하셨다"란 진리를 표현하는 데 큰 어려움을 느끼고 있었는데, 그의 아프리카 조수가 가장 잘 맞는 상당어(相當語)는 "하나님이 우리의 머리를 빼내셨다"라고 제안하였다.5) 선교사의 얼굴에 어리둥절한 표정을 보면서, 그 사람은 이 표현이 밤바라족의 마음에 여전히 생생한 노예 시절의 기억으로부터 왔다고 설명했다. 그는 목에 무거운 쇠고리를 하고 노예와 노예 사이를 쇠사슬로 연결시킨 채, 해변가를 따라 무거운

---

4 Eugene Nida, *Message and Mission* (New York: Harper, 1960), pp. 47-48.
5 Eugene Nida, *God's Word in Man's Language* (New York: Harper, 1952), pp. 13-14.

발걸음을 옮기는 채찍에 시달리는 남녀 노예들의 긴 행렬을 묘사했다. 때때로, 이런 저주받은 노예들의 행렬이 마을을 통과할 때, 마을 추장이 우연히 끌려가는 노예 중 친구를 보게 되면 그를 해방시켜 주기를 원했다. 이것은 그가 충분한 금, 은, 놋, 또는 상아를 아랍 상인에게 지불함으로 가능했다. 이렇게 그 친구를 해방시켜줌으로 그는 문자 그대로 "그의 머리를 쇠고리로부터 빼냈던" 것이다.

오늘 밤바라 선교사들은 예수 그리스도 안에 있는 하나님의 구속적 사랑에 대해서 말할 때, 귀를 기울이는 청중들에게 하나님은 사단의 채찍에 시달리며 죄와 자아의 노예로 있는 우리를 보셨다고 설명한다. 그래서 하나님은 우리의 구원의 대가를 치르기 위해 그 아들을 보내어 십자가 위에서 죽게 하셨다. 그리하여 그는 우리를 구속하셨다; 문자적으로, "그가 우리의 머리를 빼내셨다." 거기에서 그치지 않고 선교사들은 옛적에 해방된 노예가 진정한 감사에서 그의 나머지 삶을 그를 해방시켜 준 분을 자원하여 섬긴 것처럼, 우리도 예수 그리스도의 사랑의 노예들이 되어야 한다고 설명한다.

유진 나이다 박사는 그의 저서 『메시지와 선교』에서 아프리카의 나일 강 유역의 쉴룩(Shilluk)에서는 "용서"를 표현하는 유일한 방법은 문자 그대로 "하나님이 우리 앞에서 땅에 침을 뱉으셨다"라고 기술한다. 이 관용어는 어떤 사건이 재판을 받은 후, 형벌이 할당되고, 벌금이 지불되면, 서로의 앞에서 원고와 피고가 땅에 침을 뱉았던 관례로부터 유래한다. 이 침뱉기는 사건이 종결되고, 모든 것이 용서되었으며, 고소가 다시는 법정에 상정될 수 없다는 것을 상징한다.6)

이 모든 것은 우리가 이미 지적한 점, 곧, 기독교 전도자가 섬기려는

---

6 Nida, *Message and Mission*, p. 194.

민족어에 정통하는 것이 얼마나 중요한 것인가를 재강조하는 것이다. 각 언어는 하나님의 말씀을 인간의 어휘로 전달하는 매체가 될 수 있는 고유의 특성을 지니고 있다. 우리는 하나님의 계시라는 진리를 더 효과적으로 전달하기 위하여 어느 특정 언어의 모든 관용구, 사고 형태, 그리고 묘사력을 최대로 사용해야 한다.

각 언어는 그 특유의 두운과 시적으로 아름다움을 지닌 형태를 가지고 있다. 나는 인도에서 한 전도자가 힌두어로 사용했던 설교 개요를 결코 잊지 못할 것이다. 그의 두 가지 주된 요점은 다음과 같다:

⑴ Ao - Lo (와서 가지고 가라)

⑵ Jao - Do (가서 주라)

그가 강조한 이 두 가지 요소는 기독인 생활에서 주된 특성이다. 4개의 단어들은 귀를 즐겁게 해 주며(음조가 좋은) 기억하기 쉬운 음율적이고 시적인 절이다.

나는 인도에서 몇 번 "우리가 이같이 큰 구원을 등한히 여기면 어찌 피하리요?"(히 2:3)라는 본문을 가지고 설교를 했다. 나는 이것이 왜 그렇게도 큰 구원인지 질문했다. 그리고 세 가지 이유를 제시했다. 카나타카(Karnataka) 주의 카나라어는 세 개의 간단한 단어에서 두음을 사용하는 놀라운 기회를 제공해 준다.

이것은 그 위대한

⑴ Bele - (댓가)

⑵ Bali - (희생)

⑶ Bala - (능력) 때문에 위대한 구원인 것이다.

이 메시지를 전한지 오랜 후에도, 사람들이 나를 만나면 그 설교를 나에게 상기시켜 주었다; 그들은 결코 그 세 개의 중요한 단어를 잊지 않았다!

어떤 언어이든 또 하나의 두드러진 특징은 풍요로운 속담과 격언이다.

내가 인도 선교사로서 세 번째와 마지막 인도어 시험 준비를 하고 있을 때, 많은 카나리스 격언들을 암송하지 않으면 안 되었던 것에 나는 항상 감사했다. 그것들은 영적 진리들을 설명할 때 매우 유용했다. "겉은 번드르 하지만, 속에는 벌레들이 있다"는 격언은 "사람은 외모를 보거니와 나 여호와는 중심을 보느니라"(삼상 16:7)는 사실을 강조하는데 크게 도움이 되었다. "돈에 대해 말하면 시체라도 입을 벌릴 것이다"는 사람들 가운데 탐욕이 만연한 것을 아주 잘 설명해 주었다. "선을 악으로 갚는 것은 마귀 같으며; 선을 선으로 갚는 것은 인간다우며; 악을 선으로 갚는 것은 하나님 같다"는 격언은 "너희 원수를 사랑하라"(마 5:44)는 그리스도의 가르침을 설명해 주는 데 적절했다.

B. 비구두(non-verbal) 전달

우리는 몸짓과 기호 형태의 비구두 전달의 중요성에 대해서 언급하지 않고는 언어적 적응에 대한 이 논의를 끝낼 수 없다. 같은 몸짓이라도 문화적 배경에 따라 사람들에게 의미가 다를 수 있고, 그 결과 전달자와 수용자 사이에 오해도 일으킬 수 있다.

인도에서 머리를 좌우로 흔드는 것은 부정적인 반응을 의미하는 것이 아니라, 긍정 혹은 동의를 의미한다.

남부 멕시코의 촐족에게는 웃음이 반드시 기쁜 감정을 나타내지 않는다. 촐족은 슬픈 소식을 들을 때 웃는 것이 관례이다. 그들은 처음으로 세례 요한의 목 베인 이야기를 들었을 때, 놀랍게도 그들은 갑자기 떠들썩하게 웃기 시작했다. 세례 요한이 너무 가엾어서 그들은 울지 않기 위해서 웃어야만 했다고 설명했! 7)

---

7 Nida, *Customs and Culture*, p. 4.

남미 콜럼비아에서 통역을 통하여 설교를 하고 있는 동안, 나는 나의 소년 시절에 대하여 예를 들기 원했다. 나는 시골 학교에 모인 젊은이들에게, "내 키가 이 정도 되었을 소년 시절에"라고 말하면서, 당시 내가 얼마나 컸는지 보여 주기 위하여 손바닥을 아래로 향한 채 손을 뻗쳤다. 이상하게도 학생들이 모두 웃었는데, 그 이유를 알 수 없었다. 예배 후 통역자가 그런 몸짓은 동물을 가리킬 때만 하는 것이라고 설명해 주었다. 인간을 가리킬 때는 손바닥을 청중을 향하게 한 채 손을 옆으로 돌렸어야 했다.

로데시아의 메타벨레(Metabele)족 가운데, 손바닥을 아래로 향하는 몸짓은 그 대상이 자랄 수 없다는 것을 의미하며; 손바닥을 위로 향하는 몸짓은 자라는 것이 멈추었다는 것을 의미하는 반면; 손가락을 오무린 채 손바닥을 위로하면 대상이 계속 자라고 있다는 것을 의미한다.

따라서 선교사는 그가 받아들인 언어의 구어(口語)의 의미 뿐 아니라, 비구두적인 몸짓과 상징의 의미도 배워야 한다; 그렇지 않으면 그는 곤혹스러운 실수를 할 수 있다.

언어의 차이는 복음 전달자들에게 분명히 많은 문제들을 일으킬 수 있지만, 언어의 숙달과 단어와 구절의 현명한 적용을 통하여 이러한 장애들이 극복되어 효과적인 복음 전달이 가능해 질 것이다.

2. 문화 장애를 극복하라

다양한 풍습, 생활 방식, 태도, 관습 등으로부터 발생하는 문화적 차이는 늘 복음 전달의 장애가 되고 있다.

서아프리카 밤바라족은 모세가 장인 이드로에게 애굽으로 돌아가겠다는 결정을 알렸을 때, 모세의 명백한 무례를 이해할 수 없다(출 4:18). 밤바라족은 먼저 장인 장모의 허락을 구하지 않고 떠난다는 것은 생각조차 못한다. 마찬가지로 리베리아의 펠레(Kpelle)족은 예수가 예루살렘으로 승리의 입성을 할 때, 사람들이 길에 종려나무 가지를 놓았다는 기록에 충격을 받는다(마 21:8). 리베리아 고관이 마을에 올 때 펠레족은 모든 나뭇가지와 잎을 깨끗이 치워놓아야 한다.[8]

신명기 8장 5절의 말씀—"사람이 그 아들을 징계함 같이 네 하나님 여호와께서 너를 징계하신다"—은 아프리카의 많은 부족들이 이해하기 어려워한다; 왜냐하면 그들 사회에서는 어떤 가정의 자녀들을 훈련시키는 사람은 아버지가 아니라 외삼촌이기 때문이다.

뉴기니의 우사루파족에게 에덴 동산에서 아담에게 내린 하나님의 심판의 말씀—"네가 얼굴에 땀이 흘러야 식물을 먹으리라"(창 3:19)—은 징벌이 아니고 일종의 희망 사항으로 여겨진다. 땀은 우사루파 남자들에게 아름답고 남성적인 것이다. 그들은 낮에 찜질을 하면서 시간을 보내는데, 그래야 그들의 몸이 검은 매연과 함께 뒤범벅이 된 땀방울로 빛날 것이기 때문이다.

문화적 차이는 문화적으로 대등한 것들을 효과적으로 사용함으로 가급적 많이 축소시켜야 한다. 이것은 성경에서 사용되는 많은 직유와 유추에서 특히 그렇다. 뉴기니의 산족들에게 떡과 같은 것은 없다. 그들은 "떡"이란 단어를 가지고 있지 않다. 이 사람들의 주식은 언제나 하루에 세 번 먹는 고구마이다. 그래서 "내가 곧 생명의 떡이로라"(요 6:48)는 예수의 말씀은 "내가 곧 생명의 고구마라"로 번역된다. 물론 이렇게 할 때 예수의 말씀의 진의를 전달하는 것이며, 뉴기니 사람들도 이해가 된다. 이와 마찬가지로, "손에 쟁기를 잡고 뒤를 돌아보는 자는 하나님의 나라에 합당치 아니하니라"(눅 9:62)는 예수의 말씀에서도 "쟁기"라는 단어는 "괭

---

8 Nida, *Message and Mission*, p. 220.

이"라는 말로 바꿔야만 한다. 왜냐하면 이 고산족들은 쟁기를 본 적이 결코 없기 때문이다. 그들은 밭갈이로 투박한 괭이를 사용한다.

아프리카 바룬디(Barundi)족은 "멍에"가 무엇인지 전혀 모르므로, "나의 멍에를 메고 내게 배우라"(마 11:29)는 예수의 말씀이 그들에게는 아무 의미도 없다. 성경 번역가들은 바나나 껍질에서 만든 도넛 모양의 물건으로 무거운 짐을 운반하기 위해서 머리에 올려놓는 인가타(ingata)란 말로 대치해야만 했다.

우리 서양인들은 인성의 감정적 측면을 "마음"이라고 말한다. 젊은 남자는 여자 친구에게 "나의 온 **마음**을 다하여 당신을 사랑합니다"라고 말한다. 그러나 이것은 결코 세계적인 관습이 아니다. 어떤 지역에서 젊은 남자는 "나는 나의 온 **배**를 다하여 당신을 사랑합니다," "나의 온 **간**을 다하여"라고 말해야 한다. 아프리카의 많은 언어에서, 요한복음 14장 1절 말씀이, "너희는 **간**에 근심하지 말라"로 번역된다. 뉴기니의 우사루파족은 신체의 다른 부분에서 각각 다른 감정이 생긴다고 한다. 두려움은 귓속에서 나오며 ("내 귀가 타고 있다"); 슬픔은 간 속에서 ("나의 간이 물에 잠겨가고 있다"); 화는 장 속에서("내 장이 나쁘다"); 그리고 행복은 간 속에서 나온다 ("오늘은 내 간이 좋다"). 만족을 표시할 때 그들은 "내 배가 춤추고 있다"라고 하는 반면, "나의 어깨가 불타고 있다"는 표현은 "싫증이 난다"는 관용어의 의미이다. 우사루파에게 믿음은 점진적이다— "내 귀가 듣고," "내 장이 듣고," 그리고 마지막으로 "나는 간으로부터 듣는다"(이것이 진정한 믿음이다).[9]

가치 체계, 생활 방식, 그리고 태도의 차이 때문에 우리에게는 아주 의미 있는 성경 부분들을 다른 문화의 사람들은 이해하기 어려워한다. 예수

---

9 우사루파족을 위한 위글리프 선교사였던 Darlene Bee 박사가 직접 들려 준 내용임.

가 말씀하신 탕자의 비유는 우리가 좋아하는 이야기이며 확실히 설교를 위한 훌륭한 주제이다. 그러나 우사루파족에게 그 비유는 문제를 야기시킨다. 그들의 문화에서는 아들이 상속을 요청하지 않는다. 더욱이 아들이 재산을 상속받았다 하더라도, 우사루파 젊은이는 도망가서 방탕한 삶에 돈을 낭비할 곳이 없다.

인도의 정통 힌두교도에게 그 비유는 끝 부분을 제외하고는 매우 흥미롭다. 힌두교도들은 소를 신성한 것으로 간주하므로, 방탕한 아들의 귀환을 축하해서 "살진 송아지"를 죽이는 것은 불쾌한 일이다. 즐거운 잔치를 위하여 인도의 요리로 쉽게 대체함으로 그 비유를 비극적인 실망 대신 아름다운 절정으로 만들 수 있다.

탄자니아의 자나키(Zanaki)족 가운데서는 도둑만이 문을 두드린다. 그들은 한밤 중 어떤 집에 접근하며, 문을 두드리고는, 수풀 가운데 숨어서 집안의 동정(動靜)을 지켜본다. 만약 사람들이 집에 있으면, 그들은 어둠 속으로 줄행랑을 치고, 반응이 없으면, 도둑들은 집을 턴다. 정직한 사람이라면 집 밖에 서서 안에 있는 사람들의 이름을 부를 것이다. 그러므로 요한계시록 3장 20절 말씀은, "보라 내가 문 밖에 서서 부르노니"(두드리노니가 아니고)로 번역되어야 한다; 그렇지 않으면 자나키족은 예수를 도둑으로 간주하게 될 것이다.10)

한 족속의 문화적 양식에 기독교의 메시지를 적용함으로써 선교사는 효과적인 복음 전달을 이룰 수 있다. 이 과정에서 성경적 메시지의 핵심적 내용을 변경하는 것이 아니고, 이 메시지를 문화적으로 적절한 구두 형식으로 표현하는 것이다. 우리에게는 복음의 내용을 변화시킬 권리가 전혀 없다—그것은 우리의 믿음을 저버리는 것이 된다. 그러나 우리는 같은 내

---

10 Nida, *Customs and Culture*, p. 221.

용을 메시지를 듣는 자들이 이해하기 쉬운 문화적으로 의미 있는 형태로 적응시킬 의무가 있다. 사실 문화적 차이로 인해, 메시지의 내용을 유지하려면 메시지의 형태가 달라야만 할 때가 있다.

우유는 다양한 용기(容器)에 담을 수 있다. 양철 캔, 유리병, 종이팩, 또는 플라스틱 병에 담을 수 있다. 우유가 시거나 물로 희석되지 않은 순수한 우유이기만 하다면, 용기의 형태는 그리 중요하지가 않다. 용기가 중요한 상품이 될 수 있는 조건은 구매자가 특별한 형태의 용기를 개인적으로 강하게 선호할 때 뿐이다. 그는 양철 캔 속에 든 우유를 거부하고 종이팩에 든 것을 선호할 수 있다. 이와 같은 방식으로, 기독교 전달자는 복음의 내용을 희석할 권리는 전혀 없지만, 두 말할 필요도 없이 듣는 자에게 의미 있는 형태로 복음을 제시해야 한다.

우리가 한 언어의 단어만 고려하고 문화적인 함축을 고려하지 않을 때 어떤 일이 발생하는가? 그러한 과정의 결과는 한 언어를 다른 언어로 번역하기 위해 전자 컴퓨터로 실험하고 있던 한 그룹의 언어학자들에게 분명해졌다. "마음에는 원이로되 육신이 약하도다"(마 26:41)는 문장이 컴퓨터로 입력되어 러시아어로 번역되었고, 다시 영어로 번역되어 나왔다. 그 문장은 "술은 좋지만, 고기는 썩었다"로 번역되었다. 똑같은 과정이 "메리는 젊은 프랭크의 마음을 들뜨게 했다"라는 표현에서도 일어났다; 그것은 "메리는 소년 범죄로 교수형에 처해졌다"로 번역되었다. "생명, 자유, 그리고 행복의 추구"가 일본어를 통하여 영어로 다시 번역되었다. 그 결과 "관능적인 쾌락을 범할 수 있는 허가"이었다. "만나지 않으면 마음조차 멀어진다"가 일본어를 통해 다시 영어로 번역되었을 때, "눈에 보이지 않는, 미친"으로 나왔다. 복음 전달자들은 선포하고자 하는 영적 진리가 듣는 자들의 언어 구조, 문화적 형태, 그리고 인생의 경험에 적합한 방법으로 생각할 수 있는 컴퓨터화된 마음 속으로 공급된다는 사실을 결코 잊어서는 안 된다.

효과적인 복음 전달은 말하는 자가 의도한 의미와 듣는 자가 해석한 의미가 [그림 2]에서 보는 것처럼 동등할 때 이루어진다.

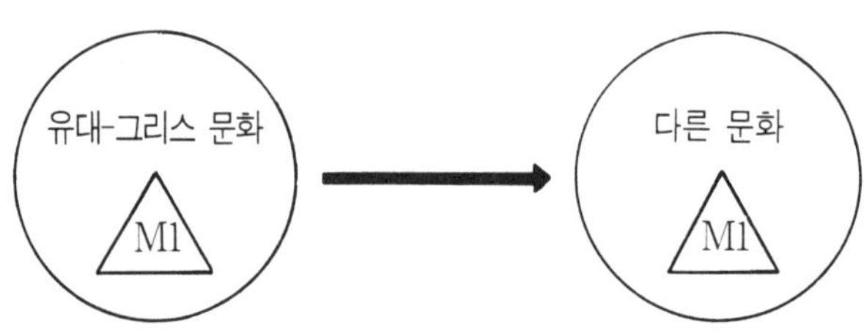

[그림 2] 효과적인 복음 전달 (M은 "메시지"를 뜻함.)

이것은 이상적이나, 보이는 것처럼 그렇게 쉽지 않다. 왜냐하면 성경의 메시지는 유대-그리스 문화 형태로 우리에게 주어지고, 다음에 우리의 유럽과 미국 문화로 바뀌고, 마지막으로 수용자들이 소속된 전적으로 다른 문화와 마주치게 되기 때문이다. 우리는 메시지를 정확하게 해석하기 위하여 성경적 계시라는 문화적 배경을 이해하여야 한다. 그 후 우리는 조심스럽게 핵심적 복음과 우리 자신의 문화적 돌출 부분을 분리하여, 그 진리를 듣는 자가 이해할 수 있는 형태로 만들어야 한다. 때때로 우리가 전하는 복음은 많은 서양의 문화가 덧붙여졌거나, 비기독인이 받아들인 복음은 그 문화의 비기독교적인 특징들로 오염된다. 그래서 그 결과는 그림 3에 도해되어 있는 상황과 같아진다. 이러한 비극을 피하기 위하여 우리의 모든 복음 전달에 있어서 성령의 인도를 필요로 하며, 우리의 메시지를 받는 사람들도 복음의 문화적 표현에서 성령의 인도하심을 필요로 한다.

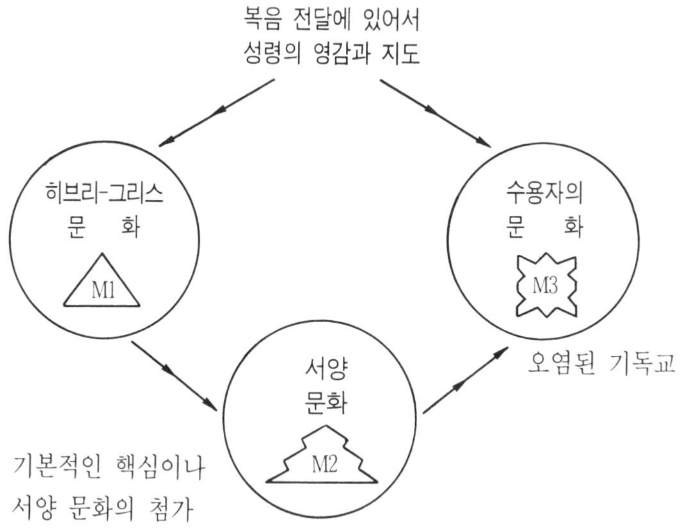

[그림 3] 잘못된 복음 전달과 구제책

A. 복음의 문화적 적응

모든 문화는 복음 전달을 위하여 효과적인 도구가 될 수 있는 어떤 특징을 가지고 있다. 기독교 전도자는 끊임없이 이것을 찾아야 한다. 예를 들면, 멕시코의 발리엔테어에서 "성결"이라는 어려운 용어는 "빨고 깨끗이 보관한다"란 구절로 표현되는데, 이것은 옷을 정글의 시냇물에 빨아서 깨끗한 옷을 위해 마련된 특별한 바구니에 넣어 두는 인디안 여성의 관습에서부터 나왔다.11) 이 표현은 하나님의 성결의 은혜에 대한 위

---

11 Nida, *Message and Mission*, p. 180.

기와 과정의 양상을 아름답게 묘사한 것이다.

아르헨티나의 토바(Toba)인은 사회 구조가 개인이 소유권을 갖는 관습이라기 보다는 오히려 "나누어 주는" 관습에 근거하는 반(半)유목민이다. 모든 토바인은 친척과 이웃들과 더불어 거의 모든 것을 나누어 주어야 할 의무를 느낀다. 그래서 선교사들은 "나누어 준다"는 견지에서 복음을 전하기로 결정했다. 하나님은 세상을 그토록 사랑하셔서 인간들에게 그의 아들을 나누어 주셨다. 그 아들은 가르침, 힘, 심지어 그의 생명까지 모든 사람들에게 나누어 주셨으며, 그들을 위해 죽으셨을 뿐 아니라, 그의 영도 그들에게 나누어 주셨다. 그리스도를 믿는 모든 사람들은 그의 삶과 성품을 나누어 가지며, 그리하여 하나님의 족속에 속한다. 이 생명을 받아들인 모든 사람들은 이 새로운 믿음의 교제 가운데서 서로를 나누어야 한다. 이런 설교의 결과, 오늘 많은 토바인이 그리스도의 제자들이 되었다.12)

속죄의 교리도 사람에 따라 다른 방법으로 제시될 수 있다—십자가라는 전체 메시지에서 사람들의 생활에 관련된 직접적인 상황 안에서 문화적으로 의미 있는 특성을 선택함으로 말이다. 의와 불의 사이에 끊임없는 투쟁을 굳게 믿는 조로아스터교인들에게, 속죄는 그리스도와 사단 사이의 **큰 투쟁**—십자가와 빈 무덤을 통하여 그리스도가 사단과 죽음을 이기고 승리를 얻은 투쟁—의 관점에서 잘 묘사될 수 있다. 하나님의 주권을 강조하는 회교도들에게도 같은 접근법을 사용할 수 있다. 신들이나 영들에게 동물을 제물로 드리는 많은 부족에게 그리스도가 우리의 죄를 담당하고 희생의 대속물로 죽은 "하나님의 어린양"으로 제시될 수 있다. 어떤 문화에서는 **중재**(仲裁)의 관습이 평범한 일상의 일이다. 소박하고 무식한 시골

---

12 Ibid.

사람은 자신이 유명한 공직자와 직접 접근한다는 것은 생각도 못한다. 그는 항상 그의 사건을 변호해 줄 영향력과 능력 있는 중재자를 찾을 것이다. 그런 사람들에게 "하나님은 한 분이시요 또 하나님과 사람 사이에 중보도 한 분이시니 곧, 사람이신 그리스도 예수라. 그가 모든 사람을 위하여 자기를 속전으로 주셨으니"(딤전 2:5-6)를 상기시킬 수 있을 것이다. 그리스도를 통하여 우리 모두는 **아버지**에게 접근할 수 있다. 항구적 **빚**의 짐을 지고 살며 무도한 고리 대금업자에 좌우되는 곳에서 십자가와 부활을 통하여 그리스도가 우리의 죄의 **빚**을 **지불**하여, 우리를 자유케 하셨다는 것은 기쁜 소식이 아닐 수 없다. 예수는 "우리에게 모든 죄를 사하시고 우리를 거스리고 우리를 대적하는 의문에 쓴 증서를 도말하시고...십자가에 못박으셨다"(골 2:13-14). 수많은 사람들을 갈라놓고 소외시키는 비극적인 갈등을 예리하게 느끼고 있는 사람들에게 **화목**의 관점에서 속죄를 제시하는 것은 의미가 크다. 왜냐하면 이런 방법으로 그들은 하나님이 어떻게 그리스도 안에서 "세상을 자기와 화목하게"(고후 5:19) 하셨는가를 손쉽게 이해할 수 있기 때문이다.

영적 진리를 문화적 양식에 적용하여 복음을 전한 가장 훌륭한 실례는 선교사 돈 리차드슨(Don Richardson)의 흥미진진한 저서인 『평화의 아이』(Peace Child)에서 서술한 이리안 자야의 사위(Sawi)족 이야기이리라. 리차드슨은 이 석기 시대 부족의 문화를 연구하면서 배반을 미덕과 인생의 목표로 이상화한 사람들을 발견하였다. 그들은 잔인할 뿐만 아니라 잔인성을 공경하였다. 그들의 지고(至高)의 쾌락은 타인의 비참과 절망이었다. 그들은 그들 지역을 무심하게 헤매는 다른 부족의 외로운 전사를 갑자기 덤벼들어 살해하는 공공연한 살해 같은 것으로는 만족하지 않았다. 그들은 반역이라는 복잡 미묘한 방식을 택하며, 조심스럽게 그리고 기교적으로 얼마 동안 실행하였다. 그들은 의도된 희생자를 칭찬과 선물로 가정 잔치에 빈번히 초대하여 조금씩 신뢰를 얻는다. 마침내 어느 날, 그 의심하지 않는 전사가 즐겁게 먹고 웃는 동안, 사위인들은 돌도끼와 돌창으로 그를 갑자기 내려치고, 환희로 외치면서 그를 학살한다. 그들은 그의 시체를 예리한 대나무 칼로 절단(切斷)하고 요리하여 먹는다. 이러한 모든 과정은 "살인을 위한 우정"이라 불리웠다.

그리하여 선교사가 사위인에게 그리스도의 일생을 구체적으로 이야기하면서 유다가 하나님의 아들을 배반한 사실을 묘사하자, 그들이 비상한 관심과 감탄으로 듣고 있는 것을 주목하게 되었다. 그들은 환호하며 웃어댔고, 새소리를 냈으며, 감탄하며 그들의 가슴을 쳤다. 갑자기 리차드슨은 그들이 유다를 이야기의 영웅으로 환호하고 있는 것을 알았다! 그들의 생각에 유다는 잘못한 것이 아무 것도 없었다; 사실, 그는 대단한 사위인이었다! 그들은 살인을 위한 우정에 대한 그렇게 흥미로운 이야기를 들어보지 못했다. 그리고 유다의 배반 대상인 그리스도는 이 사람들에게는 아무 것도 아니었다.

선교사는 어이없어 아무 말도 못했다. 그가 어떻게 사위인에게 그리스도의 죽음의 의미를 이해시킬 수 있겠는가? 그가 어떻게 그들의 특이한 세계관과 사고를 바꿀 수 있겠는가?

그러나 어느 날 하나님은 돈 리차드슨에게 그 길을 보여 주셨다.

간호사인 부인과 돈의 도움 때문에 두 사위족이 선교사들의 의학적, 기술적 도움을 얻기 위해 서로 가까운 곳에 마을을 이룩하였다. 그러나 세월이 지나는 동안 그들은 서로 싸우기 시작했으며, 몇 명의 생명까지 잃었다. 마침내, 그들의 적대 감정이 절정에 달하여 전면 전쟁이 일어나자, 돈 리차드슨은 두 부족 지도자를 함께 불러서 그와 부인이 그들을 떠나기로 결정했다고 발표했다. 그래야 그들은 서로 떨어져서 살면서 서로를 죽이지 않게 될 것이기 때문이다. 놀란 지도자들은 타협하고, 떠들썩한 토의가 있은 후 돌아와서는 선교사에게 말했다, "우리를 떠나지 마십시오. 우리는 이제 더 이상 서로를 죽이지 않겠습니다. 내일 우리는 서로에게 찬 물을 끼얹으려고 합니다〔다시 말해서, 우리는 평화를 이루게 될 것입니다〕!"

다음 날 아침, 선교사 부부는 이같은 생소하고 어리둥절케하는 의식을 목격했다. 양편의 탁월한 전사들이 정글의 공터에 모여 멀리 서로를 마주 대하였다. 남자들 뒤에는 부인들과 자녀들이 서 있었다. 분위기가 긴장과 흥분으로 가득 차 있었다. 갑자기 한 쪽의 한 남자가 부인의 품에서 갓난 아들을 움켜잡았다. 엄마는 비명을 지르며 아이를 붙잡으려고 애썼지만, 아버지는 상대편으로 달려갔다. 상대편에 도착하자 그는 전사 한 사람에게 아기를 넘겨 주면서 말했다: "나는 내 아들을 당신에게 주며 내 이름도 함께 줍니다. 내 부족의 말을 당신의 부족 가운데 전해주시오. 함께 평화롭게 삽시다!"

상대편의 사람이 다정하게 그 아이를 받고 대답했다, "좋습니다. 우리들 사이에 평화를 반드시 전할 것입니다." 그러자 모든 부족 사람들은 한 사람씩 나와서 평화 협정을 받아들이는 표시로 아이 위에 손을 얹었다.

동일한 장면이 다른 쪽 부족에서도 반복되었다. 전사 중 한 사람이 겁에 질린 부인의 팔에서 6개월 된 아들을 잡아채어 공지를 건너 달려가서, 그 아기를 적에게 건네 주었다. 그러자 쌍방이 다 평화 축제를 위한 행사를 벌이기 위해 각자의 마을로 새로 입양된 아들을 데리고 갔다. 그 동안 젊은이들은 머리에 깃털을 꽂고, 북을 가져와서는 춤추기 시작했다.

그 동안에 선교사 부부는 공포와 놀람으로 지켜보고 있었다. 그들은 생각했다, 이제 어떤 일이 벌어질까? 두 아이들을 토막 내어 요리한 후 먹어 버릴까? 돈 리차드슨은 옆의 전사 한 사람에게 물었다, "저들은 무엇을 하려고 합니까? 이 모든 것은 무엇을 뜻합니까?"

서슴지 않고 사위 전사는 대답했다, "선교사님, 당신은 우리에게 화해하라고 간청하셨습니다. **평화**의 아이가 없이는 평화가 불가능하다는 것을 모르십니까?" 그런 다음 그는 설명하면서 사람이 실제로 그의 아들을 적에게 줄 수 있다면 그 사람을 신뢰할 수 있다고 말했다. 그 아이는 화해와 평화를 위한 그의 선의와 진지한 열망의 증거였다. 그리고 그 아들에게 손을 얹은 모든 사람은 그 아들이 살아있는 한 그를 준 사람들과 평화롭게 살아야 했다. **평화의 아이**를 죽이는 것은 죄 중의 죄이었다. 그 전사는 두 아들이 해를 입지 않을 것이라고 선교사에게 확신시켜 주었다; 사실, 양쪽 마을은 이 아이들의 생명을 그들 자신의 후손을 보호하는 것 이상으로 보호할 것이다.

돈 리차드슨이 이 말을 들을 때, 그의 공포는 갑자기 흥분으로 바뀌었다. 그 살아있는 평화의 아이는 사위인의 폭력을 이상화한 문화적 교정 수단이었다. 이것은 그가 위해서 기도한 해결의 실마리였다! 두 달 후, 평화 협정이 효과적으로 작용되고 있다는 사실을 확인하고 나서, 그 선교사는 부족의 연장자들을 함께 불러서 말하였다:

"당신들이 옳습니다! 당신들은 고통스럽지만 아들을 건네 주지 않고 화목할 수 없습니다. 그러나 당신들이 이 진리를 발견하기 오래 전에 하나님은 이미 그것을 아셨습니다. 그래서 하나님은 모든 사람이 하나님과의 평화와 서로 간의 평화를 찾기 원하셨기에, 그의 독생자 예수를 **평화의 아이**로 세상에 주셨습니다. 하나님의 평화의 아이를 거부하는 것은 죄 중의 가장 큰 죄입니다. 그러나 우리가 그를 영접하면, 아들이 살아있는 한—곧, 영원히—우리는 하나님과의 평화를 누리며 살 수 있습니다!"

처음으로 복음의 빛이 사위인의 어두운 마음을 꿰뚫고 들어갔다. 복음 이야기의 영웅은 더 이상 유다가 아니고 예수였다! 예수는 하나님의 **평화**의 아들이었으며, 유다는 예수의 죽음을 이미 계획했다. 사위인들은 생각했다, 우리도 그와 같은 죄를 범하지 않도록 조심해야지!

결과는 어떠했는가? 선교사 편에서 몇 달 간의 가르침과 기도가 더 있은 후 이 사위인 두 부족은 "하나님의 평화의 아들 위에 손을 얹고" 전체가 선물을 받아들이는 서약을 했다. 오늘날 그들은 모두 둥근 돔형의 성전에서 예배드리며 구세주를 찬양하는 그리스도의 제자들이다.

돈 리차드슨은 사위인의 회심 이야기를 다음과 같은 놀라운 확신으로 끝을 맺는다: 수세기 동안 하나님은 효과적인 복음 전달을 위하여 모든 종족과 민족들의 문화 속에 구속적 유추(類推)를 만들어 놓으셨다![13] 여기에 그들의 마음과 회심의 비결이 있다. 그래서 하나님은 가서 이러한 사람들과 살며, 그들의 갈등과 열망을 이해하고, 그들의 언어와 문화를 배우며, 우리의 복스런 구세주의 비길 데 없는 사랑과 은혜를 그들에게 이해시킬 수 있는 구속적 유추를 발견할 복음 전달자들을 찾고 계신다.

이제 우리가 이러한 일로 흥분해야 할 차례이다!

3. 종교 개념의 장애를 극복하라

비기독인들에게 복음을 전달하는 데 생기는 모든 장애 중에서 종교적 개념의 장애가 가장 극복하기 어렵다.

때로 중요한 종교적 용어나 개념의 차이는 메시지의 "전달"과 "해석"에서 심각한 괴리를 가져 올 수 있다. 기독인에게 죄라는 단어는 하나님의 도덕적 율법을 어기거나, 아니면 그의 본질적 성품에 위배되는 어떤 것을 의미하며; 힌두교도에게 죄는 사회적 또는 카스트 제도의 법규를 위반하는 것을 의미한다. **새로운 탄생**이란 용어는 기독인에게는 "그리스도 안에서의 생명"을 의미하는 반면에, 힌두교도에게 그것은 "환생"을 의미한다. 기독교 성경에 따른 **구원**은 "죄의식과 죄의 능력으로부터의 해방"과 "하

---

13 Don Richardson, *Peace Child* (Glendale, CA: Regal, 1974), p. 234, 287.

나님과의 화해"를 나타내지만; 힌두교도나 불교도에게 구원은 "업보로부터 탄생과 환생의 순환으로부터 해방되는 것"을 의미한다.

서반어를 사용하는 남미에서는 **자백, 성자, 마리아**와 같은 말들은 개신교 신자들과 구교 신자들에게 아주 다른 개념적 가치를 지니고 있다. 이 세 가지 말은 개신교 신자들에게는 하나님께 기도로 죄를 자백하는 것, 성경적인 믿음의 영웅들, 그리고 존경하는 예수의 어머니를 의미한다. 구교 신자들에게 그 말들은 신부에게 고백하는 것, 교회에 있는 성상들, 그리고 신의 여(女) 보호자를 의미한다. "그리스도를 영접하는 것"은 구교 신자에게는 그리스도에게 개인적으로 의탁한다는 관념을 말해 주는 것이 아니고, "성찬의 성체를 받는 것"을 의미한다. 만약 당신이 남미에서 구교 신자에게, "당신은 예수를 아십니까?"라고 묻는다면, "예, 나는 그를 압니다. 그는 바로 저 길 아래에 살고 있습니다"라고 아마 대답할 것이다 ("예수"는 그 곳의 어떤 지역에서는 아주 흔한 이름이다).

이것은 듣는 사람이 우리가 그렇게 자주 사용하는 말과 같은 의미를 생각할 것이라고 당연시 할 수 없다는 것을 의미한다. 우리가 의도한 의미를 명확히 하기 위하여 어떤 것은 조금 다르게 표현해야 하거나, 우리의 용어들을 더 정확하게 규정해야 할 것이다.

가끔 비기독인들의 종교적 체제 가운데는 성경의 가르침과 상반되는 가르침과 개념들이 있으므로 사람들로 하여금 복음을 이해하거나 받아들이게 하는 것은 그만큼 어렵다. 회교도가 "하나님의 아들"이라는 표현을 들으면, 신체적 생식이 내포된 육체적 관계를 생각하는데, 이것은 그에게 신성 모독이다. 그가 삼위일체에 대하여 들으면, 세 신을 생각하며, 이것은 회교도에게는 우상 숭배이다. 더우기, 십자가는 그에게 수치인데, 그 까닭은 신이 죽을 수 없다고 주장하기 때문이다. 힌두교도가 십자가와 용서를 들으면, 이것은 그에게 어리석은 것이다. 왜냐하면 **업보**에 따르면 모든 사람은 그 자신의 죄로 인하여 고난을 당해야만 하기 때문에 대신받는 고난이나 용서란 있을 수 없다.

이러한 문제들은 10장부터 13장에서 더 자세히 논의될 것인데, 그 때 우리는 각 종교를 개별적으로 다루고 그 가르침에 대한 최선의 접근 방법을 찾고자 한다. 모든 신학적인 문제들은 솔직하게, 지성을 갖추어서, 그리고 많은 기도 가운데서 직면해야 한다. 성령의 도우심이 있으면 그런 문제들은 극복될 수 없는 것이 아니다.

9

토착적 방법으로 복음을 전하라

내가 인도에서 선교사로 사역하고 있는 동안, 미국에서 기독교 문헌을 전문으로 다루는 한 선교회 회장으로부터 편지를 받았다. 그는 편지에 다섯 가지의 전도지를 동봉하고 그것들을 카나라어로 번역해 달라고 요청하였다. 그는 내가 전도지를 적절하게 분배할 수 있게 한다면 인쇄비를 지불하겠다고 약속하였다. 나는 전도지들을 읽어보았는데 내용에 관한 한 좋은 것이었지만, 전적으로 서양인의 사고 방식에 맞게 쓰여져 있었다. 그것들은 미국에 있는 미국인들에게는 좋을지 모르나, 인도에 있는 힌두교도들과 회교도들에게는 가치가 거의 없는 것이었다. 그래서 나는 그분에게 상황을 설명하면서, 힌두교도와 회교도의 사고 방식에 맞는 새로운 전도지를 유능한 인도 기독인들로 하여금 쓸 수 있게 해달라고 요청했다. 나도 좋은 전도지의 사용 가치를 강하게 믿고 있다는 표현을 한 후, 인도에서 새 전도지의 인쇄비를 지불해 주면 좋겠다는 답신을 보냈다. 그분은 그가 보낸 다섯 가지의 전도지를 사용해야만 하며, 그렇지 않으면 모든 것을 없던 것으로 하겠다고 했다. 그래서 나도 그 일을 중단해 버렸다.

다른 나라에서 복음 전달이 여러 모로 효과를 거두지 못하는 것은 선교사 자신의 무감각과 무분별 때문이다. 흔히 복음 전달의 장애는 전달자의 서양식 사고 방식에 의해 생겨나지, 듣는 자의 문화적 양식이나 종교적 개념의 차이에서 생기지 않는다.

인도에 있는 동안 나는 종종 라디오 세일론에 다이얼을 맞추고 미국 선교 단체들이 후원하는 기독교 프로그램을 들었다. 그 곳은 동남 아시아 지역에서 시간을 사서 종교 프로그램을 방송할 수 있는 유일한 방송국이었다. 이 프로그램의 대부분은 미국에 있는 큰 교회에서 기독인들을 대상으로 설교한 것을 테이프에 그대로 녹음해 놓은 것을 사용했는데, 인도에 있는 비기독교 청중들에게는 전적으로 부적절한 것들이었다. 그 결과는 소요된 지출에 비하여 애처로울 정도로 빈약했다. 그러나 인도의 기독인들이 제작한 설교와 음악 테이프를 사용하는 단체가 있었는데, 그들은 훨씬 더 효과적이었다.

1. 토착적 설교

선교사는 청중의 배경과 삶의 양식에 맞는 토착적 양식으로 하는 설교를 개발해야 한다. 설교 주제나 예화는 사람들의 삶에서 선택하여야 한다.

A. 고인이 된 로스(M. D. Ross) 목사는 인도에서 사역한 노련한 선교사인데, 이런 식의 접근 방법에는 전문가였다. 지금까지도 나는 40여 년 전 그가 설교한 일부 설교를 생생하게 기억한다. 그 중 하나는 이사야 12장 3절, "너희가 기쁨으로 구원의 우물들에서 물을 길으리로다"를 본문으로 한 "우물들에 관한 설교"이다.

그는 서론에서 인도 사람들의 생활에서 우물의 중요성과 생명을 지탱하기 위한 물의 필요성을 말하였다. 그는 물을 하나님의 구원의 선물로 비교하였다. 그리고 그는 계속해서 인도의 여러 마을에서 본 여러 형태의 우물들을 묘사해 가면서, 어떻게 이것들이 기독인의 여러 가지 형태의 삶

의 방식을 나타내는지를 묘사하였다. 그의 설교 개요는 다음과 같다:

(1) **건조한 우물.** 견고하게 돌과 시멘트로 만들었고, 도르래와 밧줄을 설치했지만; 물이 없는 우물로, 모든 기독교의 외적 모습은 가졌지만, 구원의 물은 받지 못한 "이름뿐인 기독인"을 대표한다.

(2) **계절풍(monsoon) 우물.** 우기에는 물이 꽉 차 있지만, 여름에는 메말라 있는 우물로, 어떤 때는 온갖 열심을 다 내지만 또 다른 때는 무관심한 변덕스런 기독인을 대표한다.

(3) **닫혀진 우물.** 한 때는 좋은 우물이었지만, 후에 메워져 닫혀진 우물로, 전에는 주를 알았으나 그의 삶 가운데 죄를 용납하여 구원의 물을 쏟아 낸 타락한 기독인을 대표한다. 필요한 것은 우물을 깨끗이 청소하고 다시 구원의 물이 흘러들어오게 하는 것이다.

(4) **카스트(caste) 우물.** 충분한 물을 가졌지만, 다른 계급의 사람들은 물을 길을 수 없는 우물로, 구원의 물을 받았지만 다른 사람과 나누지 않는 이기적인 기독인을 대표한다.

(5) **분수 우물.** 사시사철 항상 신선한 물로 차 있는 우물로, 하나님의 모든 자원을 끌어들여 다른 사람들의 삶에 풍성한 축복을 가져다 주는 성령충만한 생활을 하는 기독인을 대표한다.

B. 그는 이사야 55장 1절을 본문으로 택하여, "하나님의 장날"이라는 흥미있는 설교를 하였다. 인도(그리고 많은 동양 국가)에서 한 주에 한 번씩 열리는 장날은 시골 사람들에게 매우 중요하다. 그 곳에서 그들은 산물을 팔고 다음 주에 필요한 것들을 산다. 그 설교자는 하나님의 장날과 인간의 장날의 차이점을 다음과 같이 묘사했다:

(1) 하나님의 장날은 주중에 매일 주야로 열린다.

(2) 하나님의 장날은 흥정이 없다.

그리고 나서 그는 하나님이 내놓으셔야 될 "상품"과 그가 요구하는 "가격"을 묘사해 갔다.

하나님은 이런 것들을 내놓으신다 :

⑴ 용서 - 그 가격은 회개와 믿음이다.

⑵ 평화 - 그 가격은 타인을 자발적으로 용서하는 것이다.

⑶ 능력 - 그 가격은 하나님의 뜻에 순종하는 것이다.

⑷ 성령 - 그 가격은 자기 포기이다.

C. 수년 전에 작고한 인도의 한 전도자는 종종 "양과 염소"에 관한 설교로 청중을 매혹시켰다(본문: 마 25:31-33). 시골 청중들이 두 동물들의 특징을 잘 알고 있다는 것을 인식한 그는 그 동물들의 습관의 차이를 지적한 후에 하나님의 백성과 사단의 무리의 특징에 나타난 차이점들을 보여 주었다.

그가 강조한 몇 가지를 살펴보면 다음과 같다:

⑴ 두 동물의 **머리를 주목하라.** 양은 보통 머리를 아래로 숙이고 돌아다니지만, 염소는 머리를 공중으로 높이 들고 다닌다. 양은 겸손을 나타내고; 염소는 교만을 나타낸다. 하나님의 백성들은 겸손하고 온유하지만; 사단의 추종자들은 공중으로 머리를 들고 교만하고, 건방지고, 자기 기만을 나타낸 채 뽐내며 다닌다.

⑵ **뿔을 주목하라.** 양의 뿔은 보통 휘었고 무디지만; 염소의 뿔은 곧바르고 날카롭다. 염소는 서로를 받으면서 날뛰며 다니는 것을 좋아하는 반면, 양은 일반적으로 해롭지 않다. 이와 마찬가지로, 하나님의 백성들은 평화롭고 사랑스럽지만, 사단의 추종자들은 고집이 세고, 싸우기를 좋아한다.

⑶ 풀을 뜯어 먹는 습관을 주목하라. 양은 일반적으로 떼지어 몰려 다닌

다. 한 마리가 가는 곳에 모두 간다. 그러므로 한 목자가 많은 양 무리를 돌보는 것은 쉽다. 염소의 경우, 각각 자기 길을 가므로, 주인이 염소들을 돌보는 것이 힘들다. 하나님의 백성 중에는 하나됨과 교제가 있다. 그들은 쾌히 목자를 따른다. 사단의 추종자들은 각자가 자기 자신을 위해서 산다. 흔히 혼란, 분열, 다툼이 있는데, 이로 인하여 목사가 일하기 어렵게 만든다.

⑷ 두 동물의 살을 주목하라.   양의 고기는 연하나, 염소의 고기는 질기다. 믿는 자는 다정하며, 복음의 메시지에 재빨리 응한다. 죄인은 정신과 마음이 굳어져 있고, 반항적이며 강팍하다.

⑸ 두 동물의 털을 주목하라.   양은 길고 부드러운 털이 자라지만, 염소의 털은 짧고 뻣뻣하다. 양은 일 년에 365일 동안 일하면서 우리에게 담요와 옷을 공급해 줄 아름다운 양털을 제공해 주지만, 염소의 털은 쓸모가 없다. 하나님의 자녀들은 관대하고 타인에게 축복을 가져다 주지만, 사단의 자녀들은 이기적이고 오로지 자신만을 위해서 산다.

D. 에브라임을 "뒤집지 않은 전병"으로 비교한 호세아 7장 8절의 말씀은 "뒤집지 않은 **챠파티**"(chapathi)라는 인도 말로 번역되었다. 챠파티는 팬케이크 처럼 생긴 무교병 형태인데, 밀 또는 밀가루로 만든다. 이것을 제대로 만들려면 양쪽 다 구워야 한다. 그래서 이 문맥은 기독인이 기독인의 생활, 곧 세상으로부터의 분리, 하나님께 대한 헌신, 기도 생활에 있어서 어떻게 반쪽 마음이 될 수 있는가를 묘사해 주는 반면, 그 구절은 "반쪽만 구워진 기독인들"이란 설교를 위한 좋은 본문이 된다.

E. 자이레(Zaire)의 어떤 선교사는 아프리카인에게서 얻은 두 개의 설

교 개요를 나에게 전해 주었다. 첫번 것은 양배추를 근거로 한 것이다. 기독인의 생활 가운데서 일어나는 성장 과정을 예로 들면서, 그는 씨에서 모종으로, 다시 양배추의 결구(結球)로 되는 양배추의 발육 과정을 묘사했다.

두 번째 설교는 어느 곳에서나 볼 수 있으며 기독인의 생활에 많은 영적 진리를 설명하는 데 도움이 되는 야자나무를 근거로 한 것이다;

⑴ 야자나무의 생명은 그 나무의 중심부에 있다.

⑵ 나무의 주근(主根)은 땅 속으로 2-300 피트나 들어간다.

⑶ 그것은 어려운 환경에서 자란다.

⑷ 그것은 접목될 수 없다.

⑸ 그것은 연중 매일 열매를 맺는다.

⑹ 나무의 모든 부분이 유용하다.

우리는 성경의 많은 사건들이 동양을 배경으로 하고 있으며, 그렇기 때문에 아프리카와 아시아의 많은 나라에서 복음 진리를 전달할 수 있는 크나큰 가능성을 가지고 있는 것을 간과해서는 안 된다. 문둥병자를 흔히 볼 수 있는 지역에서는, 시리아 장군 나아만의 이야기로 죄의 비극과 하나님이 주시는 은혜로운 치료를 생생하게 묘사할 수 있다. 장님과 접신(接神)이 흔한 곳에서는, 바디매오와 군대라는 이름의 사람이 치유되는 이야기가 전도자에게 귀중한 설교 자료를 제공해 준다. 여자들이 마을 우물에 물을 길러 매일 모이며, 사내들이 집에서 만든 간단한 간이 침대로 친척들을 병원으로 나르는 시골에서는 사마리아 여인과 중풍병자의 이야기가 주 예수 그리스도의 치유와 변화의 능력을 묘사하는 강력한 도구이다.

2. 토착적 예화

우리의 설교 개요가 토착적이어야 할 뿐 아니라, 예화도 그래야 한다.

많은 경우 미국식 예화가 다른 나라 청취자에게 이해되지 않기 때문에 실패하는데, 그 까닭은 그 청취자에게는 전혀 낯설은 경험과 습관에서 나온 예화이기 때문이다. 문화마다 고유의 이야기, 민속, 인간 경험이라는 보고(寶庫)에서 흥미진진한 예화들을 풍성하게 제공해 준다. 다음은 몇 가지의 실례에 불과하다.

　A. 죄를 범한 종 (인도). 어느 날 왕궁에 도둑이 들었다. 누군가가 왕의 은그릇 한 세트를 훔쳐 갔다. 내부의 소행으로 추측한 왕은 모든 신하들을 불러들여 한 사람씩 질문했지만, 모두가 자신의 무죄를 주장했다. 그래서 왕은 아주 똑같은 크기의 지팡이를 모든 종에게 주라고 하명했다. "너희들은 내일 아침에 지팡이를 가지고 다시 오라," 그는 명했다. "그 때까지 범인의 지팡이는 3인치나 길어질 것이며, 그는 체포되어 엄중한 처벌을 받게 될 것이다." 도둑이 이 말을 듣자 겁이 났다. 그래서 집에 가서는 지팡이를 3인치 잘라냈다. 다음 날 그가 왕 앞에 섰을 때, 그의 지팡이는 다른 어느 종의 지팡이보다 짧았으므로 결국 그는 범인으로 판명되어 감옥으로 보내졌다.

　B. 현명한 어린 소년 (중국). 오래 전 중국의 어느 마을 주민들이 큰 종을 만들고 아름다운 소리를 들을 수 있도록 마을 중심부에 걸어 놓기 원했다. 그러나 종이 너무 무거워서 그것을 들어올려 가로대에 걸을 수가 없었다. 어른들 모두가 어떻게 해야 할 것인가 논하면서 서성거리고 있을 때, 한 어린 소년이 앞으로 나와서 말했다, "그냥 종을 땅에 놓아 둔 채 가로대에 붙들어 맨 다음 밑에서부터 땅을 파내는 것이 어떻습니까?"(중국의 한 전도자는 성전에서 선생들의 지혜를 당황케 한 12살의 소년 예수의 이야기와 연관시켜 이 이야기를 사용하였다.)

C. 죄와 그 치료법 (아프리카).   짚코몬(jipkomone)이라고 불리는 식물이 있는데, 그것은 자이레 내륙의 어느 곳에서든지 자란다. 그 식물이 어리고 아주 연할 때는 소가 먹지만, 그것이 자라면 가시많은 울타리가 되어 소는 접근도 하지 못하게 된다. 마찬가지로, 죄가 처음에는 매력적으로 보이지만 후에는 해로운 것으로 입증된다. 아프리카의 황무지에서 자라는 또 다른 식물이 있는데, 그 식물의 수액(樹液)이 사람의 눈에 들어가면 일시적으로 눈을 멀게 한다. 유일한 치료법은 양의 피를 그 눈에 바르는 것이다.

D. 목사의 책임 (서 이리안).   이리안 자야의 산족 중에 속하는 한 젊은 기독인이 집과 정원과 돼지들을 두고 다른 계곡으로 일 년 간 사역하러 떠났다. 그의 기독교 친구들은 그 일에 관해서 말하고 있었다. "그는 돼지들을 어떻게 했지?" 한 친구가 물었다. 또 다른 친구가 대답했다, "그는 물론 돼지들을 두고 갔어. 예수는 그에게 돼지를 어떻게 했냐고 물으시지 않으시고 '너의 양이 어디 있느냐?'라고 물으실거야."

E. 유혹에서 벗어나는 길(북 인도의 히마르족).   한 부족 설교자가 그의 어린 아들에게 말했다: "만일 광포하고 거대한 코끼리가 너를 좇아온다고 하자. 너는 어떻게 하겠니?"

"첫째, 너는 모든 코끼리가 왼쪽으로 돈다는 것을 명심하거라. 그래서 코끼리가 너를 좇아오면, 너는 앞으로 곧장 달린 다음에 갑자기 오른쪽으로 꺾어라. 이것을 네 번하면 너는 원래의 자리로 돌아오게 될 것이다. 코끼리들은 빨리 오른쪽으로 꺾을 수 없기 때문에, 만약 그렇게 시도한다면 그들은 땅에 쓰러질 것이며, 다시 일어나려면 한참 걸리게 된단다."

"내 아들아, 네가 또 명심할 것이 있다. 사단 역시 왼쪽으로 가는 경향이 있단다. 그는 네 영혼의 적이며, 10살 된 소년을 죄로 이끌기를 원할 것이다. 네가 부모로부터 멀리 떨어져 있는 동안 악의 유혹을 받는다면, 하나님의 말씀을 읽음으로써 바른 쪽으로 꺾어라. 이 악한에 대해서 예수께 아뢰라, 그러면 사단을 뒤로 자빠지게 할 것이란다."[1]

F. 악한 거인으로부터의 구원(말레이시아). 힌두교에서 개종하여 현재 기독교 전도자가 된 야곱 사무엘(Jacob Samuel)은 그리스도를 위대한 구원자로 알려 주기 위해서 힌두교에서 유래한 다음의 신화를 사용한다. 오래 전 나라하수란(Narahasuran)이라 불리는 거인이 있었는데, 그는 수백 명의 사람들을 괴롭히며 죽이면서 그 지역을 돌아다니고 있었다. 모든 주민들은 그를 두려워했고, 그의 손아귀에서 그들을 구원할 구원자를 찾았다. 그들은 신들에게 도움을 요청하기 시작했다. 그 때 시작도 끝도 없는 미지의 세계에서 한 사람이 왔는데, 그는 그 거인과 싸워 거인을 죽였다. 주민들은 그들의 새로운 자유를 기뻐했으며 그 날을 "빛의 축제"로 기념했다. 오늘날까지 그 주민들은 여전히 디바발리(Theebavali)라고 알려진 축제를 기념하고 있다.

마찬가지로, 마귀는 흉악한 거인으로 돌아다니면서, 죄의 사슬로 세상의 모든 사람들을 속이고 노예를 삼고 있다. 인간은 마귀의 통제를 벗어날 힘이 없다. 우리를 구하기 위해, 하나님은 세상에 그의 아들을 보내셨고, 그는 십자가의 죽으심과 부활을 통하여 사단을 멸하고 죄의 권세로부터 우리를 구원하셨다. 오늘날 기독인들은 성탄절의 축제에서 이 구원을 기념하고 있다.

---

1 James and Marti Hefley, *God's Tribesman* (Philadelphia and New York: A. J. Holman, 1974), p. 27.

3. 토착적 전도 방법

　　우리의 메시지가 늘 같아야 한다는 점은 논쟁의 여지가 없으나, 우리의 방법은 때와 장소에 따라 변해야 한다. 이것은 널리 수용되는 진리이다. 신약 성경을 얼핏 살펴보아도 초대 기독인들은 한 메시지—십자가에서 죽고 부활하신 그리스도—를 가졌지만, 복음을 선포하기 위해서 다양한 방법을 사용했다는 사실을 알 수 있다. 신약 성경에서 우리는 **개인 전도**(person-to-person evangelism: 그리스도가 우물가에서 사마리아 여인에게 말한 방식), **대중 전도**(mass evangelism: 베드로가 오순절날 대중에게 설교한 방식), **자발적 전도**(spontaneous evangelism: 바울과 빌립보 간수), **조직적 전도**(systematic evangelism: 바울의 전도 여행), 그리고 **문서 전도**(literature evangelism: 교회에 보낸 바울의 편지) 등을 찾아 볼 수 있다. 여러 해를 거치면서 교회는 끊임없이 새로운 방법들을 추구하며 그 옛 이야기를 전했다.

　　고정된 메시지와 융통성 있는 방법은 기독교 전도자가 따라야 할 좋은 법칙이다. 그러나 어떤 관습적인 방법에 집착되어 역효과를 망각한 채 이러한 방법을 타문화권에 쉽사리 이식할 수 있다. 남 인도의 감리교인들은 "정글 캠프 집회"에 참석하는 시골 사람들에게는 흔히 사용되는 "강단의 초청"이 실용적이 아닌 것을 곧 알게 되었다. 초청을 하자, "그들은 선교사의 명령에 불순종하길 원치 않았기" 때문에 모두가 앞으로 나왔다. 그래서 누가 진정한 추구자이며 누가 헌신된 기독인인지를 구분할 수 없었다. 선교사들이 찾아낸 가장 좋은 방법은 회개하기를 원하는 자들로 하여금 나무 밑으로 가서 기도하게 하는 것이었다. 그런 다음 선교사들은 그들을 찾아서, 상담하고 함께 기도하였다.

　　일본에 있는 많은 전도자들은 "손을 들어 주시기 바랍니다"라고 청하는 방법이 통계적으로 잘못될 수 있다는 것을 발견했다. 일본 사람들은 매우 공손하다; 그래서 손을 들라고 요청하면, 그들은 설교자의 감정을 상하게 하는 것을 원치 않기 때문에 그렇게 할 것이다!

남미 콜럼비아의 모틸론족을 위한 개척 선교사, 브루스 올슨(Bruce Olson)[2]은 모틸론족들을 한데 모아서 공개적으로 말씀을 전하는 것은 듣는 자들 가운데 부정적인 반응을 일으킨다는 것을 쉽사리 발견했다. 그들의 문화에서는 사기꾼들이 그런 형식을 따르는 것이다. 그가 깨닫게 된 적절한 복음 전달의 방법은 모두 잠자러 각자의 그물 침대로 기어들어 갈 때까지 기다렸다가 그들이 누워있는 자세로 "소식"(the news)을 건네 주는 것이다. 다음 날 밤 추장이 그 메시지에 대해 논평한 다음에야 모두가 자유롭게 그 주제를 토론하였다. 브루스 올슨이 이웃의 샤일릴리코(Shayliliko)족에게 그리스도의 메시지를 전하러 갔을 때, 그는 한 묶음의 화살을 가지고 가서, 그것들을 땅에 때려 부러뜨린 다음, 전달자로서의 권위를 사용하여 "기쁜 소식"(good news)을 선포하였다. 이렇게 할 때 샤일릴리코족은 그를 공식적인 전달자로 인정하고, 존경하며, 경청하였다.

때때로 평범한 방법이 특정한 문화에서는 그릇된 방법이 될 수 있으며, 그렇게 될 때 전도자도 모르는 사이에 복음을 받아들이는 데 심각한 장애물이 되는 경우가 있다. 20여 년 동안 케냐에서 사역한 두 여선교사는 어느 원시족에게 복음을 전하려고 꾸준히 노력했다. 그들은 그리스도의 이야기를 전하려고 플란넬로 만든 도표, 음악 레코드, 슬라이드 및 기타 시청각 자료들을 사용했다. 여인들과 아이들은 흥미있어 보였고, 또 듣기

---

2 Bruce Olson, *For This Cross I'll Kill You* (Carol Stream, IL: Creation House, 1973)을 보라.

위해 모여들었으나, 남자들은 결코 예배에 참석하지 않았다. 마침내 어느 날 누군가가 한 남자에게 왜 기독교 메시지에 그렇게 무관심하냐고 물었다. 그는 대답했다, "우리는 메시지에 반대하는 것이 아니고, 저 여선교사들이 아주 무례하다고 생각합니다. 그들은 서서 가르치던데요! 여자가 남자에게 무엇인가 전하려면, 앉아서 해야만 되죠!"그래서 남자들 중 한 사람의 개종자도 없이 20년이 흘러갔던 것이다! 3)

외국 문화권에서 사역하는 전도자는 어떻게 이 사람들이 서로 의사소통을 하는가라는 질문을 해보는 것이 현명하다. 그에 대한 대답은 종종 그에게 가장 효과적인 복음 전달 방법에 대한 실마리를 제공해 줄 것이다. 아프리카의 숨바인(Sumbanese) 가운데 잔치를 베푼 다음에야 잔치를 베푼 이유를 설명하면서 밤을 거의 지새우는 풍습이 있다. 주인이 아들의 탄생을 알리기 원하거나, 또는 최근에 겪은 어떤 색다른 경험을 말할 수도 있다. 숨바인 기독인 중 이웃의 복음화를 위하여 이 사회 풍습을 적용시킨 사람들도 있다. 한가로운 저녁 시간에 즐거운 잔치를 베푼 경우, 사람들은 주인의 간증을 듣고 질문할 수 있다. 더우기, 손님들은 이 새 믿음이 중요한 것임에 틀림없다는 인상을 받게 된다. 그렇지 않다면 주인이 영적 경험을 그들에게 말하기 위해서 그렇게 많은 수고와 비용을 들이지 않았어도 되었을 것이다.4)

인도의 힌두교도들 가운데 **칼락쉐팜**(Kalakshepam: 북부) 또는 **키어탄**(Kirtan: 남부)은 신들에 관한 신화를 나누는 가장 인기 있는 방법 중의 하나이다. 키어탄은 음악에 맞춘 긴 서사시로 하모니엄(harmonium: 작은 손펌프 올겐), 타블라(thabla: 드럼), 그리고 심벌에 맞추어 종교

---

3 이 내용은 케냐의 전도자, Uzele Mesa 목사가 1979년 2월 필자의 수업에서 전한 것이다.

4 Eugene Nida, *Customs and Culture*, pp. 13-14.

지도자가 부른다. 전체 공연 시간은 휴식 시간을 포함해서 서너 시간 동안 계속된다. 기독교 음악인들 가운데 그리스도의 생애에 기초한 키어탄을 작곡하고, 이 마을에서 저 마을로 다니며 공연하는 사람들도 있다. 비기독인들이 수백 명씩 참석하여 여러 시간 그들의 가족들과 함께 앉아 그리스도의 이야기를 주의 깊게 듣는다. 평상시 그들은 세 시간 짜리 설교를 들으려고 앉아 있지 않는다.

매우 성공적인 인도 전도자로부터[5] 나는 대화와 노래를 배합시킨 설교 방식을 배웠는데, 이 방식은 시골 사람들을 위한 나의 사역을 혁신시켰다. 그 전도자는 잠시 말을 한 다음, 그가 강조하려는 점에 적합한 유명한 복음 서정시를 노래하기 시작한다. 즉시 청중은 같이 노래를 부르며 손뼉을 치고 심벌을 연주한다. 그리고 나서 전도자는 설교를 계속하고 잠시 후 다시 갑자기 노래를 부른다. 이런 식으로 그는 청중들의 주목을 더욱 쉽게, 그리고 훨씬 오랫동안 끌 수 있다. 두 말할 필요도 없이 이것은 청중을 깨어있게 하는 뛰어난 방법이다!

약 15년 전 선교사 에빈 아담스(Evyn Adams) 박사는[6] 호까이도 섬에서 특수 형태의 라디오 프로그램(HOREMCO)을 시작하였는데, 그 프로그램은 오늘도 효과적으로 계속된다. 10분 내지 15분 정도 소요되는 이 프로그램은 트럼펫의 화려한 취주(吹奏)와 광고로 시작된다. 그리고 나서 대개 대화 형태의 간결한 이야기가 나오는데, 주로 일상적인 인간의 문제—가정 불화라든가 거짓말의 유혹—를 묘사한다. 마지막으로 아나운서는 말한다, "신약 성경은 당신이 이 문제를 어떻게 다루어야 할지를 가르쳐 주는 책입니다. 이 책을 갖고 싶지 않으십니까?" 이러한 방법으로

---

5 Mallappa씨는 본래 정부의 세금 조사원이었으나, 회심 후 텔리구(Telegu) 언어를 사용하는 평신도 전도자가 되었다. 그는 50년대 중반에 타계하였다.
6 Evyn Adams 박사는 현재 하와이대학 교수이다.

수백 명의 문의자들과 접촉이 이루어지며, 이로 인하여 그들 근처에 살고 있는 기독인 자원 봉사자가 개인 방문을 하게 한다(이 프로그램은 현재 텔레비전으로도 나온다).

최근 나의 친구 선교사가 그의 복음 전도팀이 자이레에서 사용하고 있는 "야영 모닥불 전도"(campfire evangelism)라는 새로운 방식에 대해 말해 주었다. 아프리카인들은 밤에 모닥불 주위에 둘러앉아 노래하며 이야기하는 것을 좋아한다. 그래서 그의 팀은 해질 무렵 어느 특정한 마을에 도착해 그 마을에서 그리 멀지 않은 곳에 큰 모닥불을 피워 놓는다. 그들은 악기들을 연주하고 노래하기 시작한다. 오래되지 않아 상당한 군중이 모여들면, 그 팀원들은 복음을 증거하며 개인 사역을 시작한다.[7]

마가렛 무어(Margaret Moore) 여사는 연극학 석사로서 한국 선교사가 되었는데, 한국 사람들에게 매우 인기 있는 그림자 연극의 형태로 기독교 연극을 효과적으로 사용하였다. 그녀는 **평강의 왕**이라 불리는 그리스도의 생애에 관한 극본을 썼는데, 한국 기독교 연극단에 의해 서울과 전국에 걸쳐 여러 번 연출되었다. 특별 공연이 감옥과 군대에서도 있었다. 그 연극은 기독인과 비기독인들, 정부 관료들과 예술가들, 그리고 일반 대중에게 큰 갈채를 받았다. 최근 그 극단은 태국, 필리핀, 대만과 같은 여러 아시아 국가에서도 공연하였는데 가는 곳마다 굉장한 열광을 받았다. 성탄절과 부활절 기간 동안 그 극단은 우리 주님의 탄생과 부활에 관한 그림자 연극을 상연한다. 모든 영적 영향력은 기대할 수 있는 그 이상이었다(가장 인기 있는 공연 중 하나는 **예수와 여인들**이다).

대만과 일본에서 영어를 배우고자 하는 보편화된 욕구에 반응하여

---

7 연합 감리교 목사이며 자이레의 전문 선교사인 Kenneth Enright가 필자에게 직접 들려 준 이야기이다.

선교사들은 새로운 전도 형태를 개발했다. 중국인과 일본인들은 영어가 세계적으로 통용되고 있는 것을 인식하고 실제로 도움이 되는 영어 지식을 얻고 싶어한다. 선교사들은 이제 요한복음을 교재로 사용하면서 사적인 영어 공부반과 라디오 방송을 통하여 수많은 사람들에게 영어를 가르치고 있다. 이런 방법으로 학생들은 하나님의 말씀에 접하게 되고, 많은 학생들이 기독교의 믿음에 대해서 더 알고자 관심을 보이고 있다. 중국 본토 정부가 외국으로부터 500,000명의 교사들을 초청해서 영어 프로그램을 조직한다는 말이 있지 않은가!

다른 예화들도 세계의 많은 나라에서 더 인용할 수도 있지만, 이미 언급한 것들로도 다른 문화의 다른 민족에게 복음을 제시하는 데 이용될 수 있는 폭넓고 다양한 복음적인 방법들을 충분히 보여 주었으리라 믿는다. 그리스도의 사자(使者)로서, 우리는 최상의 복음 전달 가치와 청중을 끄는 방법들을 지속적으로 찾아야 한다. 이것은 우리의 사역에 새로운 활력과 신선도를 더해 줄 것이다. 우리가 전할 훌륭한 이야기를 가지고 있을 뿐만 아니라, 또한 그것을 잘 전할 수 있는 그렇게 많은 훌륭한 방법들도 가지고 있다는 사실을 아는 것은 너무나도 기쁜 일이다!

제3부

비기독인에 대한 복음 전달

10

힌두교도에 대한 복음 전달

힌두교는 4,000여 년의 역사를 지닌 고대 종교이다. 힌두교는 약 5억 5천만의 신도를 가지고 있는데, 그들 대부분은 인도에 살고 있다. 그보다 적은 숫자의 힌두교도들이 스리랑카, 버마, 말레이시아, 발리(인도네시아), 동아프리카와 남아프리카, 그리고 태평양의 피지 제도 등에 살고 있다. 최근 힌두교는 해리 크리슈나 운동, 초월 명상, 요가, 그리고 베단타(Vedanta) 철학의 형태로 서방 국가들에 침투했다.

세계의 모든 큰 종교 가운데서, 힌두교는 가장 정의하기 어렵다. 힌두교는 어떤 한 창시자도 없다. 또한 회교나 기독교 같은 교리적인 종교도 아니다. 힌두교는 단일한 종교라기 보다 여러 종교의 연합이며, 따라서 새로운 사상과 새로운 신들을 쉽게 흡수할 수 있다. 여기에 힌두교의 장점과 동시에 약점이 있다.

1. 힌두 경전

힌두 경전은 2,000년 이상의 기간에 걸쳐 산스크리트(Sanskrit)어로 쓰여졌고, 폭넓고 다양한 종교적 신념과 관습을 망라한다. 힌두교 역사 가운데서 다양한 철학적 학파들과 종교적 운동이 이 경전의 여러 부분에서 그들의 영감과 권위를 취했다. 주요한 모음집들은 다음과 같다:

A. 베다(The Vedas: 1,500-500 B.C.)는 찬송, 기도, 의식, 마술적 신앙 고백문의 모음집이다. 이것은 다양한 신들의 숭배를 예식적 제사를 통하여 묘사한다. 대부분의 신들은 태양, 달, 불, 폭풍, 공기 그리고 비 같은 자연의 힘을 의인화(擬人化)한 것이다. 죄에 대한 구속의 신학적 개념은 명백하고도 빈번히 강조된다.

B. 브라마나(The Bramanas)는 제사장과 예배자를 위한 입문서로서 제사 의식과 행위를 포함한다.

C. 우파니샤드(The Upanishads: 500 B.C.-500 A.D.)는 힌두교의 기초적인 철학적 개념들을 (종종 대화 형식으로) 제공해 준다. 이것은 모든 존재의 궁극적 비밀과 끝없는 윤회로부터 해방의 길에 대한 추구를 묘사한다.

D. 라마야나와 마하브하라타(The Ramayana and Mahabharata)는 두 위대한 힌두 서사시로 위대한 민족 영웅들[특히 라마(Rama)와 시타(Sita)]의 업적들을 해석함으로 베다의 원리를 설명한다.

E. 바가바드 기타(The Bhagavad Gita: "주님의 노래")는 마하브하라타의 일부로, 현대 힌두교도들에게 가장 잘 알려지고 가장 사랑받는 경전이다. 이것은 전사공(公) 아르주나(Arjuna)와 그의 전사 크리슈나 간의 대화로 구성되어 있는데, 크리슈나는 비시누(Vishnu)의 변장된 환생이다. 이것은 각자의 사회적 지위에 따른 의무를 이기심이 없이 행할 것을 요구한다.

F. 푸라나(The Puranas)는 일반 대중 가운데서 종교적 헌신을 불러 일으키기 위해 비시누의 여러 환생에 대한 신화와 전설을 모은 것이다.

2. 카스트 제도

카스트 제도(The Caste System)는 힌두교에만 속한 것으로 수세기 동안 힌두 사회의 기본적인 구조가 되었다. 그 기원은 백인인 아리안(Aryan) 침략자들과 흑인인 드라비디안(Dravidian) 원주민 사이의 피부 색깔 차이에 주로 있었다. 종교는 카스트 제도의 지속에 중요한 역할을 하였다. 왜냐하면 각자의 카스트가 각자의 업보의 결과라고 간주되었기 때문이었다. 직업에 따른 경제적 구분은 카스트 제도의 형성에 중요한 역할을 했는가 하면, 네 가지 주된 카스트는 다음과 같다:

A. 브라만(The Bramans): 승려와 종교 교사
B. 크샤트리아(The Kshatriyas): 왕과 무사
C. 바이샤(Vaisyas): 무역 업자와 상인
D. 수드라(Sudras): 경작자와 노예

이 네 계급 외에 "불촉 천민" 또는 "추방당한 자들"이 있는데, 그들은 직업 때문에 부정하다고 간주되었다. 이 천민의 신분은 힌두 사회에 오점이 되어 왔으며, 개혁 운동들은 그것을 없애려고 시도하였다. 마하트마 간디는 추방당한 자들을 하리잔(Harijan) 또는 "하나님의 백성들"이라고 불렀다. 인도의 헌법은 카스트에 기초한 차별 대우를 반대하며, 정부는 하류 카스트 신분의 사람들에게 특혜를 주고 있다.

3. 철학적 힌두교

A. 일원론(Monism： 브라만)

힌두 철학 내지 종교의 토대는 **일원론**, 곧 세계에는 하나의 통합된 실재만이 존재한다는 사상이다. 이 유일하고 "영원한 존재"를 **브라만**(Brahman), 절대자, 또는 **파라마트만**(Paramatman), 세계혼(World Soul)이라 부른다. 모든 실재의 근원이며 구현인 브라만은 비인격으로서, 보통 중성 대명사 "그것"(It)으로 인용된다. 브라만은 속성이 없는 **니르구나**(Nirguna)인데, 힌두 철학자는 어떤 속성을 유일의 **실재**(One Reality)에게 돌리는 것은 브라만을 제한하는 것이라고 믿기 때문이다. 브라만은 네티-네티(neti-neti), 곧, "이것도 저것도 아니라"는 것이다. 그것은 무제한적이다. 브라만은 열정도 없고, 관계도 맺을 수 없고, 추구될 수도 없으며, 알 수도 없다. 이 점에서 힌두교도는 심오한 형태의 불가지론자이다.

속성도 없고, 이해될 수도 없는, 이러한 비인격적 존재는 인간에게 아무런 위안이 되지 못한다. 그것은 숭배자에게 부재(不在)의 존재이다. 브라만은 신비로 가리워져 있으며 인간의 시야 밖의 영역으로 밀려나 있다. 이 때문에 힌두교도는 영원한 실재를 좀더 가까이 있게 하고 브라만을 좀더 접근할 수 있도록 추구하게 되었다. 그래서 그는 (속성이 없는) **니르구나브라만**에서 **사구나**(Saguna)-**브라만**, 곧 속성과 묘사와 관계를 가진 브라만으로 방향을 바꾼다. 그것이 바로 **이스바라**(Isvara)라고 알려진 존재인데, 우리가 지금 "그"(He)라고 부르며, 그는 세계를 창조하고, 보호하고, 침투하며, 마지막 때 세계의 소멸을 주관하는 분이다. 그는 전지하고, 전능하며, 무소 부재하다. 이 사구나-브라만을 우리는 힌두교의 "신"이라고 규정지어도 좋을 것이다. 대부분의 인도 사람들이 신으로 아는 것은 바로 이 이스바라이며, 그의 기능은 물론 세상과 인간과의 관계를 갖는 것이다.

B. 범신론(Pantheism)

우주에 하나의 실재만이 존재한다면, 창조는 어떠하며, 인간은 어떠한 가라는 질문이 생긴다. 힌두 사상에 의하면 브라만은 히브리나 기독교 개념의 우주 창조자가 결코 아니다. 브라만은 언제나 어떤 것으로부터 아니면 그 자신으로부터 창조해 내지, 결코 존재하지 않는 것에서 창조해 내는 것이 아니다. 우파니샤드의 일반적인 가르침에 따르면 마치 불에서 불꽃이 나오고, 거미의 몸으로부터 거미줄이 나오는 것 같이 우주는 궁극적 실재로부터 나온다는 것이다. 세계는 시작도 끝도 없다. 그것은 브라만으로부터 왔으며 브라만으로 돌아갈 것이다.

그리하여 힌두교의 일원론으로부터 브라만을 창조의 총합체와 일치시키는 범신론의 형태가 나타난다. 우리가 보는 모든 것은 실제로 브라만의 일부이다. 그러므로 힌두교도는 주변의 세계, 감각의 세계는 마야(maya), 곧 환상에 불과하다고 주장한다. 그것을 실재라고 생각하는 것은 단순한 아비다(Avidya), 곧 무지이다.

사람의 경우도 마찬가지이다. 인간의 몸은 커다란 환상의 일부이며, 자신을 독립적 존재로 생각하는 것도 역시 무지의 결과이다. 그러나 사람 안에는 아트만(atman), 곧 신적 자아가 있는데, 그것은 실제로 파라마트만, 세계혼과 일치된다. 비록 닫혀 있더라도 항아리 안의 공기가 바깥의 공기와 같듯, 인간 안의 영혼도 모든 곳의 영혼과 같다. "내가 브라만이다"라는 것을 깨닫는 사람이면 누구나 모든 것(All)이 되는 것이다.

C. 다신론(Polytheism)

힌두교는 기본적인 일원론과 그 결과로 생긴 범신론으로부터 쉽사리 다신론, 곧 많은 신을 믿는 형태로 빠져든다. 힌두교는 속성 없는 브라만으로부터 속성의 브라만으로 발전되고, 계속해서 힌두교의 삼신(Triad)과 셀 수도 없는 작은 신들로 발전한다. 삼신은 모든 보이는 것의 기원자이며 창조자인 브라마(Brahma); 보존자인 비시누(Vishnu); 그리고 파괴자(때로는 재창조자)인 시바(Shiva)로 구성된다. 브라마에 관해서는 그의 일이 이미 완성되었기 때문에, 그는 더 이상 숭배될 필요가 없다. 그에게는 별 관심을 귀울이지 않는다. 반면에 비시누와 시바는 굉장히 대중화되어서 여러 형태로 숭배되고 있다. 비시누는 인류를 절박한 재난으로부터 보존하기 위해서, 아홉 가지 **아바타**(avatar), 곧 "환생"으로 땅에 내려왔다. 이 환생은 생선, 거북이, 돼지, 사자 인간, 난쟁이, 그리고 크리슈나와 부처를 포함한 네 가지 완전한 인간 형태이다.[1] 열 번째 환생인 칼키(kalki)는 장차 올 예정이다. 그는 손에 검을 들고 군마를 타고 와서, 타락한 인류를 파괴하고 새로운 세계를 건설할 것이다.

삼신은 각각 아내가 있는데, 힌두교의 만신전(萬神殿)에서 중요한 여신들이다. 브라마의 아내 사라스바티(Sarasvati)는 모든 창조 예술의 여신이며; 비시누의 아내인 라크시미(Lakshmi)는 성공의 여신이고; 시바의 아내 파바티(Parvati)는 여러 이름으로 알려져서 널리 숭배되며, 자신의 독립된 종파도 가지고 있다. 그녀의 아들, 게네샤(Ganesha)는 코끼리 머리를 가진 지혜의 신인데, 힌두교에서 가장 인기있는 형상의 하나이다. 이 기본적인 신들 외에도, 셀 수도 없는 신들이 힌두 제도

---

1 열 가지 환생의 힌두 이름은 다음과 같다: Matsya(물고기), Kurma(거북이), Varaha(돼지), Narasimha(사자 인간), Vamana(난쟁이), Purusarama, Dasaratharma, Krishna 및 Buddha의 완전한 인간 형태, 그리고 Kalki는 앞으로 올 것이다.

안에 있는데, 통상 3억 3천만 정도로 추정된다.

모든 것이 브라만의 일부이기에, 어떤 것이라도 힌두교도에게는 신성히 여겨질 수 있다. 신성한 강(간지스강 같은), 신성한 동물들(소, 원숭이), 그리고 신성한 나무들(벵갈 보리수, 천축 보리수)이 있다. 그 외에도 뱀 신인 나가(Naga)와 독수리 인간인 가루다(Garuda)가 있고, 공작도 역시 숭배된다.

이 헤아릴 수 없는 신들에 대한 숭배는 주문(呪文)과 의식, 축제와 순례와 함께 인도에서 대중적 힌두교의 기초를 형성한다. 부적과 주문의 사용, 그리고 흑 마술과 신들림과 같은 많은 정령 숭배적 특징들도 소개되었다.

힌두교도는 이 막대한 신들의 존재를 유일한 절대적 실재의 발산(또는 확장)으로서, 그리고 브라만의 다른 속성들이 나타난 것으로 설명한다. 보통 사람들은 속성 없는 단순한 혼으로서 신을 이해할 수 없으며, 신을 현실성 있게 하기 위해서는 그의 앞에 만질만한 어떤 것이 필요하다는 논증을 가지고 힌두교도는 우상의 사용을 정당화한다. 힌두교 철학자는 보이는 신들을 사용함으로 보이지 않는 유일한 신을 진정으로 숭배하고 있다고 주장할 것이다; 그러나 분명한 것은, 최소한 일반인에게 피조물이 창조자의 위치에 있는 것과, 숭배자의 마음은 저 위의 신보다 바로 그 앞에 있는 우상에게 더 있다는 것이다. 그러나, 힌두교 만신전의 성장을 보면 욕구를 만족시킬 수 있고 마음 속 깊이 있는 갈망들을 채워줄 수 있는 신을 향한 인간 영혼의 갈증을 알 수 있다.

D. 업보와 윤회(Samsara)

업보의 신앙은 힌두교 인생관의 특징이다. 업보는 문자적으로 "행동" 또는 "행함"을 뜻하며, 개인의 윤리적 생활을 영위하는 데 필연의 원리를 뜻한다. 그것은 물리적 영역에서 도덕적 영역에 이르기까지 원인과 결과의 관계를 망라한다. 물리적 영역에서 모든 사건이 어떤 선행의 사건에 의해 결정되는 것처럼, 개인의 생활에서 그에게 발생되는 모든 것은 그 자신의 전생의 행위들에 의해 결정된다. 사람은 뿌리는 그대로 거둔다. 악의 행위는 인간 존재에 고난과 속박을 가져온다. 선한 행위는 행복과 해방으로 인도해 준다.

업보는 신이나 신들의 명령과 관계없이 피할 수 없는 공의의 법으로 작용한다. 그러므로 각 개인이 그의 행복과 불행에 책임이 있다. 개인에게 자신의 행위에 따라 생기지 않는 것은 없으며, 그에게 일어나는 것은 무엇이든지 행위의 결과이다. 그래서 개인은 자기의 불행에 대한 책망을 받아들여야 하고 그것을 다른 사람이나 신에게 책임을 전가하려고 해서는 안 된다.

업보의 신앙은 삼사라(samsara) 곧 윤회의 교리를 동반한다. 왜냐하면 이생에서 행해진 것은 내세에서 거두어야 하기 때문이다. 사람은 그의 생각, 말과 행위에 따라서 신으로, 보다 높거나 낮은 카스트로, 또는 동물로 다시 태어난다. 그러므로 각자는 그의 과거를 동반하며 동시에 그의 미래를 창조하고 있는 것이다. 그러므로 업보의 법은 카스트 제도의 차별은 물론 모든 불평등, 불의, 그리고 생의 고통을 설명해 준다. 왜 어떤 사람은 명석하거나 상류 카스트에서 태어나는가? 왜 그는 성공하게 되는가? 그의 훌륭한 업보 때문이다. 왜 어떤 사람은 하류 카스트에서 또는 가난하게 태어나는가? 왜 인생의 재난을 겪어야 하는가? 그의 나쁜 업보 때문이다.

E. 목샤(Moksha: 구원)

힌두교도에게 죄는 기독인에게서처럼 개인적인 도덕적 죄가 아니다.

그것은 하나님과의 관계를 포함해서 하나님의 도덕률의 파계(破戒)가 아니다. 오히려 죄는 진리에 대한 무지로, 그리고 실재와 자아에 대한 그릇된 개념으로 정의된다.

힌두교의 목적은 윤회와 업보의 바퀴로부터 벗어나는 것이다. 힌두교도는 탄생, 죽음, 환생의 순환으로부터, 그리고 원인과 결과의 사슬로부터 구제를 갈망한다.

목샤(구원)는 영육의 속박과 시공(時空)의 우주로부터의 구원인데, 이것은 둘 다 업보의 법에 의해 지배되기 때문이다. 많은 환생의 끝에 영혼은 그 감옥에서 해방될 것이며 유일한 실재인 브라만과 다시 연합될 것이다. 마치 대양에 떨어지는 한 방울의 비가 거대한 대양의 일부가 되는 것처럼, 개인의 영혼은 해방될 때 그의 개별적인 존재를 잃고 유일한 세계혼 속으로 흡수된다.

구원에 이르는 세 개의 중요한 마가(marga), 곧 길이 있다. 세 길이 다 유효하므로 개인이 선택할 수 있다. 사욕이 없는 행위가 첫 번째의 길이다(karma marga). 보상을 바라고 행한 행위는 영혼을 존재의 바퀴에 묶어 놓는다. 그러나 결과를 바라지 않고 행한 행위는 영적 자유로 인도된다. 이 길은 달마(dharma), 곧 각자에게 규정된 도덕적, 사회적, 종교적 의무의 수행이 따르거나, 아니면 요가(yoga), 곧 육체에 대한 정신의 지배와 완전한 안정을 일구어 내는 극기적인 훈련의 수행이 따를 수 있다. 그 결과 모든 욕구는 억제되고, 모든 활동은 잠잠해지며, 업보의 새로운 순환은 정지되므로, 결국 해방이 되는 것이다.

구원에 이르는 두 번째 길은 신에 대한 절대적인 헌신의 길이다(bhakti marga). 곧 성스런 신앙 고백문을 암송하고, 신의 이름을 반복해서 부르고, 사원을 방문하는 것 등이다. 헌신은 의식적인 숭배같은 외적인 도움에 의존할 수 있으며, 보다 높은 차원의 신과 직접적인 교제에 의존할 수도 있다.

구원에 이르는 세 번째 길은 보다 높은 지식이나 영적 통찰력의 길이다(jnana marga). 그것은 지적인 소수의 사람을 위한 것이다. 그것은 무지라는 속박으로부터의 해방으로 그리고 신과의 연합으로 인도한다. 숭배자는 마침내 '나는 브라만이다'라고 말할 수 있게 된다.

4. 기독교와의 접촉점

힌두교에는 힌두교도에게 복음을 제시할 수 있는 접촉점을 제공해 주는 몇 가지 개념과 관례들이 있다.

A. 힌두교가 영혼과 영적 세계를 우선적으로 강조하는 것은 "먼저 그의 나라와 그의 의를 구하라"(마 6:33)와 "위엣 것을 생각하고 땅엣 것을 생각지 말라"(골 3:2)는 성경의 명령에 해당된다.

B. 신에 대한 헌신(bhakti)의 강조는 "네 마음을 다하고 목숨을 다하고 뜻을 다하여 주 너의 하나님을 사랑하라"(마 22:37)는 성경의 명령에 기초한다.

C. 힌두교에서 볼 수 있는 자기 희생의 정신은 자기를 부인하고 세상을 포기하라는 성경의 가르침에 해당된다(마 16:24; 요일 2:15).

D. 명상과 침묵의 훈련은 강한 개인의 헌신 생활을 위한 기초를 놓는다("너희는 가만히 있어 내가 하나님 됨을 알지어다"―시 46:10).

E. 요가(정신 지배)의 연습은 훈련된 기독인의 생활―성령을 통한 절제―을 위한 토대가 된다.

F. 힌두교의 삼신(브라마, 비시누, 시바)은 힌두교도가 기독교의 삼위일체 교리를 쉽게 수용하게 한다(회교도와는 달리).

G. 비시누의 열 가지 환생 때문에, 힌두교도는 하나님이 예수 그리스도 안에서 성육신된 사실을 받아들이는 데 문제가 없다.

5. 기독교와의 대조점

A. 힌두교의 체계는 근본적으로 영의 존재만을 인정하는 일원론적이다. 기독교는 영과 물질 세계를 받아들이는 이원론적이다.

B. 힌두교에서 신은 비인격적이고 속성을 지니지 않는다. 기독교에서 하나님은 인격이고, 무한한 속성을 지녔으며, 사람도 하나님과 교제할 수 있다.

C. 힌두교에서 우주는 하나의 환상이다. 물질 세계와 사람은 신의 방사물(放射物)에 불과하다. 기독교 신앙은 아주 실제적인 세계로, 결단과 영원한 운명을 결정짓는 영역이라고 주장한다. 인간은 하나님의 형상대로 창조되었고, 실로 불순종으로 타락했지만, 하나님과 교제할 수 있는 능력이 있다.

D. 힌두교에서 기본적인 문제는 지적인 문제, 곧 무지이다. 기독교에서 기본적인 문제는 도덕적 문제, 곧 죄이다.

E. 힌두교에서 환생의 목적은 사악한 자들을 멸하고 의로운 자들을 보호하기 위한 것이다.[2] 그리스도의 성육신의 목적은 "잃어버린 자를 찾아 구원하려 함"(눅 19:10)이다.

F. 힌두교에서 구원은 업보(행위)의 속박과 존재의 수레바퀴로부터의 해방이며, 그것은 자기 노력에 의해 얻어진다. 기독교에서 구원은 죄책과

---

2 Bhagavad Gita 4:7-8을 보라: "옳은 것이 쇠하고 그른 것이 흥하기에, 오 바라타(Bharata)여, 나는 나를 창조하노라. 선인을 보호하고 악인을 멸하며 의인을 승인하기 위하여, 나는 이 시대와 저 시대에 존재하러 왔노라."

죄의 권세로부터의 구출이며, 이것은 하나님의 값없는 선물이며, 예수 그리스도 안에서 믿음으로 말미암아 얻어진다.

● 힌두교와 기독교의 비교 ●

	힌 두 교	기 독 교
신	1. 창시자 없음	1. 예수 그리스도에 의해 기초됨
	2. 일원론—유일한 존재 내지 실재. 다른 모든 것은 환상이고 무지의 결과이다.	2. 이원론—하나님과 세계는 분리된다; 하나님과 인간은 별개이다. 영과 물질은 둘 다 실재이다.
	3. 브라만—비인격적이고, 알 수 없으며, 관계를 맺을 수 없고, 속성을 지니지 않는다(It로 표시됨) 이스바라—개인적이며, 알 수 있으며, 속성을 지닌다(He로 표시됨). 만신전—보편적 힌두교에 보급되어 있는 남신과 여신들(3억 3천만의 신들).	3. 하나님은 한 분이시고, 개인적이고, 알 수 있으며; 거룩하고, 의로우시며, 사랑이시다; 인간은 하나님과 교제할 수 있다.
삼위일체	4. 삼신(세 개의 머리를 지닌 한 사람)—창조자 브라마; 보존자 비시누; 파괴자 시바	4. 성부, 성자, 성령; 일체 안에 삼위
성육신	5. 비시누의 동물과 인간의 다양한 형태들로의 열 가지 환생: 악인들을 멸하기 위함.	5. 한 번의 성육신: 신인(신성과 인성)이신 예수 그리스도. 목적: 죄인들을 구원하기 위함.
	6. 신화적 형상들: 신들과 영웅들의 전설들.	6. 성육신은 실제이며, 역사에 뿌리를 두고 있다.
죄	7. 다양하게 정의된 avidya(무지)—진리에 대한 무지; maya(환상)—실재를 개성에 돌림; mala—개체의 느낌.	7. 하나님과 잘못된 관계; 도덕율의 위반; 하나님께 불순종; 불신앙. 죄는 죄책과 죄의 선고를 가져 온다.

행위	8. 업보(karma)—선행과 악행들과 그 결과들; 비인격적인 심판 제도; 죄사함 또는 대속의 고난의 가능성은 없다.	8. 도덕율: 행위와 결과. "뿌리는 대로 거둔다." 인격적 입법자와 심판자가 있다. 그리스도는 자신이 우리의 업보를 대신 지셨다. 죄사함이 가능하다.
중생	9. 윤회(samsara)—과거의 업보에 따른 환생. 탄생과 환생의 순환.	9. 생애는 한 번 밖에 없다. 신생(영적 생명)은 그리스도를 통해 가능하다. 장차 올 몸의 부활.
구원	10. 구원(moksha)—탄생과 환생의 순환으로부터의 해방; 브라만에 흡수 공로에 의함—지식의 길, 행위의 길, 헌신의 길	10. 구속—죄책과 죄의 권세부터의 구출; 영생의 선물, 우리 안에 사시는 하나님. 은혜를 인하여 믿음으로. 결과는 하나님을 아는 것, 선행, 하나님께 대한 헌신.

6. 업보와 십자가

힌두교에서 기독교에 대한 근본적인 신학적 장애는 힌두교의 업보 교리를 극단적으로 적용할 때 발생한다. "사람이 뿌리는 대로 거둔다"는 사실은 보편적 원리이며 충분히 받아들여질 만하다. 그러나 힌두교도가 "사람은 자기 행위에 대한 열매를 반드시 먹어야만 하며," 업보의 결과에서 절대로 피할 수 없다고 주장할 때 문제가 발생한다. 이것은 우리의 나쁜 행위나 죄에 대한 용서가 있을 수 없다는 것을 의미한다. 그리고 힌두교도가 인생의 모든 불의와 비극이 자신의 업보의 결과이며, 아무도 그의 업보를 다른 사람에게 전가할 수 없다고 주장할 때, 이것은 대속을 위한 고난의 가능성을 완전히 제외시킨다. 그것은 무죄한 자가 죄인을 위해 고통받을 수 없다는 것을 의미한다. 만일 어떤 사람이 고통을 받는다면, 그것은 그가 죄인이라는 증거이다.

인도에서 한 기독교 전도자가 어느 공설 시장에서 설교를 하고 있었다. 그는 예수께서 빌라도 법정과 십자가 위에서 고난당하신 굴욕, 육체적 고통, 그리고 정신적 고뇌에 대해서 묘사하고 있었다. 한 힌두교 청중이 앞으로 나와서 말했다, "선생님, 이 예수는 금생에서 이렇게 많은 고난을 당해야 할 만큼 전생에서 매우 사악했던 자임에 틀림이 없습니다." 그는 신성모독의 의도로 한 말이 아니라, 단지 업보의 견지에서 십자가를 바라보고 있었다. 업보에 따르면, 예수가 고통을 당한다면, 그 자신의 책임일 뿐이다. 그는 죄를 범했음이 틀림없다. 물론 이것은 속죄의 개념을 완전히 거부하는 것이다.

우리는 힌두교 친구들에게 "각 사람은 자기가 뿌린 것을 거둔다"는 진술이 단지 반쪽 진리라는 것을 지적해 주어야 한다. 다른 사람들도 우리가 뿌린 것을 거둔다―선악을 불문하고 말이다. 제2차 세계 대전 중 6백만의 유대인들이 아돌프 히틀러(Adolph Hitler)의 손에 죽었다. 우리는 그렇게 많은 사람들의 비극적 죽음이 어떤 전생에서 행한 악한 업보의 결과라고 말할 수 있겠는가? 아니면 그들의 죽음이 히틀러의 광기(狂氣)의 결과인가? 그리고 셀 수 없을 정도로 많은 생명들이 19세기 프랑스 화학자이며 미생물학자인 루이스 파스퇴르(Louis Pasteur)에 의해 발견된 면역 과정을 통해 구제되었다. 우리는 이렇게 받은 혜택을 우리 자신의 훌륭한 업보 때문이라고 할 수 있는가? 아니면 다른 사람의 덕행(德行)의 결과였는가? 우리는 우리 주변에서 종종 한 사람이 씨를 뿌리고 다른 사람은 거두는 것을 보게 된다. 만일 부모가 죄를 범하면, 자녀들과 사회가 고통을 받는다. 부모가 선하면, 아이들이 덕을 본다. 우리의 행위는 가족과 사회와 세상에 영향을 준다.

이런 사실은 대속의 문을 열어 준다. 한 사람을 생각해 보자. 그는 역사상 가장 중요한 사람이며, 근본적으로 온 세계와 관련되었으며, 십자가 상에서 그 자신을 내맡긴 사람이다. 온 세계는 그 은택을 거둘 수 있겠는가?

만일 예수가 한 인간에 불과하다면, 그 혜택을 온 인류에게 건네 주지 못했으리라. 그의 죽음은 순교에 불과했을 것이다. 그러나 하나님이 씨를 뿌리신다고 생각해 보라. 하나님은 그 결과를 온 인류에게 건네 주실 수 있겠는가? 이것은 가능하다! 예수는 사람의 아들인 동시에 하나님의 아들이다. 그는 신인(神人), 곧 인간의 육신 안에 계신 하나님이었다. 그는 의도적으로 십자가에 가서, 그의 생명을 내어 주셨다. 그러면, 우리는 우리가 뿌린 것이 아닌, 그가 뿌린 것을 거둘 수 있는가? 그렇다면, 이것은 크나큰 가능성--용서와 자유와 생명--을 얻어 주는 것이다!

"그러나," 우리의 힌두교 친구들은 주장할 수 있다, "무죄한 자가 죄인을 위하여 고난받는 것은 부당하다!" 이 주장은 결정적인 것 같으며, 이 주제에 대한 우리의 모든 소망과 논거를 폐기시킬 것이다. 그러나 그 반론을 좀더 자세히 살펴보자. 그것은 인생의 사실들과 부합되는가?

여기에 마음을 아프게 하는 아들을 둔 한 어머니가 있다. 그녀는 그에게 대단한 소망을 가졌지만, 지금 그는 그의 인생을 무모한 어리석은 행동과 죄악으로 허비하고 있다. 당신이 그 어머니에게 가서 말한다, "당신의 아들로 인해 이렇게 고통당하는 것은 부당합니다. 당신은 죄가 없고 그가 죄인입니다. 그건 부당합니다." 그녀는 고통스러운 표정으로 당신을 쳐다보며 말할 것이다, "내 아들 때문에 고통당하는 것이 부당하다구요? 그것은 바로 내 안에 있는 모성애가 원하는 일이지요. 내 마음은 그것을 원합니다." 우리는 공의라는 이름 하에 자기 아들로 인해 고통받는 어머니의 특권을 부인할 수 있는가? 그 숭고한 특권을?

당신이 그녀에게 이렇게 말한다고 생각해 보자, "당신은 아이들을 엄격한 공의에 따라 다루어야만 합니다. 그가 당신에게 하는 대로 갚아 주어야 합니다." 만일 그녀가 친어머니라면 당신 말을 듣겠는가? 당신은 정말 그녀가 그렇게 하기를 원하는가? 엄격한 공의 위에 세워진 가정은 마치 물건이 흥정되어 유사한 증서(證書)로 치루어지는 시장터 같이 될 것이다. 인생에 있어서 가장 값진 것은 죽는 것, 곧, **희생적 사랑이리라**.

희생의 법은 인생의 가장 낮은 곳으로부터 가장 높은 곳에 이르기까지 어디에서나 나타난다. 인생의 어떤 영역에서도 다른 사람들을 구하는 자들이 자신들의 문제와 슬픔, 그리고 때로는 죽음조차 구할 수 없다. 씨앗은 열매를 맺기 위하여 자체를 내어 주고 죽는다. 어미새는 새끼들을 구하기 위해서 뱀의 입 속으로 자신을 던져 넣는다. 인간 어머니도 아이를 살려내기 위해 죽음의 계곡으로 내려간다. 젊은 애국자는 자신의 창창한 앞날에도 불구하고, 단 하나 뿐인 생명의 위협을 무릅쓰고, 그의 가정과 나라를 구하기 위해 적의 무력에 대항하여 행진한다. 이 희생의 정신은 인생에서 가장 고귀한 것이다.

이제 이것이 보편적인 법이라면--그리고 이것이야말로 보편적인 법이리라--우리가 가장 높은 분인 하나님께 나아갈 때, 우리는 그분 안에서 온 우주에서 가장 위대하고 가장 숭고한 희생적 사랑의 표현을 찾게 되리라고 기대할 수 있을 것이다. 그렇지 않다면 피조물이 창조자보다 더 위대할 것이다. 벌레, 새, 동물이 더 위대할 것이다; 그것들은 자신들을 주지만, 하나님은 그렇지 않기 때문이다. 하나님이 전 우주를 통해 희생에 의한 구원의 법을 제정해 놓고 스스로 그 법을 지키지 않는다는 것은 생각할 수도 없다. 만일 우주에 사랑하며 희생하는 하나님이 존재하지 않는다면, 그런 하나님은 반드시 존재해야 한다. 인간과 우주 안에 있는 가장 높은 그 무엇은 하나님을 요구한다.

그러나 십자가는 그러한 하나님이 존재한다는 것을 보여 준다. 예수가 십자가 위에서 말로 다할 수 없는 고난을 겪고 있을 때, 사람들은 그를 조롱하며, "저가 남은 구원하였으되 자신은 구원할 수 없도다"(마 27:42)라고 말했다. 이상하게 들릴지는 모르나, 그러한 미움으로 발광한 원수들의 조롱의 표현은 기독교의 중심적 진리가 되었다. 그가 남은 구원하였으나 자신은 구원할 수 없었던 것이다. 여기에서 우리는 가장 고귀한 희생적 사랑을 본다. 여기에 잃어버린 인류를 위해 자신을 희생하는 우주의 하나님이 계셨다; 인간을 위한 신격(神格)의 고난, 죄를 범한 자를 위한 결백한 자, 그리고 죄로 가득찬 자를 위한 죄없는 자가 여기에 있다.

그러므로 십자가는 하나님이 법과 질서의 하나님일 뿐 아니라(업보 교리가 보여 주듯이), 사랑의 하나님임을 (희생의 법이 보여 주듯이) 계시한다. 십자가는 하나님이 우주의 도덕적 질서를 고양(高揚)시키며 잘못된 행위와 죄에 대하여 무엇인가를 하고자 하실 뿐 아니라, 도덕적 질서를 거스려 행한 자를 향상시키며 죄인들을 구속하기를 원하신다는 사실을 계시한다. 그러므로 십자가 안에서 하나님의 공의와 사랑이 만난다. 그 곳에서 우리는 하나님이 공의를 너무 사랑하시기에 가볍게 죄를 용서하시지 않는다는 것과, 인간을 너무 사랑하시기에 무관심하지 않는다는 것을 안다.

코카서스에 샤밀(Shamyl)이라는 종교적으로나 군사적으로 위대한 지도자가 있었는데, 그는 1871년에 사망했다. 그 나라에는 뇌물이 너무나 난무해서 그는 뇌물을 주거나 받는 자에게 100대의 채찍이라는 형벌을 제정했다. 어느 날 한 범죄자가 샤밀 앞으로 끌려 왔다. 그는 창백해졌다. 끌려온 자는 그의 어머니였다. 그가 무엇을 할 수 있겠는가? 가볍게 용서할 것인가? 그렇게 하기에는 그가 너무 공의로웠다. 그는 그녀를 구하기 위하여 아무 것도 하지 않겠는가? 그렇게 하기에 그는 너무 사랑했다. 그래서 그는 채찍을 명했다. 처음에 한 대 그리고 둘, 셋, 넷, 다섯 대까지 내리쳤다. 그러자 갑자기 그는 "잠깐!"하고 외쳤다. 그는 어머니가 있던 자리에 무릎을 끓고 나머지 95대의 채찍을 대신하여 맞았다. 어떤 자들은 외쳤다, "얼마나 공의로운가!" 또 어떤 자들은, "얼마나 큰 사랑인가!"라고 외쳤다. 실로, 그것은 둘 다 해당된다. 샤밀은 법을 지켰으며 동시에 어머니도 구했다. 두 가지가 함께 일어났다―공의와 자비, 법과 사랑. 이것으로부터 샤밀의 추종자들은 그들의 주인이 얼마나 철저히 공의로운가를 알 수 있었다. 그는 법을 변경하지 않으면서도 동시에 죄인을 구하였다.

십자가에서 우리는 하나님이 공의로우시며 동시에 자비하시다는 것을 다 본다. 그는 너무 공의로워서 회개하는 영혼은 다른 어떤 것보다 더 심한 형벌―사랑, 곧 하나님의 사랑을 상처입힌 고통―로 괴로움을 당하게 하신다. 그러나 그는 동시에 너무 자비로워서 회개하는 영혼은 자유로워지며 찬송의 삶을 경험하게 된다. 그는 용서받고 구원된다. 하나님의 사랑은 원칙적인 사랑이다.

그렇다면 십자가는 업보의 법을 폐지하는가? 그렇지 않다. 그것은 보다 높은 법을 소개할 뿐이다. 세상에서 모든 법은 더 높은 법에 의해 제지된다. 원심력은 구심력에 의해 제지된다; 그렇지 않으면 우리의 지구는 무한한 우주 공간으로 날아갈 것이다. 중력의 법칙은, 다른 법칙들에 의해 제지되지 않는다면, 모든 것들을 지구로 끌어당길 것이며 따라서 전반적인 붕괴가 있을 것이다. 공기 역학의 법칙은 중력의 법칙을 압도해서 비행기가 날 수 있게 한다. 인생의 모든 면에서 우리는 보다 높은 법을 제시함으로 한 법을 극복할 수 있다. 우리는 단계 낮은 법을 없애버리지 않는다; 단순히 그 작용을 잠시 동안 정지시키는 것이다. 내가 근육의 법칙을 이용하여 팔을 들 때도 여전히 중력은 존재한다.

뿌리고 거두는 법(업보)은 중력이 물리적 영역의 기초가 되는 것과 마찬가지로 도덕적 영역의 기초가 된다. 하나님은 인간에게 그리스도의 십자가 안에 있는 더 높은 법, 곧 희생적 사랑의 법을 소개하신다. 만일 우리가 그 법을 붙잡아 그것으로 하여금 우리의 삶 속에서 작용하게 한다면, 우리는 옛 법을 정지시키고 그 위로 올라가는 것이다. 우리는 그 법을 없애지 않는다; 우리가 공기역학 법칙을 중단하자마자 중력이 작용하듯이, 지고(至高)의 법을 포기하는 순간 낮은 법이 다시 작용한다. "그리스도 예수 안에 있는 생명의 성령의 법이 죄와 사망의 법에서 너를 해방하였다"라고 사도 바울은 외쳤다(롬 8:2). 그리스도 안에 있는 높은 생명의 법이 소개됨으로 우리는 낮은 죄의 법으로부터, 그리고 그 결과인 죽음으로부터 해방된 것이다.

업보의 법이 한 원칙을 드러낸다면, 십자가는 한 인격을 드러낸다. 업보는 비인격적이며 조직적인 것이지만, 십자가는 매우 인격적이고 동정적인 분을 드러낸다. 업보의 법은 죄가 우리를 대항하며 우리에게 고통을 가져다 주는 것을 드러낸다면, 십자가는 죄가 근본적으로 하나님을 대항하며 그에게 고통을 드린다는 것을 드러낸다. 업보의 법은 하나님을 공의의 하나님으로 말하나 십자가는 그를 사랑의 하나님으로 드러낸다.

흥미롭게도 마하트마 간디가 1948년 1월 인도에서 암살당했을 때 인도인들은 그의 죽음에 업보의 원리를 적용하지 않았다. 그들은 그의 비극적인 불시의 죽음이 자신의 나쁜 업보의 결과라고 말할 수도 있었을 것이다. 그러나 그들은 간디를 너무도 사랑하고 존경했기에 그렇게 할 수 없었다. 그들은 그를 새 나라의 아버지로 존경했다. 그래서 그 대신 인도 전역에서 힌두교도들은 간디를 그리스도와 비교하기 시작했다. 우연히도 간디는 그리스도처럼 금요일에 자신의 그룹 일원에 의해 죽음을 당했다. 그래서 그 비교는 더욱 더 돋보였다. 십자가에 달리신 그리스도를 배경으로 간디가 총탄에 쓰러지는 것을 보여 주는 수천 장의 그림이 나타났다. 힌두교도들은 말하기 시작했다: "기독인들이 우리에게 그리스도가 죄없이 다른 사람들을 위하여 죽었다고 말한 것처럼, 간디도 선하고 죄없는 자로 나라를 위하여 생명을 주었다." 내가 이 말을 들었을 때, 나는 인도 사람들이 처음으로 십자가와 대속적 고난의 의미를 이해하기 시작했다는 것을 느꼈다.

7. 베다와 십자가 3)

힌두 경전에는 희생만이 구원의 수단이라고 말하는 구절들이 다수 있다. 예를 들어, 베다에서 우리는 다음과 같은 진술을 찾을 수 있다:

"희생은 우리의 가장 중요한 의무이다."

"모든 것을 부여해 주는 것은 희생이다."

"희생은 사람으로 잘 살게 해 주는 배이다."

"희생을 통하여서만이 신들은 하늘을 얻었다."

"희생의 길을 통하여 구원을 얻을 수 있다."

바가바드 기타도 역시 희생의 중요성을 주장한다:

"사람과 희생을 만들 때 창조주는 말했다: '희생에 의해서 너는 바라는 모든 것들을 증가시키고 또 얻을 수 있는 것이다'"(기타 3:10).

"희생이 무엇인지를 아는 모든 자들은 희생을 통하여 그들의 죄를 씻는 이 세상이나 내세도 희생을 드리지 않는 자들을 위한 것이 아니다"(4:40-31).

"희생의 행위는...진심으로 행해야 한다; 이것들은 성별을 위한 행위이기 때문이다"(18:5).

그 밖에 힌두교 경전에서 희생 자체가 구원을 주는 것이 아니라 한 위대한 구원을 주는 희생에 대한 유형 내지 그림자라고 선언한다.

"그대 신들이여, 희생은 배의 목재와 같도다; 희생이 견고하지 않다는

---

3 필자는 이 부분의 개념에 대하여 인도, Andhra Pradesh의 Telegu어 전도자인 Adhyaksha Mandapaka에게서 도움을 받은 바, 그는 봄베이의 "복음 문서 봉사회"에서 출판한 "희생"이란 제목의 전도지를 저술하였다.

것은 의심의 여지가 없다."4)

"구원하는 것은 희생이다. 행위는 희생의 그림자이다."5)

"그림자와 죽음이 신주(神酒)가 되는 자는 그의 그림자와 죽음에 의해 영과 힘이 주어진다."6)

힌두 경전들에 있는 구절들 가운데 더욱 의미심장한 것은 신 자신이 희생이라고 다음과 같이 말하는 것들이다:

"프라쟈파티(Prajapati: 모든 피조물의 주) 자신이 희생이다."7)

"신은 자신을 희생으로 바쳐서 죄를 위한 속죄를 얻는다."8)

"신은 반은 죽을 운명이고 반은 불사신이 되었다."9)

이러한 위의 구절들로부터 분명해지는 것은 진실하고 위대한 구속의 희생이 이 세상의 주권적 주님에 의해 이루어지는데, 그분은 신인(神人)으로 성육신하시어, 인류를 죄로부터 구원하기 위하여 희생물로 자기 자신을 내어놓은 분이다. 이 모든 것은 우리 주 예수 그리스도의 성육신과 죽음으로 단번에 성취되었다.

8. 힌두교도를 위한 복음

힌두교의 핵심은 신을 알기 위해 모든 것을 다 바치고자 하는 갈망이다. 우리는 어떻게 힌두교도들이 비인격적인 신으로부터 인격적인 신으로, 그리고 더 나아가서 삼신과 수많은 신들로, 그리고 마침내 신들의 형

---

4 Skanda Purana Yagna Vaivhava Khanda 7장.
5 Tandya Maha Brahmana.
6 Rig Veda.
7 Sathpatha Brahmana.
8 Tandya Brahmana of Sama Veda.
9 Satapadha Brahmana.

상들로 이동했는지를 살펴보았다—이 모두가 신을 실제적이고 가까이 하기 위한 시도이다—그러므로 힌두교도에 대한 접근 방법에 있어서, 우리는 이처럼 굉장한 집착의 시점에서 그들을 만나야만 한다.

이것은 우리가 그리스도의 인격으로부터 시작해야 된다는 것을 의미한다. 만일 신으로부터 시작한다면, 우리는 신에 대한 잘못된 개념들을 가지고 시작하게 된다. 만일 우리가 사람으로부터 시작한다면, 우리는 문제를 가지고 시작하게 된다. 그래서 우리는 신인(神人)으로부터 시작한다. 그리스도 예수는 유일하게 하나님으로부터 진정으로 내려온 자(avatar), 곧 성육신하신 분이시다. 그의 강림은 신화가 아니라 역사적인 사실이다. 역사의 한 시점에서, 하나님은 스스로 인간의 모습을 취하여 인류의 한 구성원이 되셨다. 예수는 임마누엘, 곧 "우리와 함께 계시는 하나님"이었다. 그는 가까운 곳에 계신 하나님이었다. 예수 안에서 우리는 하나님의 진정한 속성을 본다. 우리는 하나님이 절대적으로 거룩하고, 절대적으로 공의로우며, 절대적으로 사랑이라는 사실을 안다. 우리는 그를 창조자, 심판자, 구원자로 안다. 우리는 하나님이 인간에게 오셔서 자신과 다시 교제하기를 원하시는 하나님임을 발견한다. 우리가 하나님에 대해 알아야 될 것은 모두 예수 그리스도 안에 있다는 것이다. 우리는 그보다 더 높거나 더 고상한 어떤 것도 생각할 수 없다; 우리는 그보다 더 못한 것은 감히 생각조차 할 수 없다.

그리스도 안에서 우리는 하나님을 볼 뿐 아니라, 우리 자신도 본다. 하나님의 면전에서 우리의 모든 의와 선행은 더러운 옷처럼 보인다. 우리는 하나님의 영광에서 얼마나 떨어졌는가를 깨닫는다. 왜냐하면 그리스도는 완전한 분이시고 우리는 죄 많은 인간이기 때문이다.

이 때문에 힌두교도는 자신의 업보를 다시 생각하지 않을 수 없다. 성경은 분명히 "사람이 무엇으로 심든지 그대로 거두리라"(갈 6:7)고

진술한다. 그뿐 아니라 성경은 모든 사람이 악한 업보를 심었다고 선언하는데, 그 이유는 "모든 사람이 죄를 범하였으매," "죄의 삯은 사망이요"(롬 3:23; 6:23)라고 했기 때문이다. 그러므로 모든 사람은 죄인이요 범죄자로서 하나님 앞에 서게 된다. 힌두교도는 "영혼의 여섯 가지 원수—육욕, 분노, 탐욕, (세상에 대한) 매혹, 교만, 그리고 질투"에 대해 말하기 때문에 인간의 죄성을 인식한다.10) 8세기 힌두 철학의 가장 유명한 대표자 산카라차랴(Shankaracharya)조차 참회의 기도 중 외쳤다: "저는 죄인입니다. 행위로 죄인이요, 영으로 죄인이요, 본성으로도 죄인입니다. 오 신이여, 저에게 자비를 베푸소서."

이것은 진정한 자기 인식—우리가 하나님 앞에서 죄인이라는 인식이다. "내가 신이다"라는 잘못된 주장을 야기시키는 자기 인식은 실제로 사단 자신이 꾸며낸 엄청난 우주적 거짓말이다. 우리는 이 엄청난 거짓말을 배척해야 하며, 우리는 신이 아닌 인간에 불과하며, 그것도 죄많은 인간임을 고백해야만 한다. 우리는 유일하신 참 하나님 앞에 무릎을 꿇고 그의 긍휼에 우리 자신을 맡겨야만 한다.

힌두교도를 이만큼 이해시켰다면, 우리는 이제 그에게 구세주인 그리스도를 소개할 준비가 되어 있다. 베다 경전은 "구원하는 것은 희생이다"라고 하는데, 성경은 "피흘림이 없은즉 사함이 없느니라"(히 9:22)고 선언한다. 베다 경전은 "모든 피조물의 주가 희생이다"라고 하며, 성경은 예수가 "세상 죄를 지고 가는 하나님의 어린 양"(요 1:29)이라고 선포한다. 예수는 죄를 위한 최종적이고 완전한 희생으로서, 다른 모든 희생은 단순히 그것의 그림자에 불과하다. 십자가의 예수 안에서

---

10 영혼(shadvairi)의 여섯 가지 원수는 kama(육욕), krodha(분노), lobha(탐욕), moha(세상에 대한 매혹), mada(교만), 및 matsarya(질투) 등이다.

하나님은 그의 사랑으로 인간의 죄를 해결하셨다. 우리의 업보를 그 자신이 지셨다. 지금 그는 우리의 모든 죄를 위하여 완전하며 값없는 용서를 해 주시며, 죄의 속박으로부터 구원해 주신다. 그는 우리에게 영생을 주신다. 구원은 우리가 하나님이 값없이 주시는 선물을 받아들이는 순간 바로 이 즉석에서 가능한 것이다.

그러므로 우리의 업보는 둘 중 한 곳에 있다. 그리스도 위에 있든지 아니면, 우리 자신 위에 있든지이다. 만일 우리가 회개하고 그리스도를 우리의 구세주로 믿으면, 우리의 업보는 그에게로 굴러가서 처리된다. 만일 우리가 회개하지 아니하고 믿지 않으면, 우리의 업보는 우리 위에 그대로 남아서, "우리 행위의 열매를 먹어야만 할 것이다." 만일 우리가 희생적인 사랑의 법 아래 살면, 우리는 자유와 생명을 발견할 것이다. 만일 우리가 계속해서 업보의 법 아래 살면, 우리는 속박과 죽음을 경험하게 될 것이다. 그 선택은 우리에게 달렸다.

믿음으로 응답하는 사람들에게, 하나님은 특별한 선물인 그의 영을 허락하신다. 이것은 성령의 임재를 통해 하나님 자신이 우리 안에 거하고, 우리를 변화시키고, 우리가 하나님을 기쁘시게 하는 방법으로 살 수 있게 해 주는 것을 의미한다. 이것은 하나님을 아주 실제적이고, 개인적이며, 손이나 발보다도 더 가깝게 느끼게 해 준다. 그분은 더 이상 우리 위에 계시거나, 우리와 함께 하시는 분이 아니라, 우리 안에 계시는 하나님이시다.

그러므로 그리스도는 힌두교의 고상한 열망의 완성이다. 그리스도는 힌두교도에게 말씀한다: "나는 길이다"—행위의 방법(Karma Marga); "나는 진리이다"—지식의 방법(Jnana Marga); "나는 생명이다"-헌신의 방법(Bhakti Marga) (요 14:6 참조).

지식의 방법은 이상에 대한 헌신이고; 행위의 방법은 규범에 대한 헌신이며; 헌신의 방법은 한 인격에 대한 헌신이다. 예수는 이상이 현실이 된

분이고; 규범은 이제 한 인격이며; 그 인격은 이제 최고의 분(the Supreme Person)이시다.

그뿐 아니라 그리스도는 베다 경전에서 표현된 힌두교도의 열정적인 기도의 응답이다:

"거짓에서 진리로 나를 인도해 주소서;
어둠에서 빛으로 나를 인도해 주소서;
죽음에서 불멸로 나를 인도해 주소서."

그리스도는 분명히 말씀한다: "내가 곧 진리요, 너희가 나를 알았더면, 내 아버지도 알았으리로다; 너희가 그를 알았고 또 보았느니라. 나는 세상의 빛이니, 나를 따르는 자는 어두움에 다니지 아니하고, 나는 부활이요 생명이니, 나를 믿는 자는 영원히 죽지 아니하리니"(요 14:6-9; 8:12; 11:25-26 참조).

11

불교도에 대한 복음 전달

불교는 거의 BC 600년 전에 탄생되었다. 불교는 힌두교와 인도의 소산이며, 세계적인 큰 종교들 가운데 먼저 국제적인 종교가 되었다. 오늘 불교계는 중앙 아시아로부터 근동에 이르기까지 뻗어 있고, 2억 5천만에서 5억의 추종자들을 자랑한다.

불교는 동질의 조직이 아니라, 다양한 교리와 관습을 제시한다. 불교는 보수주의와 자유주의, 정통파와 반역파의 적대적인 경향, 종파들과 당파들과의 긴장 상태, 다른 조직들과 문화들의 퇴폐적인 영향, 그리고 신앙의 근원지에로의 복귀 등의 특성을 지닌다. 불교에는 무신론과 유신론, 일원론과 이원론, 신앙에 의한 깨달음과 행함에 의한 깨달음, 무아(無我)적 축복으로서의 구원과 극락의 기쁨으로서의 구원이 있다. 그러나 언제나 변하지 않는 어떤 기본적인 사상들이 있다.

세 피타카스(Three Pitakas)라고 불려지는 정통 불교 경전은 기독교 성경 크기의 약 11배나 되는 두꺼운 모음집이다. 경전은 팔리(Pali)어로 쓰여졌는데, 부처가 죽은 후 몇 세기 동안 문서로 기록되지 않았는데도 부처의 가르침을 담고 있다고 여겨진다.

1. 부처의 생애

불교의 창시자는 힌두교의 크샤트리아 계급의 왕자인, 싯타르타 과타마(Siddhartha Gautama; 약 BC 563-483)이다. 그는 바라나시 (Varanasi)에서 북쪽으로 약 100마일 떨어진 네팔 국경 근처인 북 인도에서 태어났다. 그의 시대는 공자와 초기의 에스겔과 동 시대로 간주된다. 과타마는 궁전에서 온갖 사치를 다 하면서 양육되었고 냉혹한 삶의 현실로부터 격리되었다. 그러나 어느 날 모든 노력에도 불구하고, 그는 왕가의 공원을 거니는 중, 늙은 사람, 병자, 죽은 사람, 그리고 구걸하는 수도 승을 보게 되었다. 그는 세상의 냉혹한 현실에 너무도 깊이 영향을 받고 인간의 고통의 문제에 대해서 오랫동안 깊이 생각하기 시작했다. 마침내, 29세의 나이에 그는 인생의 수수께끼에 대한 해답을 찾기 위하여, 잠자고 있는 아내와 어린 아들을 남겨 두고, 부귀 영화를 포기한 채, 밤중에 궁전을 몰래 빠져 나갔다. 처음 그는 두 명의 유명한 브라만 계급의 수도사의 가르침을 받았으나, 그들의 가르침에 만족할 수 없었다. 그 다음 그는 몸이 피골이 상접할 때까지, 매일 극소량의 쌀로 연명하면서 정글에서 극도의 고행을 했다. 그러나 그는 여전히 만족이 없었다. 따라서 그는 극도의 고행과 자기 극기로부터 집중적인 정신적 활동이라는 단순한 삶으로 전환하였다.

마침내, 시타르타 과타마는 보리수 나무 밑에 앉아, 오랜 명상의 극치에 도달하자, 갑자기 그의 질문에 대한 해답을 얻게 되어, **부처**, 곧 깨달은 자가 된 것이다. 이것은 그의 삶에 전환점이 되었다. 그 추구자는 자신의 중요한 문제를 해결했을 뿐만 아니라, 세상 사람들이 들어야 하는 메시지를 갖게 되었다. 그래서 부처는 그가 발견한 도를 다른 사람들에게 가르치기 시작했다. 그는 힌두교의 성시(聖市)인 바라나시 교외에 있는 사르나트(Sarnath)의 사슴 공원에서 처음 설교하였고, 그의 첫 제자들도 얻었다. 그가 80의 고령으로 죽을 때까지 그는 듣고자 하는 모든 사람을 가르치는 순회 설교자였다. 부처가 그의 깨달음으로부터 얻은 통찰력은 불교의 핵심적인 메시지가 되었는데 그것은 다음과 같은 4개의 진리로 요약될 수 있다.

2. 사성제(四聖제)

A. 고난의 사실: 실존은 고난을 수반한다. 고난은 (정신적, 육체적) 보편적이며 바로 삶의 본질과 관련된다. 모든 형태의 실존은 고난에 종속된다. 고난은 개인의 실존과 불가분의 관계이다. 존재한다는 것은 고난받는 것이다.

B. 고난의 원인은 욕구, 곧 소유에 대한 열망과 모든 종류의 이기적 향락인데, 특히 개인적인 실존에 대한 갈망이다.

C. 고난의 치유는 모든 욕구를 소멸시키는 것이다. 욕구가 없어질 때, 그리고 쾌락과 삶에 대한 이기적인 갈망이 포기되고 소멸될 때 고난도 없어진다.

D. 욕구로부터 해방될 수 있는 길은 팔정도(八正道)를 따르는 것이다.
⑴ 정견(正見: Right views). 이것은 사성제에 대한 지식과 그 안에 함축되어 있는 믿음을 포함한다. 이러한 믿음 가운데는 자아 내지 영혼의 실존의 거부이다. 또한 탐욕, 거짓말, 험담과 같은 무가치한 태도와 행동의 거부이다.
⑵ 정사(正思: Right aspirations). 이것은 악과 해로운 행위를 삼가하면서 쾌락을 포기하는 것을 의미한다. 탐욕과 악의와 잔인이 없는 사고를 가져야 한다.

⑶ 정어(正語: Right speech). 이것은 모함, 거짓말, 거친 말, 어리석은 잡담의 절제를 포함한다. 말은 온화하고, 듣기에 부드럽고, 마음에 스며들고, 유익하고, 적시에 해야만 한다.

⑷ 바른 행위(Right conduct). 헌신자는 어떤 생물도 죽여서는 안 되며, 도둑질과 불법적인 성교를 삼가해야 한다.

⑸ 정업(正業: Right means of livelihood). 추종자는 어떠한 생물에게라도 해를 끼치는 직업을 피해야 한다. 그는 그의 능력에 맞는 일에 종사해야 하고, 그의 동료들에게도 유익을 주는 직업을 택해야 한다.

⑹ 바른 노력(Right effort). 그것은 잘못된 마음의 상태를 방지하려는 노력, 악을 극복하려는 노력, 가치 있는 상태로 발전시키려는 노력 (초연함과 집중과 같은), 그리고 이러한 상태를 성숙한 상태로 만들려는 노력이다. 이 성취의 절정은 보편적 사랑이다.

⑺ 바른 마음(Right-mindfulness). 헌신자는 몸과 자아의 주인이어야 한다. 그는 자신의 감정과 타인의 감정을 알고 있어야 하며, 부주의하게 어떤 일도 하지 말아야 하며, 오직 목적이 있는 행동을 할 것이다.

⑻ 정념(正念: Right meditation). 이것은 한 가지 대상에 정신을 집중하는 것을 의미하며, 모든 장애 요소들을 극복하는 것을 말한다. 그처럼 힘든 정신 개발은 각인이 모든 산만과 악을 정화하고, 평안과 환희가 가득찬 무아의 경지로 들어가는 것이다. 마침내 그는 모든 감각과 의식의 세계를 초월하고 완벽한 깨달음의 경지에 도달하게 된다.

3. 열반(Nirvana)

불도(佛道)의 궁극적 목표는 묘사하기 어려운 상태, 곧 열반이다. 서양에서 열반은 전통적으로 "꺼져 가는 양초의 상태"인 무(無)로서, 전멸 상태와 같다고 본다. 그래서 부처는 삶 자체를 제거해 버림으로 삶의 문제를 제거하며, 우리들의 머리를 제거해 버림으로 두통을 제거한다고 했다.

그러나 이러한 해석은 불교 학자들에 의해서 도전받았다. 그들이 주장하는 전멸은 삶 자체가 아니라, 삶에 대한 갈망과 삶의 헛된 애착이다. 열반은 평안과 안식을 느끼는 순수한 행복의 상태이며, 완전하고도 열정이 없는 행복이다. 그것은 윤리적인 상태이며, 장차 어떠한 환생도 없는 상태이며, 모든 욕망의 소멸, 최종적인 고난으로부터의 해방이다. 그럼에도 불구하고 완전 전멸의 개념을 거부하는 동시에, 불교도는 열반이 계속적인 실존을 뜻한다는 관념에 대해서는 난색을 표한다.

부처가 열반을 어떻게 믿었는지 아주 확실하지 않다. 분명히 그것은 욕구와 탄생과 환생의 싫증나는 순환의 멸절이다. 그러면 개인의 존재를 멸절한다는 말인가? 그 점에서는 부처가 명확하지 않은 것으로 보인다. 그는 사후 어떠한 종류의 실존을 누려야 하는지 아닌지에 대한 그의 제자들의 질문에 분명한 답변을 한사코 피했다. 십중팔구 그는 질문이 그리 중요하지 않다고 생각했다. 그에게 중요한 것은 인간의 실존의 독(毒)인 갈증 내지 욕구가 없어진 상태 가운데로 들어가는 것이었으며, 따라서 실존의 열매인 고난도 끝이 난다.

현대 불교 학자는 열반에 대한 참된 묘사가 불가능하다고 주장한다. 어떻게 인간이 자신을 초월한 상태를 파악할 수 있는가? 그것은 땅이 어떤 것인지를 올챙이에게 알려 주려고 하는 개구리와 같다. 개구리는 다음과 같이 말할 것이다, "땅은 물이 아니란다; 젖지도 않았고; 액체도 아니란다" 등; 그러나 더 이상 설명해 줄 도리가 없는 것이다. 왜냐하면 올챙이는 그들의 환경에 따라서만 사물을 이해하기 때문이다. 마찬가지로, 열반에 대한 개념은 인간의 범주에는 적합하지가 않으므로 인간이 이해하기 어려운 것이다.

부처는 구원이 개인의 성취라고 가르쳤다. 그는 어떠한 외적 자료도 도움으로 의존하지 않아야 한다. 이미 열반에 도달한 사람들의 조언과 가르침이 추구자에게는 도움이 될 수 있기는 하나, 그래도 그는 스스로 성취해야 한다. 보이지 않는 존재에게 기도하는 것은 소용이 없다. 부처는 신 내지 영의 존재를 부인하지 않았지만, 그것들을 사람과 같은 존재로 여겼으며, 탄생과 환생의 긴 고리 속에 붙잡혀 있다가 장차 환생될 때는 더 이상 신 내지 영혼이 될 수 없다는 것을 믿었다. 그러므로 그것들은 열반을 향해서 애쓰고 있는 사람을 도울 수 없다.

과타마는 자신이 신이라는 어떤 주장도 하지 않았다. 그는 길(道)을 추구하고 그것을 발견한 자에 불과하며 다른 사람들에게 그 길을 지적해 주는 선생일 뿐이라고 공언했다. 그러기에 각자가 자신의 힘으로 행해야 하는 일이다. 네덜란드의 신학자, 핸드릭 크래머는 불교를 "무신론적 윤리적 수양"이라고 기술했다. 불교는 신학을 제외시킨 윤리와 정신 문화를 강조하는, 인간 중심적이며 자기 훈련의 체계이다. 창시자가 가르친 불교는 어떤 의미에서도 기독교적 관점에서 이해된 믿음과 예배의 조직도 아니다. 부처는 기도 내지 찬양의 여지를 남겨 놓지 않았으며; 용서도 천국도 제시하지 않았으며, 심판도 지옥도 없다고 경고했다. 그러나 부처의 추종자들이 그를 경의와 기원의 대상인 "신"으로 바꾸어 놓았다는 것을 지적해야만 하겠다.

4. 불교와 힌두교

어떤 점에서는, 불교란 힌두교에 대한 반란이었다. 부처는 베다의 희생 제도에 반발하였고, 종교 의식의 전문가 내지 신과 인간의 중재자인 브라만 계급의 지도력에 반발했다. 뿐만 아니라 그는 카스트 제도에 반발했으며, 팔정도를 따르는 댓가를 치르겠다고 한 사람이면 누구나 그의 조직 안으로 환영되었다. 어떤 점에서, 부처는 평신도였고, 그가 시작한 운동은 브라만 계급에 대항한 평신도의 반란이었다.

A. 힌두교와 유사한 점

힌두교와 마찬가지로 불교는 업보(행동-반응)와 윤회(죽음-환생)의 개념을 수용한다. 원인과 결과의 법칙은 시대를 통해서 깨어지지 않는 고리이다. 현재의 당신이 누구이며, 현재 당신이 하는 일이 무엇이냐는 전생의 당신이 누구였으며, 전생에 무엇을 했느냐의 결과이다. 마찬가지로, 당신 미래의 환생은 현재의 당신이 누구이며 현생에서 무엇을 했느냐에 따라 결정된다. 그러므로 출생의 차이는 우연이나 환경이나 또는 어떤 창조주에 달려 있는 것이 아니고, 전적으로 각자의 업보에 달려 있는 것이다. 선행으로 악행의 효력을 취소시킬 수 없다. 선은 그에 대한 보상이 있을 것이며; 악도 그에 따른 보복이 있을 것이다. 이 두 가지는 서로에 영향을 미치지 않으면서 작용한다.

B. 힌두교와 유사하지 않는 점

힌두교와는 달리 부처는 **세계혼**과 개인의 혼이라는 개념을 부인했다. 그는 세계혼 대신 열반의 상태를 가르쳤으며, 개인의 혼을 아나타(anatta: 무아)의 교리로 바꾸었다. 부처는 인간의 몸 안에 혼과 같이 영원한 것은 없다고 가르쳤다. 그는 독립적인 실체로서의 자아 실존을 부인했다. 영원한 자아란 없다. 사실, 모든 것은 변화 내지는 유동의 상태이다. "혼"은 일련의 정신적 상태이며; 인간은 **스칸다스**(skandhas), 곧 집합체의 결합이다. 그러므로 불교는 "윤회"보다는 "환생"의 개념을 강조한다. 왜냐하면 불교는 연속적인 환생 사이를 영혼이 연결해 주는 고리를 형성해 준다는 개념을 거부하기 때문이다. 죽은 후 존속되는 것은 개인의 어떤 내적이고 눈에 보이지 않는 부분이 아니고, 단순히 이전에 일어났던 것의 결과, 곧 업보이다. 그것은 마치 한 등잔에서 다른 등잔으로 불을 켜는 사람과 같은 것이지, 전깃줄 전체를 흐르는 전류와 같은 것이 아니다. 이러한 모든 것들이 독자들에게 혼동된다면, 걱정하지 말라. 그것은 저자에게도 마찬가지로 혼동이 되고 있다!

5. 불교의 두 주류(主流)

시간이 지남에 따라, 불교는 두 가지 주요한 방향으로 발전했는데, 곧 대승(大乘) 불교(Mahayana)와 소승(小乘) 불교(Hinayana)이다. 소승 불교는 일반적으로 창시자의 원래 가르침에 더욱 가까우며, 팔리 경전 본만을 권위로 받아들인다. 소승 불교란 스리랑카, 버마, 태국, 캄보디아, 라오스, 그리고 베트남에서 볼 수 있다. 소승 불교는 열반에 도달하는 방법으로 금욕적인 삶을 강조하며, 각자가 자신의 구원을 이루어야 한다고 가르친다. 열반에 도달하기 위해서 진지하게 추구하고 있는 자들은 승려 수도회(Order of Monks)나 비구니 수도회(Order of Nuns)에 들어가고, 탁발 수도승의 삶을 받아들이며, "열 가지 법칙"(Ten Precepts)을 지키겠다고 서약한다. 이 법칙은 파괴적인 삶, 도둑질, 음란, 거짓말, 술 취함, 금지된 시간에 먹는 것, 춤(음악과 극장), 화환, 높고 넓은 침대, 금이나 은을 절제하는 것이다. 수도회 밖에는 당장은 열반에 도달하고자 추구하지 않지만, 장차 환생에서 열반에 도달할 기회를 증진시키기 위해 선한 삶과 자비의 삶을 목표로 하는 평신도 불교도들이 있다.

대승 불교는 융통성이 있으며 원래의 가르침에서 획기적으로 이탈한 것으로 유명하다. 그것은 일본, 중국, 한국, 네팔, 티벳 그리고 인도네시아에 널리 퍼져 있다. 대승 불교는 수도승에게만 아니라 평신도에게도 구원을 제공하며, 모든 생물의 궁극적인 구원을 그 목표로 갖고 있다. 부처는 무수한 보살(Boddhisattvas)과 함께 신적 존재 내지 인간화된 구세주로서 경배된다. 보살들은 종종 신화적이긴 하지만, 열반에 도달했으나, 다른 사람들의 열반을 돕기 위해 그 즐거움을 연기한 사람들이다. 구원의 방법은 부처와 보살들을 믿는 것이며, 그들에게 불공도 드려진다. 원래 불상들은 문맹인을 돕기 위해 사용되며, 우상 숭배적인 다신론이 과타마의 무신론을 대신하였다. 내세에 있는 극락과 지옥이 생생하게 묘사되고 있으며, 개인의 불멸은 불교도 앞에 놓여진 희망이다.

6. 불교와 기독교

A. 접촉점:

(1) 불교와 기독교는 다 한시성의 사실을 강조한다. 우리가 일반적인 인생을 볼 때, 한 가지 분명한 것은 변화의 사실이다. 아무 것도 영속적인 것은 없다. 풀은 시들고, 꽃은 사라지며, 나라들은 흥망하고, 인간은 강하다가도 약해진다. 인간의 모든 업적조차도 죽음으로 영향을 받는다. 인생은 계속적으로 변화하며, 모든 인간은 죽음으로 끝난다.

(2) 두 종교의 신앙은 높은 수준의 윤리를 지지한다. 두 종교는 진리, 순결, 깨끗한 마음, 자비를 명한다. 그것들은 살인, 부정직, 호색, 거짓말, 폭식 및 술취함을 공공연히 비난한다. 불교의 열 가지 법칙과 팔정도는 기독교 신앙의 십계명과 윤리적 구조와 유사하다.

(3) 두 종교의 신앙은 묵상과 자기 훈련을 강하게 강조한다.

⑷ 두 종교의 신앙은 타인을 위한 동정과 생명에 대한 경의를 권한다.

⑸ 불교는 모든 **욕구**의 제거를 말한다. 기독교는 우리의 본성적 욕구의 승화와, 속되고 이기적인 욕구로부터의 성결을 말한다.

⑹ 장래의 보상과 형벌이 있다는 **천국**과 **지옥**을 믿는 대승 불교는 미래의 생명에 대한 기독교 견해와 기묘하게도 유사해 보인다.

⑺ 타인의 구원을 가능하게 하기 위해 열반에 들어가는 것을 연기한 사람들에 대한 불교의 가르침은 대속의 고난과 이타적(利他的)인 전도의 기독교 교리와 다소 비슷하다.

⑻ 두 종교가 다 내적 평안을 말한다.

● 불교와 기독교의 비교 ●

	불 교	기 독 교
창시자	1. 과타마 부처. 신성의 부인. 도를 우리에게 보여 준 인간 선생.	1. 하나님의 성육신이신 예수 그리스도. 그는 "내가 길이다"라고 말했다. 그리스도가 누구인가가 그의 가르침보다 더 중요하다.
신	2. 원래 형태는 무신론. 하나님과 신은 불필요. 널리 보급되어 있는 불교에서, 부처는 신적 존재 내지 인간화된 구세주로 경배된다.	2. 유신론. 유일의 하나님으로 전지, 전능, 편재; 창조자, 구속자, 심판자. 그리스도는 세상의 구세주이다.
인간의 문제	3. 고통과 고난의 문제로 시작. 고난의 원인과 치유에 관심. 목표는 고통으로부터 구원받는 것이다. 인간 중심이다.	3. 죄, 곧 도덕적 악으로 시작. 하나님의 거룩, 인간의 죄, 그리고 죄로부터의 구원에 관심. 하나님 중심이다.

인간과 영혼	4. 인간의 육체 안에는 영원한 것이 아무 것도 없다; 영원한 자아가 없다; 개인의 존재는 실제 환상이다.	4. 인간은 영원한 혼을 가지고 있다; 개인의 존재와 자아는 실재이다.
행동과 결과	5. 업보—행동과 반응; 원인과 결과의 법, 탄생과 환생의 순환과 부착. 업보는 계속해서 남아 있다.	5. 도덕적 법: 당신이 뿌린 대로 거둔다; 그러나 용서가 가능하며 그리스도가 용서해 주심; 결과는 새로운 탄생과 새로운 삶.
구원	6. 열반—열정 없는 행복과 평안의 상태; 업보와 고난으로부터의 해방; 분리와 생성의 중지	6. 죄, 죄책, 그리고 죄의 능력으로부터의 구속; 영생; 그리스도의 대속적 죽음을 통한 고난과 죽음으로부터의 승리
구원의 방법	7. 모든 욕구를 제거함으로; 자아 해방의 체계; 순수한 인본주의	7. 우리를 위해 고난당하고 고난과 죽음에서 승리하신 그리스도에 대한 믿음과 은혜로. 인간은 자신을 구원할 수 없다; 하나님이 주도권을 행사하며, 선물로서 구원을 주신다.
피난처	8. 불교도는 말한다: "나는 부처와 달마(Dharma)와 상하(Sangha)에서 피난처를 찾는다."	8. 기독인은 말한다: "나는 그리스도, 말씀, 그리고 교회에서 피난처를 찾는다."

B. 대조점:

⑴ 정통 불교는 하나님을 배제한다(무신론). 기독교 신앙은 하나님으로 시작해서 하나님으로 끝난다(유신론). 하나님은 첫 번째 원인(시간에 있어서)이고 마지막 원인(목적에 있어서)이다.

⑵ 부처는 신성에 대한 어떤 주장도 회피한다. 그는 말한다, "나는 길을 발견했으며, 지금 그 길을 너에게 보여 주고 있다." 예수는 자신이 하나님의 아들이며, 하나님과 하나라고 주장한다. 그는 분명하게 말했다, "나는 길이요!"

⑶ 세상과 인생의 **무상함** 가운데(불교가 강조하는 것), **변함없으신** 그리
스도와 **흔들림 없는** 왕국(성경이 확언하는 대로)이 존재한다.

⑷ 불교는 **인간 중심**이다—인간의 필요, 인간의 노력.
기독교는 **하나님 중심**이다—하나님의 목적, 하나님의 공급.

⑸ 불교는 인간의 몸 안에는 영원한 것이나 불멸하는 것이 없다고 주장
한다. 영원한 자아도 없다. 기독교는 인간은 혼을 가졌다고 주장한
다. 개인의 존재와 자아는 실재이다.

⑹ 불교에 있어서 기본적 문제는 **고난**이다. 기독교 신앙에 있어서 기본
적인 문제는 **죄**이다.

⑺ 불교도에게 있어서의 구원은 **고난으로부터의** 해방이며, 탄생-죽
음-환생의 끝없는 사슬로부터의 해방이다. 그것은 **생의 소멸**이다.
기독교 성경에 따른 구원은 **죄로부터의** 해방과 하나님과의 화해이
다. 단 한 번의 신생(新生)을 통한 **생의 확장**이다.

⑻ 불교에 있어서 각 개인은 자신의 노력으로 구원을 이루어야 한다.
구원은 묵상, 선행, 그리고 지식을 통해서 성취된다. 기독교 신앙은
어떤 인간도 자신을 구원할 수 없다고 선포한다. 구원은 하나님의
선물이다. 죄인은 "그 은혜를 인하여 믿음으로 말미암아"(엡 2:8)
구원을 받는다.

7. 불교도를 위한 복음

기독교 전도자가 갖고 있는 과업 중 가장 어려운 과업은 불교도를 대할
때이리라. 왜냐하면 불교도에게는 하나님이 없다; 그러므로 하나님을 향
한 죄도 없으며, 죄로부터의 구원의 필요성도 없다. 고난이 가장 큰 악이
며, 고난의 원인은 욕구이다. 욕구를 없애버리면 고통은 끝나게 될 것이

다. 사랑은 욕구의 한 형태이다; 그러므로 기독인들이 사랑은 모든 것 중 최상의 것이라고 말할 때, 인간을 해방되어야 하는 바로 그것에 붙잡아 매는 꼴이다. 이것에 어떻게 대답해야 되는가?

불교도에게 접근하기 위한 가장 좋은 방법은 "사성제"와 "팔정도"의 복음을 통한 것이리라. 그 사성제는 다음과 같다:

A. 고난은 인생의 엄연한 사실이다.

B. 고난의 원인은 죄다.

C. 죄의 치료는 그리스도의 고난이다.

D. 구원의 길은 예수 그리스도에 대한 믿음을 통해서이다.

그리스도 안에서의 새로운 삶은 다음의 팔정도에 나타나 있다:

⑴ 정견(正見)

⑵ 정사(正思)

⑶ 정어(正語)

⑷ 바른 행위

⑸ 정업(正業)

⑹ 바른 노력

⑺ 바른 마음

⑻ 정념(正念)

이제 기독교의 "사성제"를 좀 더 자세히 검토해 보자:

A. 고난의 사실

인생은 각종의 고난을 담고 있다는 것은 명백한 사실이다—정신적 고난: 실패, 실망, 이별, 슬픔, 외로움, 노여움, 두려움, 걱정; 육체적 고통:

질병, 불구, 불안, 고통, 그리고 죽음. 고난은 어느 인간에게나 다 찾아
온다; 고난은 젊은이와 노인, 부자와 가난한 자, 교육받은 자와 교육받지
못한 자, 유럽인과 아시아인 할 것 없이 모두에게 온다. 그것은 보편적인
경험이다. 아무도 현생에서 고난을 피할 수 없다.

B. 고난의 원인

불교는 욕구가 고난의 원인이며, 그래서 우리는 욕구—특별히 인생 그
자체를 열망하는 욕구—를 제거할 필요가 있다고 선언한다. 그러나 모든
욕구가 악한 것은 아니다. 어떤 욕구는 하나님이 주신 것이므로 정당한
것이다. 예를 들면, 배고픔, 목마름, 성적 충동, 야망, 사랑 등이다. 우리
가 이러한 욕구들을 절제하지 못하거나, 잘못된 방법으로 만족시키려 할
때 그 욕구들이 악한 것이 된다. 성경은 고난의 근원이 단순한 욕구보다
더 깊다는 것을 명백히 말해 준다. 욕구는 진정한 질병의 징조일 뿐이다.
그 질병은 죄이다.

인생의 기본적인 문제는 죄이지 슬픔이 아니다. 죄는 우리 동료들과의
잘못된 관계 이상의 것이다; 죄는 거짓말이나 도둑질 같은 부도덕한 행위
이상의 것이다. 죄는 근본적으로 하나님과의 잘못된 관계이다. 죄는 우리
의 존재의 **근원**이고, 세상의 궁극적 **원인**이며, 인생에 의미를 주는 **목적**인
하나님을 향한 우리의 반항과 불신의 태도를 말한다. 죄는 자아 중심과
자만의 정신이며; 우리 안에 인생의 의미에 대한 실마리를 갖고 있으며
우리 스스로가 그 실마리를 찾아서 순종할 수 있다는 무의식적, 의식적
추정이다. 하나님과의 잘못된 수직적 관계의 결과는 우리 동료들에게 범
하는 잘못된 행위에서 볼 수 있다. 우리가 하나님을 배척하거나 이용하려
는 것처럼, 다른 사람들을 배척하거나 이용하려고 한다. 우리처럼 그들도
똑같이 하나님으로부터 그들 자신을 받았으며 하나님께 속해 있다는 것을

잊는다.

그렇다면, 죄의 본질은 하나님과의 관계에 있다. 죄는 모든 인간에게 공통적인 윤리적 규약의 법칙을 깨는 것 이상의 것이다. 죄는 하나님의 구속적 사랑에 대항하는 범죄이다. 죄는 배은 망덕과 불신의 행위이다. 죄는 특히 나의 인생의 선택과 결정에 있어서 성령이 나에게 계시해 주는 하나님의 뜻에 대한 불순종을 말한다. 죄는 표적에서 빗나가는 것, 마음대로 사는 것, 자신을 위해 하나님의 목적을 이룩하지 않는 것이다.

그러므로 내가 극기(克己)의 중도(中道)를 걷고자 하는 것이나, 또는 그 길을 나에게 보여 줄 선생을 따르는 것만으로는 충분하지 않다. 나에게 필요한 것은 내 스스로 할 수 없는 것을 나를 위하여 기꺼이 할 수 있으며, 내가 하나님 안에서 자연적으로 그리고 자발적으로 살 수 있도록 내 본성 안에 있는 반항의 속성을 제거해 주실 수 있는 구세주이다. 문제는 세상이 아니라 나 자신이다; 일차적인 관심의 대상은 세상의 슬픔이 아니라 나의 죄이다. 성경은 이 세상의 고난—두려움, 걱정, 고통, 질병, 죽음—이 모두 인간의 타락한 상태인 죄 때문이라는 것을 분명하게 말한다. 그러므로 죄는 인간의 기본적인 병이다.

C. 죄의 치료

이미 살펴본 대로, 죄는 인간 안에 있는 근본적인 악으로, 오직 하나님의 능력과 사랑만이 치료할 수 있다. "죄는 시간이 가면 저절로 해결해 줄 수 있는 결함도, 정신 요법자가 치료할 수 있는 질병도, 또는 단지 교육으로 해결될 수 있는 무지도 아니다."[1] 죄는 근본적으로 변화되어야만 하는 상태이다.

---

1 D. T. Niles, *Buddhism and the Claims of Christ* (Richmond, VA: John Knox Press, 1967), p. 72.

성경은 하나님이 인간의 필요에 응답하여 행동하셨다는 것을 분명히 계시한다; 하나님이 주도권을 잡으셨다. 그는 인간의 곤경에 초연해 있거나, 무관심하거나, 냉담한 분이 아니시다. 그는 깊이 돌보며 인간의 상황 가운데 자신을 완전히 연관시킨 분이시다.

하나님이 자유 의지를 가진 인간을 창조하시는 일은 위험한 일이었다. 왜냐하면, 인간은 그릇된 길로 가서 하나님의 마음을 슬프게 할 수도 있기 때문이다. 그러나 하나님은 그렇게 하셨다. 그리고 인간이 죄를 지은 순간, 십자가가 하나님의 마음 속에 형성되었다. 그리스도가 그의 등에 십자가를 지기 오래 전, 하나님은 십자가를 그의 마음에 지셨다. 그렇기 때문에 예수가 "창세 이후 죽임을 당한 어린 양"(계 13:8)으로 언급된다. 십자가는 창조 때부터 있는 것이었다. 이것은 피할 수 없는, 처음부터 있는 것이었다.

그러면 어떻게 우리가 이 사실을 알 수 있는가? 우리는 하나님이 역사의 한 순간에 높이 들려진 외적이고, 눈에 보이는 십자가를 통해서 내적이고 눈에 보이지 않는 십자가를 우리에게 보여 주시지 않는 한 그것을 알 수 없었다. 그래서 하나님은 예수 그리스도라는 분을 통하여 인간 역사의 조류(潮流) 속으로 들어와, 세상의 죄와 고난을 몸소 맛보셨다. 그는 우리 인간과 하나가 되셨다—그는 여자에게서 태어나셨다. 그는 우리의 가난을 그의 가난으로 삼으셨다—그는 마구간에서 태어나셨다. 그는 우리의 수고를 그의 수고로 삼으셨다—그는 목수의 작업대에서 일하셨다. 그는 우리의 육체적 필요를 그의 필요로 삼으셨다—그는 주리고 목마르셨다. 그는 우리의 유혹을 그의 유혹으로 삼으셨다—그는 "모든 일에 우리와 한결 같이 시험을 받은 자"(히 4:15)이셨다. 그는 우리의 죄와 죽음을 그의 것으로 삼으셨다—그는 십자가 위에서 돌아가셨다.

인도에서 잘 알려진 선교사 에미 카마이컬(Amy Carmichael)은 그녀의 여성 갱생원에 300명의 여자들을 데리고 있었다. 한 소녀는 그 곳의 정신을 따르려 하지 않았다. 그녀는 거칠었고 반항적이었다. 카마이컬은 그녀의 태도를 바꾸어 보려고 모든 것을 다 했다. 마침내 그녀는 자기 방으로 그 소녀를 데리고 와서 그 소녀 앞에서 자기의 팔을 걷었다. "나는 바늘로 내 팔을 찌르겠다," 그녀는 말했다.

"아플거에요," 그 소녀는 말했다.

"네가 나를 아프게 한 것 만큼은 아프지 않겠지," 선교사가 대답했다. "나의 마음 속에 있는 고통을 너에게 알려 주기 위해서 이 바늘로 내 팔을 찌르겠다." 그녀는 그렇게 했고, 피가 흘러 내렸다. 소녀는 울기 시작했으며, 눈물을 흘리면서 외쳤다, "나는 선교사님이 그처럼 나를 사랑하신 줄은 몰랐어요." 그녀는 변화되었다. 그 피를 통해서 변한 것이다.

역사 가운데 그와 같은 일이 있었는가? 그렇다, 나는 그리스도의 상처를 통하여 하나님의 마음을 보며, 소리친다, "나는 그리스도께서 그처럼 저를 사랑하시는 줄은 몰랐어요!"

모든 것 뒤에는 구속적인 사랑이 있다. 하나님은 사랑하시되, 나의 필요를 채워 주실 만큼 사랑하신다. 그래서 그리스도는 우리의 업보, 우리의 죄를 그 자신이 지셨고, 그리고 그것을 멀리 가져가 버리셨다. 그는 고난—정신적 고통과 최악의 육체적 고통—을 떠맡으셨고, 고난을 우리의 구속으로 바꾸셨다. 그는 가장 큰 비극—십자가 위에서의 죽음—을 떠맡으셨으며 그리고 그것을 가장 위대한 승리로 바꾸셨다.

성경에 서술된 이러한 구속의 계획에 많은 반론이 제기될 수 있다. 불교도는 물을지 모른다, "왜 아브라함에서 갈보리까지 이러한 긴 과정이 있어야 했는가? 왜 그리스도 편에서 이러한 말로 다 할 수 없는 고난과 고뇌를 당하셔야 했는가?"

기독인의 답변은 사실에 입각한 것이다. "그것은 그렇다"이다. 우리는 왜 하나님이 그 방법으로 행하셨는지 그 이유를 줄 수 없다; 우리가 할 수 있는 것은 오직 그 행동의 충분한 결과와 함축된 의미를 이해하려고 노력하는 것이다. 결국, 우리에게 중요한 것은 하나님이 왜 그런 방법을 택하셨는지가 아니고, 하나님이 제공하신 구원의 본질을 이해하는 것이다.

D. 구원의 길은 예수 그리스도를 믿는 믿음을 통해서이다

불교는 "세상에서 일찍이 고안된 가장 급진적인 자기 해방의 체계"로 잘 알려졌다. 불교는 인간이 그 자신의 구세주가 될 수 있고 그러기에 그렇게 되어야만 한다고 주장한다. 한편, 성경은 인간은 죄인이며 절대적으로 자신을 구원할 능력이 없다는 것을 명백히 진술해 준다. 인간을 위한 어떤 구원이 있다면, 그것은 하나님 편에서 나와야만 한다. 하나님만 구원하실 수 있다. 하나님이 주도하시고 행동하셔야만 한다.

성경의 "기쁜 소식"은 하나님이 주도권을 잡으셨다는 것이다; 하나님이 행동하셨다. 인간의 필요는 하나님의 행위가 되었다. 그는 한 인물 안에서 행하셨다. 예수는 인간을 위한 하나님의 행위이다. 그러므로 불교가 우리에게 "여기에 따를 일련의 가르침이 있고, 여기에 행해야 할 훈련의 체계가 있다"고 말하는 반면, 성경은 우리에게 말한다, "여기 한 분이 있다; 그를 믿고 따르라."

이미 지적한 바대로, 부처는 신성에 관한 어떤 주장도 하지 않았다. 그는 단순한 인간으로, 진리의 추구자일 뿐이라고 고백했다. 그는 분명히 말했다, "나는 길을 추구하며 발견했다; 이제 나는 너희들에게 그 길을 보여 주노라."

반면 예수는 공공연하게 선언하셨다, "나는 하나님의 아들이다…나는 세상의 빛이니…내가 곧 길이요, 진리요, 생명이니 나로 말미암지 않고는 아버지께로 올 자가 없느니라…나를 본 자는 아버지를 보았거늘"(막

14:61-62; 요 8:12; 14:6, 9 참조). 그래서 예수는 완전한 하나님이며 완전한 사람이시다; 그는 신인(神人)이시다. 그는 무한하고 거룩하신 하나님과 유한하고 죄있는 인간 사이의 중보자이시다.

우리는 부처 과타마가 진실로 아시아의 가장 위대한 사람 중 한 분이며, 셀 수 없는 수백만의 삶과 많은 나라의 문화에 심오한 영향력을 끼쳤다는 것을 기꺼이 인정한다. 그는 현재 힌두교의 절망과 환멸로부터 사람들을 구해 내려고 그의 생애를 바쳤다. 그는 형식적인 종교의 관습이 약속해 준 열매없는 구원에 대항한 항변자였다. 부처는 그 시대의 입장에서 굉장한 사명을 가졌다—따라서 이것이 그의 삶의 힘과 매력이었다. 그러나 이 모든 것에도 불구하고, 그는 인간에 불과하였다—위대한 인물일 뿐이지, 구세주는 아니었다.

우리는 그 추종자들이 말한 부처의 생활 가운데 한 이야기를 상기해 보자. 한 번은 죽은 아이의 시체를 팔에 든 어머니가 부처 앞에 섰다. 그녀는 부처에게 말했다, "당신은 깨달음의 경지에 도달하셨으니, 제발 제 아이의 생명을 되살려 주세요."

부처는 그의 머리를 흔들며 대답했다, "우리는 이 세상에 왔기 때문에, 또한 떠나야만 합니다. 그 아이는 죽었소, 그러니 내가 할 수 있는 것은 아무 것도 없오."

이 이야기와는 대조적인 예수의 이야기를 누가복음(7:11-18)에서 볼 수 있다. 예수가 나인성에 들어갔을 때에 한 과부의 죽은 외아들을 사람들이 운반하고 있는 것을 보았다. 예수는 그녀에게 동정심을 가지고, "울지 말라"고 말씀했다. 곧 그는 관에 손을 대며 부드럽게 말씀했다, "청년아, 내가 네게 말하노니, 일어나라." 그러자 죽었던 아들이 일어나 앉고 말하기 시작했던 것이다!

그리스도 안에서 하나님은 결정적이며 최종적으로 행하셨다. 그는 우리가 스스로 할 수 없는 것을 우리를 위해서 하셨다. 복음은 "하나님은 사랑이시다"일 뿐만 아니라 "하나님이 이처럼 사랑하사"이다. 그는 우리를 너무나 사랑하셨기에 사랑의 표현으로 우리를 위해 무엇인가를 해 주셨다. 그는 그의 아들을 보내셨고, 그의 아들은 그의 생명을 주셨다. 하나님은 지금 구원을 선물로 우리에게 주시는 것이다. 그는 우리의 과거의 죄를 용서하시며, 속 사람과 마음의 죄에서 깨끗하게 하신다. 우리와 화해하고 그와 교제하기 위해 우리를 회복시켜 주신다. 그는 우리에게 영생을 주신다.

부처는 인생 그 자체가 무의미하다는 것을 알았기에 이 무의미로부터 인간을 구해내기 시작했다. 반면, 예수는 인생이 하나님 안에서 의미 있는 삶을 누릴 수 있다는 것을 아셨기에 그 의미를 나누어 주려고 사람들을 부르시기 시작했다. 예수는 말씀하셨다, "내가 온 것은 양으로 생명을 얻게 하고 더 풍성히 얻게 하려는 것이라"(요 10:10). 그래서 기독교 신앙은 부정적 인생이 아닌 긍정적 인생이다. 그것은 삶으로부터의(from life) 구원이라기 보다는 오히려 삶에서 그리고 삶으로의(in life and to life) 구원을 제공한다. 그러므로 진리는 부처가 말한 삶에 대한 열망의 파괴가 아니라 만족이다!

이 말은 우리가 죄로부터 구속받기 때문에 현생에서의 고난과 죽음으로부터 자동적으로 구원받았다는 뜻은 아니다. 여전히 고통이 있을 것이며; 여전히 죽음도 있을 것이다. 그러나 그리스도는 고난과 죽음의 독소를 처리해 놓으셨다. 그는 고난을 짊어지고 그것을 우리의 구속으로 바꾸어 놓으셨으며, 이제 그는 우리에게 고난을 승리롭게 직면할 수 있는 능력과 그의 영광을 위하여 고난을 사용할 수 있는 능력까지 주신다. 그는 죽음과 부활을 통해서 죽음을 정복하셨으므로, 우리는 죽음을 두려워할 필요가 없다; 죽음이란 그가 영원히 계시는 곳으로 들어가는 관문일 뿐이다. 하나님은 역사 가운데로 들어와서 이 세대의 마왕을 도전하셨고 참패시키셨다. 우리가 지금 다루고 있는 악, 고난, 죽음은 드러났고 패배되었다. 그리스도는 우리에게 승리를 위해 투쟁하라고 명하지 않으셨다; 그는 이미 이긴 승리를 나누기 위해 우리를 초대하신다. 그러므로, 우리는 승리를 향해서가 아니라 **승리로부터** 일하는 것이다.

그러나 현생에서 우리가 즐기는 구원은 앞으로 있을 구원을 미리 맛보는 것에 불과하다. 죄와 고난과 죽음이 더 이상 없을 때가 올 것이며, 우리 인간의 생명은 영원한 생명으로 부활될 것이다!

하나님이 자유롭게 이 구원을 마련해 놓으신 것은 사실이나 인간은 그것을 적용해야 한다. 하나님은 인간의 필요에 응하여 행하셨다. 지금 인간은 하나님의 행위에 응하여 행동해야 한다. 복음의 기본적인 문제는 이것이다: 하나님이 당신을 위해 해 놓으신 일에 대하여 당신은 무엇을 했는가? 당신은 생명을 위해 생명을, 사랑을 위해 사랑을, 헌신을 위해 헌신을 주었는가? 나는 하나님의 선물을 받아들일 수도 있고 거절할 수도 있다. 내가 그리스도 안에 있는 구원을 거절하고, 죄를 고집한다면, 고난의 저주가 나의 온 생애를 떠나지 않을 것이다. 나의 현세의 삶에 슬픔이 있고 내세에서는 더 큰 슬픔이 있을 것이다. 그러나 내가 회개하면--나 자신과 하나님께 대한 나의 태도를 바꾸고--그리고 나의 구세주로서 그리스도를 신뢰한다면, 용서와 생명을 받는다. 나는 현세의 삶에 평안--이 세상의 슬픔이 앗아 갈 수 없는 평안--을 누리게 되며, 영생의 경험에서 완전한 평안을 누리게 된다.

팔정도

불교에서 극기의 길과 윤리적 행위는 욕구와 고난으로부터의 구원이 이루어지는 수단이다. 그러나 기독교 신앙에서 극기의 길과 윤리적 행위는 하나님과 화해되고 죄의 권세로부터 해방된 후에야 실현되는 길이다. 윤리는 구원을 취득하기 위한 것이 아니다. 그것들은 이미 구원의 경험 가운데 들어가 있는 결과이다. 우리의 구원의 "대가"로 하나님께 도덕과 선한 행위를 드리는 것은 하나님이 우리를 만나 주시기 위해 오신 바로 그 장소에서 하나님과 만나는 것을 거절하는 행위이다. 그것은 근본적으로 자기 주장의 행위로서, 죄의 본질이기도 하다. 인간은 도덕적이고, 선하고, 예의바르면서도 여전히 죄인일 수 있다. 모든 인간에게 다음의 질문이 여전히 남아 있다: 하나님이 예수 그리스도 안에서 당신을 위해 하신 일에 대하여 당신은 무엇을 했는가? 그런 질문 앞에서 도덕적 탁월과 영적 깨달음은 적절하지 않다. 간단히 말해서, 요점은 이것이다—우리가 자랑하는 바로 그 도덕은 우리를 위해 그 자신을 주신 그리스도를 위한 우리의 사랑의 열매가 되어야 하지만, 자기 주장(죄)의 근거가 될 수도 있다는 것이다.

물론 구원받은 삶은 도덕적이고 선한 행위의 삶이다. 구원 때문에 윤리는 필수적인 것인데, "행함이 없는 믿음은 죽은 것"(약 2:26)이기 때문이다. 또한 구원은 윤리를 가능하게 만든다. 하나님은 우리에게 행할만한 능력을 주시지 않고 윤리적인 삶을 살라고 명하시지는 않는다. 그렇게 명하신다면 우리의 상황은 절망적이 될 것이다. 대신, 하나님은 우리에게 성령의 선물을 주시며, 그 성령은 우리 안에 사시고, 우리를 맡아서 변화시키시며, 바람직한 인간으로 만드신다. 그러므로 윤리적인 삶은 하나님의 구속적인 행위를 경험한 열매로 나타나는 결과이다.

이제 우리는 기독교 윤리 생활의 여덟 가지 의무 사항을 정리해 보자:

⑴ 정견. 이것은 위에서 서술한 사성제를 받아들이고, 진리가 하나님께 대한 우리의 사색 가운데 있는 것이 아니라, 그리스도와 그의 말씀 안에 있다는 것을 승인하는 것이다.

(2) 정사.   우리의 본질적인 욕구는 하나님이 의도하신 대로 절제되고 만족되어야 한다. 이제 우리는 인생에서 최상의 욕구를 가지게 되었는데, 그것은 그리스도처럼 되고 그를 기쁘게 해드리는 것이다.

(3) 정어. "거짓을 버리고 각각 그 이웃으로 더불어 참된 것을 말하라. 이는 우리가 서로 지체가 됨이니라"(엡 4:25). "너희 말을 항상 은혜 가운데서 소금으로 고루게 함같이 하라. 그리하면 각 사람에게 마땅히 대답할 것을 알리라"(골 4:6).

(4) 바른 행위. "땅에 있는 지체를 죽이라. 곧 음란과 부정과 사욕과 악한 정욕과 탐심이니, 탐심은 우상 숭배니라...그러므로 너희는 하나님의 택하신 거룩하고 사랑하신 자 처럼 긍휼과 자비와 겸손과 온유와 오래 참음을 옷입고...서로 용납하여 피차 용서하되"(골 3:5, 12-13).

(5) 정업.   각자는 하나님이 주신 재능을 사용할 일에 종사해야 하고, 동료들을 유익하게 해야 한다. 그는 삶을 정직하게 영위(營爲)해야 하며 사치스러운 생활을 피해야 한다.

(6) 바른 노력. "뒤에 있는 것은 잊어버리고 앞에 있는 것을 잡으려고 푯대를 향하여 그리스도 예수 안에서 하나님이 위에서 부르신 부름의 상을 위하여 좇아가노라"(빌 3:13-14).

(7) 정념. 하나님 앞에서 잠잠하고 그의 임재를 알라! 매일 그의 말씀을 묵상하라. 계속 기도하라.

(8) 바른 의식. 동료의 부담과 필요를 알라; 그들과 함께 당신의 자원을 나누라. 또한 온 세계 사람들의 영적 필요를 알고, 하나님의 세계 선교에 참여하라.

8. 보리수와 갈보리[2]

나무는 불교와 기독교에 있어서 의미 심장한 상징이다.

A. 불교

불교도들은 과타마가 보리수 아래서 묵상하는 동안 깨달음을 얻었기 때문에 보리수를 공경한다. 그의 포기 이야기는 세계에서 가장 위대한 이야기 중 하나이다. 가족, 사회, 국가와의 모든 인연을 끊고 과타마는 세상을 포기한 채 진리를 찾기 위해서 떠났다. 그는 영적 추구를 계속하면서 보리수 나무 아래 앉아서 주야로 묵상하며 지내다가 마침내 지식의 경지에 도달하고 스스로 구원을 얻게 되었다. 그래서 보리수는 세 가지 의미를 부여한다:

(1) 그것은 **지식의 완성**을 의미한다. 보리는 "지식" 내지 "지혜"를 의미한다.

(2) 그것은 **자기 구원의 성취**를 의미한다. 부처가 그 나무 아래서 얻은 것은 자신을 위한 것이었다. 그의 깨달음으로 말미암아 그는 다른 사람을 구원한다고 주장하지 않았다.

(3) 그것은 **세상으로부터의 분리**를 의미한다. 인간은 세상을 포기할 때에만 자신을 위한 구원을 얻을 수 있다.

B. 기독교.

그리스도가 달려 죽었던 나무, 곧 십자가(행 5:30; 10:39)는 기독교에 있어서 가장 의미심장한 상징이다. 부처가 **묵상** 중 나무 아래 앉아 있는 동안, 예수는 **화목제물**로 나무에 **달려 죽으셨다**. 그러므로 십자가는 보리

---

2 L. A. DeSilva 목사가 1969년 성금요일에 "십자가와 보리수 나무"라는 제목으로 설교한 설교문에서.

수가 의미하는 것과는 대조적으로 세 가지 의미를 부여한다:

　⑴ 그것은 **사랑의 완성**을 의미한다. 그것은 지식의 추구가 아니라 십자
　　 가로 예수를 인도한 인간을 위한 그의 사랑이다.

　⑵ 그것은 **우주적 구원**을 의미하는데, 그 이유는 그리스도가 모든 사람
　　 을 위해 죽었기 때문이다.

　⑶ 그것은 분리가 아니라 **참여**를 의미한다. 세상을 포기함으로가 아니
　　 고, 세상에 참여함으로 그리스도는 세상의 구주가 되셨다.

예수가 세상을 포기하고, 인생과의 인연을 끊고, 묵상과 정신 수양 가
운데 시간을 보냈더라면, 그는 위대한 철학자가 되었을 것이고; 그는 위
대한 신비적 경지에 도달했을 것이며; 그는 다른 사람들에게 길을 가르쳐
주는 위대한 종교 선생이 되었을 것이다; 그러나 그는 결코 세상의 구세
주는 되지 못했을 것이다. 절연(絶緣)을 통해서 인간은 자신을 위한 개인
적인 만족은 얻을지 모르나, 고립된 채 사랑할 수는 없다. 사랑은 참여와
동질감을 일구어 낸다.

우리가 십자가에서 보는 것은 바로 이 희생적 사랑이다. 그 나무 위에
서 예수는 친구들을 위해서 뿐만 아니라, 원수들을 위해서도 그의 생명을
내놓으셨다. 사랑을 통해서 그는 인간과 하나가 되어 세상을 구원하셨다.
예수는 말씀하셨다, "내가 땅에서 들리면 모든 사람을 내게로 이끌겠노
라"(요 12:32).

불교도는 말한다: "나는 부처 안에서 위안을 얻습니다;
　　　　　　　　　나는 달마(가르침) 가운데서 위안을 얻습니다;
　　　　　　　　　나는 상하(수도회) 안에서 위안을 얻습니다."
기독인은 말한다: "나는 그리스도 안에서 위안을 얻습니다;
　　　　　　　　　나는 그의 말씀 안에서 위안을 얻습니다;
　　　　　　　　　나는 교회의 교제 안에서 위안을 얻습니다."

12

정령(精靈) 숭배자에 대한 복음 전달

정령 신앙(Animism)이란 말은 "호흡" 또는 "영혼"을 의미하는 라틴말 anima에서 온 것이다. 그것은 인간의 기원을 갖고 있지 않는 영은 물론 산 자와 죽은 자의 영을 포함해서 영적 존재가 있는 것을 믿는 것이다. 그것은 정신적 그리고 심지어 육체적 삶의 원천이 몸과 독립된 또는 최소한 육체와는 구별된 힘에 있다는 교리이다. 정령 신앙은 "영의 숭배"로 정의되며, 그것은 하나님과 신들에 대한 예배와는 다른 것이다.

정령 신앙은 아주 오래된 종교이다. 구약 성경에 계시된 종교를 제외하고는 정령 신앙의 몇 가지 형태는 모든 주요한 역사적인 종교들로 발전되어 왔다. 오늘날 자신을 힌두교도, 불교도, 회교도라고 부르는 자들의 선조들도 한때는 모두 정령 숭배자들이었다. 기독교가 전파되기 전에, 유럽은 정령 신앙의 중심지였다.

여러 형태의 정령 신앙이 실제로 모든 대륙에서 발견된다. 그것은 아직 복음 전도가 되지 않은 전 세계에 걸친 모든 종족들의 유행하는 종교이다; 멀리 북남미의 인디안 종족으로부터 아프리카와 동남 아시아의 종족, 호주의 원주민과 뉴기니의 산족에 이르기까지를 말한다. 게다가 "고등 종교"의 형태 저변에도 명백한 정령 숭배적인 토대가 있는데, 그것은 여러 상황에서 실제로 사람들의 종교적 생활에 가장 중요한 요소이다. 불교도들 가운데서 보게 되는 기도 수레바퀴, 영의 집, 귀신에 대한 두려움과 같은 정령 신앙의 특징은 부처 자신에게는 도저히 용납될 수 없는 관례들이다. 대중적인 힌두교에서 발견되는 흑(黑) 마술, 신들림, "길일"은 바로 그러한 예이다. 마찬가지로, 많은 회교도들도 자신들은 알라의 뜻만을 믿는다고 주장할지 모르나, 동시에 그들은 자신들을 보호해 준다는 부적을 지니고 다니기도 하고, 여러 방법으로 악한 영을 달래보려고도 하며, 마을의 영을 달래기 위한 제물을 바치기도 한다. 미국에 있는 "기독인들"조차도 정령 신앙의 경향과 무관한 것은 아니다. "13일의 금요일"; "사다리 밑을 지나가지 말라"; "검은 고양이를 조심하라" 등과 같은 미신을 보게 된다; 또한 점치는 것, 강신술(降神術), 점성술에 관한 흥미가 증가되고 있다.

그러나 정령 신앙은 널리 보급된 종교 세력으로, 주로 세계의 전통적인 종족 사회에서 발견되며, 그 수는 2-3억 명이 된다. 이러한 종족들은 기록된 언어와 문학의 전통이 없으며, 과학적 지식, 기술적 기능, 경제적 생활에서 미개발되어 있기 때문에 우리의 현대 사회와는 다르다. 그들은 또한 더 단순한 사회 조직을 가지고 있고, 더 작은 규모이며 독립적이다; 어떤 종족은 수백 명 밖에 되지 않으며, 또 다른 종족은 수백만 명에 이르기도 한다. 종족 사회는 그들 자신의 감각에 대해서 비판적이 아니므로, 자기 분석이나 자기 판단의 과정이 없다.

기독교 운동은 정령 신앙적인 사람들 가운데서 가장 큰 성공을 이루어 왔다. 종족 사회는 강한 집단 의식과 부락의 단결로 특징지어진다. 그들은 항상 집단으로서 결정하고 행동한다. 그들은 변화에 대해 강한 저항을 보이는데, 특히 처음에는 더욱 그렇지만, 일단 그리스도를 향해서 움직이기 시작하면, 그것은 "종족 운동"이 되어 전 종족이 구세주 앞에 나와 그를 믿게 될 가능성이 있는 것이다. 기독교계의 가장 큰 토착 교회들 몇몇은 버마의 카렌족 교회, 수마트라의 바탁족 교회, 인도의 아쌈의 나가(Naga) 교회, 남태평양의 피지 교회 등과 같은 한때 정령 신앙을 따랐던 사람들 가운데서 발견된다.

아프리카의 수백만의 정령 숭배자들은 오늘날 그리스도를 따르는 자들이며, 그들은 서양 세계 밖의 가장 큰 기독교권을 형성하고 있다. 과학적 지식과 교육의 영향, 그리고 공업화와 도시화에 의한 마을 생활의 붕괴는 모두 다 처처에 있는 정령 신앙의 급속한 붕괴를 가져오는데 공헌해 왔다.

정령 신앙은 종족이 있는 수만큼 그 수도 다양하기 때문에 단일한 토착 종교로 간주될 수 없다. 이것이 정령 신앙을 일반화하기 어렵게 만드는 점이다. 각 종족 사회는 그 고유의 독특한 종교 형태로 그 사회를 표현하며, 각 사회는 분별력 있는 선교사에 의한 그 고유의 정당성 있는 연구가 되어져야만 한다. 그러나, 전체 정령 숭배자들의 세계에 걸쳐 흐르고 있는 어떤 공통적인 원리와 특성이 있으므로, 우리는 이러한 것들을 요약해 보고자 한다.

1. 정령 숭배의 기초 원리

케냐의 전 호주 선교사인 에드워드 뉴잉(Edward G. Newing)은 다섯 가지 원리를 제공한다.[1]

A. 삶에 대한 전체적인 견해

정령 숭배자는 삶을 세분하지 않는다. 그는 세속적인 것과 거룩한 것, 영적인 것과 물질적인 것, 공적인 삶과 개인적인 삶을 구분하지 않는다.

---

1 Sir Norman Anderson, ed., *The World's Religions*, 4th ed., rev. (Grand Rapids: Eerdmans, 1976), Chap. 1, "Religions of a Pre-Literary Society," by Edward G. Newing.

모든 것이 서로 연관되어 있으므로 탄생에서 죽음까지--그리고 사후--의 모든 활동은 전체에 소속된다고 해석한다. 정령 숭배자의 세계는 절대로 필요한 영적 세력에 지배되어 전체가 주기적으로 순환되는 것이다. 바로 이것이 종족의 사회적 구조, 문화, 종교를 구별하는 것이 아주 어려운 이유이다. 그것들은 모두 다 서로가 엉켜 있는 것이다.

B. 삶에 대한 영적인 견해

정령 숭배자는 그가 믿는 세계와 밀접한 관계 속에서 영적 존재의 무한한 다양성에 의해 지배받으며 산다. 그에게는 영적인 힘이 가장 중요한 것이다. 그러므로 모든 일어나는 일에 있어서, 그는 원인과 결과의 정상적인 관계를 기대하지 않고, 그 결과를 통제하는 영적인 힘을 기대하는 것이다. 모든 사건--질병, 상해, 사고, 죽음--마다 정령 숭배자는 어떤 영이 개입하는 손길을 보는 것이다. 우연히 길에서 발가락이 돌에 채이는 것조차도 어떤 악령의 탓으로 돌릴 것이다. 그들 세계에서 이러한 영적인 해석이 정령 숭배자들의 사고를 지배하는 것이다.

C. 삶에 대한 신비적인 견해

신화에 의하면 삶과 죽음의 모든 위대한 순간들은 그 해석과 뜻깊은 표현으로 나타난다. 정령 숭배자는 모든 중요한 세상의 기원, 종족의 기원, 삶과 죽음의 기원, 하나님 또는 신들과 종족과의 관계에 관해 신화를 가지고 있다. 모든 근본적인 믿음은 신화적 형태로 시작된다. 신화는 실생활에서 종족들의 믿음을 나타내는 수단인 것이다.

D. 삶에 대한 의식(儀式)적인 표현

종족 사회에서 의식을 관찰해 보면 큰 중요성이 드러난다. 이런 의식들의 어떤 것들은 종족 신화의 표현이고; 또 다른 것들은 일상 생활의 사건들과 관계되어 있다. 정령 숭배자는 삶을 주기적인 순환으로 보는 경향이 있다. 씨뿌리는 것과 수확, 우기와 건기, 여름과 겨울은 계절적인 순환이 있다고 본다. 그러므로 인간의 삶에도 탄생, 사춘기, 결혼, 죽음의 순환이 있다는 것이다. 이러한 계절과 사건을 위해서 의식들이 발달되어 왔고, 주의 깊게 지켜지고 있다. 그 외에, 먹는 것, 요리하는 것, 집짓는 것, 출발하는 것, 도착하는 것, 사는 것과 파는 것 등과 같은 사소한 일들을 위해서도 의식이 있다.

E. 시간에 대한 주기적 견해

주기적인 원리에 대한 중요한 점은 시간에 관한 정령 숭배자의 견해이다. 그에게 시간은 주기적인 것이지 직선적인 과정이 아니다. 미래의 어떤 움직임을 향해 나아가는 연속적인 흐름이 아니다. 그것은 계절적인 형태와 일치하여 통상적으로 일어나는 일련의 규칙적인 사건들이다. 과거는 현재 반응해야 될 방법을 알려 주기 때문에 중요하며; 미래는 존재하지 않기 때문에 중요하지 않으며; 현재는 가장 중요한 것이다.

2. 정령 숭배의 주된 특징

A. 영적 존재의 계급 제도

정령 숭배자에게 영적인 세계는 아주 실제적이다. 그는 멀리 돌과 나무에 거주하는 영들로부터 하늘에 있는 큰 영에 이르기까지 다양한 영들을 믿는다.

모든 종족마다 창조자인 신의 존재를 인정하며, 그의 특성과 창조 이야기에 관한 다양한 신화적 견해를 가지고 있다. 그러나 이 "하나님"은 멀리 떨어진 초연한 존재로, 인간의 일상사에 개입하지 않는다고 생각한다. 그는 무관심한 관찰자의 역할로 만족할 뿐이다. 더욱이, 그는 자비롭고 해를 끼치지 않는다고 간주하므로, 정령 숭배자는 그에게 어떤 관심도 가질 필요가 없다고 느낀다. 정령 숭배자는 그를 숭배도, 기도도 하지 않으며, 그를 위해 제단을 세우거나, 그에게 제물을 바치지도 않는다. 사실, 그는 실제적으로 하나님을 잊은 것이다.

많은 종족들은—모두가 그렇지는 않지만—하나님 외에 신들의 존재를 믿는다. 이러한 신들은 보통 자연신들과 여신들의 행렬, 자연신들과 여신들의 능력에 대한 의인, 자연(땅, 해, 달, 천둥, 번개, 불, 화산 등)의 능력에 대한 의인화이다. 이러한 신들에게는 물질적인 표시를 거의 하지 않거나 전혀 하지 않는다. 그러므로 숭배함에 있어서 우상 숭배는 중요한 특징이 아니다. 모든 신 중에서 가장 인기 있는 신은 대개 번식의 여신이다(여기에 탄생의 신비, 종족의 미래, 음식의 공급이 달려 있다).

바로 가까운 곳에는 자연의 영역에 거주하는 무수한 영들의 무리가 있다. 이들 중의 몇 사람들의 복지를 지켜 주는 종족 신들과 같은 좋은 영들이다; 그러나 대개는 악의가 있는 영들이다. 그들은 나무, 강, 바위, 동굴, 산길, 강 건너는 곳, 동물 등과 같은 온갖 장소에 거주한다. 그들은 전혀 예측할 수 없어서 사람들은 항상 그들의 기분을 상하게 하지 않으려고 최대로 조심하며, 그들이 거주하는 곳을 지날 때도 음식 제물을 조금 바침으로 적절한 존경을 표한다. 정령 숭배자가 주로 관심 있는 것은 이러한 방대한 행렬의 영들인 것이다.

영의 세계의 가장 중요한 부분은 조상의 영 또는 "살아있는 죽은 자"이다. 대부분의 종족들에게는 산 자와 죽은 자 사이에는 연결되는 관계가 있다. 그들은 인간의 영은 죽은 다음에도 존재한다고 강하게 믿는다. 일단 죽은 사람은 죽은 자가 살던 땅에 그가 뒤에 남겨 놓은 자들에게 해를 끼칠 수도 있다고 믿는다. 이러한 이유로 매장 의식은 극히 중요하며 조심스럽게 거행되어야만 한다. 그렇지 않으면 그 영혼이 되돌아 와서 가족에게 해를 끼칠 수도 있다는 것이다. 게다가, 음식과 마실 것을 이러한 조상의 영들에게 정규적으로 바치는데, 이것은 그들의 운세를 지키기 위해서이다. 그렇게 하지 않으면 질병과 각종의 재난을 초래할 수도 있다.

이것이 정령 숭배자가 인정하는 영적 계급 제도인데, 그는 그의 일상 생활에서 이러한 힘에 대처해야만 한다.

B. 영적 힘(mana)의 유행

모든 정령 신앙적인 사회에서는 만사에서 세력을 떨치고 있는 비인격적이고 신비스러운 생명력의 존재를 인정한다. 멜라네시아(Melanesia)의 말인 마나(mana)는 이 신성한 힘을 묘사하기 위해서 학자들이 차용어로 받아들인 말이다. 마나는 다양한 강도로 돌, 나무, 식물, 사람, 동물 같은 것들에 집중되어 있을 수 있다. 공동체에서 사람의 성공 또는 지위는 주로 그가 소유한 마나의 양에 달려 있으므로, 그것을 획득하고 교묘하게 조정하는 것은 그에게 대단히 중요하다. 마나는 어떤 부적을 달고 다니거나, 어떤 의식을 거행하거나 (사자 같은) 동물의 고기를 먹거나, 피를 마심으로서 얻을 수 있다. 식인육의 관습은 의심할 여지없이 이러한 사상에서 그 기원을 찾을 수 있다. 전사(戰士)는 적의 살을 먹음으로 희생자의 힘을 자신의 것으로 만들 수 있다고 믿었다.

C. 무당과 마술

영과 영적인 힘에 대한 믿음은 마술과 종교 전문가의 발전을 가져왔는데, 이것은 광대한 행렬의 영들을 진정시키거나 제어하기 위해서, 그리고 마나를 얻고 조정하기 위함이다. 마술은 개인을 강하게 하거나 행운을 가져오게 하기 위해서 선한 목적으로 쓰일 수 있다. 예를 들면, 모방적인 마술—내리받이로 돌 굴리기, 드럼을 치는 것, "콰쾅"하며 소리치기—은 농작물에 비를 내리게 하기 위해서 있다. 어떤 이는 악을 피하고 행운을 가져오기 위해서 주물(呪物)이나 부적을 지니기도 한다. 부적에 영이 거한다는 주장은 없으나, 그것은 땅을 떠나지 않게 하고, 스며들게 하는 힘을 담아 놓는 용구이다. 부적이 행운을 가져다 주는 한, 소지자는 그것을 소지할 것이다. 그렇지 않다면, 그것을 버리고 다른 것을 찾을 것이다.

그러나 대부분의 경우, 마술은 적에게 해를 끼치기 위해 사용된다. 전파되는 마술이 있는데, 예를 들면, 그것은 그에게서 끊어진 머리털이나 손톱 깎은 것, 또는 배설물까지도 개인의 복과 관계된다는 것이다. 그러한 것들을 적에게서 얻을 수 있다면, 그것들은 적에게 가까이 가지 않고서도 그들을 보복하는 데 쓰여질 수 있다. "흑 마술"에 대한 두려움은 대단히 강렬해서 한 사람이 누군가가 자기에게 주문을 거는 것을 보면, 흔히 구토, 경련을 일으키게 되고, 심지어는 죽음까지 초래할 수도 있다.

무당 또는 종교 전문가는 정령 신앙적인 사회에서 중요하고 힘있는 명사이다. 그는 약사, 성직자, 중재자이다. 그는 성난 영들을 분별하며, 영향을 미칠 수 있으며; 그는 질병을 고치고, 마을의 제물을 지시해 주며, 죽은 자의 영혼을 다른 세상으로 인도하기도 한다. 그는 자신의 몸을 이탈할 수 있는 능력과 먼 곳의 사건을 주시할 수 있는 능력이 있다.

D. 금기(taboo)에 대한 의식

마술과 마나가 존재한다는 믿음이 있는 곳에서는 적의 은밀한 공격으로부터 안전하게 보호되기 위해서 최대한의 주의가 요망될 것이다. 이것은 금기라는 통상의 관습을 생기게 했다. 문제를 멀리하는 한 가지 방법은 그것을 피하는 것이다. 그러므로 마나가 어느 특정한 사람이나 물건에 집중되어 있는 곳에서는 그 물건이나 그 사람을 접촉하거나 가까이 가서는 안 된다. 그것은 위험한 일로 간주되며; 그것이 금기이다. 그러므로 전체 범위의 사람, 물건, 장소가 금기시 된다: 예를 들면, (성직자와 같은) 신성한 사람들; 죽은 자들과 그들에게 속한 모든 것; 월경 기간과 질병; 신성한 작은 숲 같은 성역과 영의 집; 어떤 동물들, 식물들, 곤충들이다. 많은 금기가 해산한 여인, 태어난 유아, 씨뿌리고, 심고, 수확하는 계절, 집 짓기, 특히 장례 등과 관련되어 있다. 정령 숭배자의 삶은 탄생에서 죽음까지의 매일 매일 금기에 의해 지배되며, 그의 매일의 활동을 제어하는 가장 중요한 힘 중의 하나라고 말하는 것은 맞는 말이다.

3. 정령 숭배의 내적 약점

이 부분은 『정령 숭배의 소개』(Introducing Animism)[2]라는 책에서 자료를 뽑은 것이다.

A. 근본적인 도덕적 기초의 결여

정령 숭배자는 어떤 행위는 옳고, 어떤 것은 그르다고 믿지만, 그를 인도할 판단력과 명확한 윤리적 체계에 대한 도덕적인 기초는 결여되어 있다. 행위자는 도덕적 존재나 도덕적인 법과 관련되어 있지 않다. 선과 악은 매우 간단한 법칙―그것이 공동체의 복지에 해를 끼치는지 안 끼치는지―에 의해 판단된다. 행동들은 만일 그것들이 생명의 조화를 보존해 주고 신의 축복을 공고히 해주면 선한 것이다; 그러나 그것들이 마을의 조화를 위협하고 재앙을 가져온다면 악한 것이다. 관습과 금기는 사회를 속

---

2 Eugene Nida and William A. Smalley, *Introducing Animism* (New York: Friendship Press, 1959), pp. 56-58

박해 주는 요인들이다. 죄는 종족의 관습이나 금기를 어기는 것이며, 도덕적으로 악한 것도 그것이 종족의 법을 범하지 않는다면 선으로 간주될 수도 있다.

B. 삶에 대한 만족스런 해답의 결여

정령 신앙은 삶의 의미와 역사의 중요성에 대한 의문에 만족스런 해답을 주지 못한다. 영의 존재와 죽은 자와 종족의 관습들을 강화하는 것은 무엇보다도 우선적으로 강조하면서도 과거에 촛점을 맞춘 것이다. 사람들은 그들이 왜 특정한 방식으로 행하는가에 대한 질문을 받으면, 그들이 줄 수 있는 단 하나의 진정한 대답은 "우리 조상들이 그렇게 해 왔기 때문에"라는 것이다. 이러한 접근 방법은 외부 세계에서 새로운 기회를 경험한 사람들에게는 오랜 동안의 만족을 주지 못할 것이다. 단지 뒤돌아보는 것은 발전을 위한 기회나 미래를 위한 영감을 제공해 주지 못한다.

C. 삶의 위기를 대처하는 능력의 결여

정령 숭배자는 종교적인 의식의 도움으로 그의 환경을 어느 정도 통제한다고 느낄지 모르지만, 여전히 그는 두려움을 극복할 수 없고, 삶의 문제들을 효과적으로 해결할 수 없는 것이다. 그는 한 가지 두려움을 제거해 버리면 쭉 연이어 나오는 새로운 종류의 수많은 두려움에 직면할 뿐이다. 자연적인 두려움은 영적인 두려움—영들 자체에 대한 두려움—으로 인도해 준다. 그는 예측할 수 없고, 위험한 세상에서 불안함을 느끼는 것이다.

D. 건설적인 지도력의 결여

정령 신앙적인 사람들 가운데 있는 종교적 지도자들—무당, 마술사, 또는 영매—은 그 사회의 열광적인 주변 인물들이다. 그들은 자주 정신 발작을 하고, 혼란되며, 정서적으로 불안정하다. 그들은 두려움의 대상이거나 또는 다른 사람의 유익을 위해 쓰임을 받지만, 신뢰하고 따를 인물들은 아니다. 그들은 법과 질서를 유지하나, 창의와 발전을 억압한다.

4. 정령 숭배의 비극적 결과

A. 두려움이 지배적이다

두려움은 움직이는 힘으로 정령 신앙의 현저한 특징이다. 정령 숭배자는 끊임없는 두려움 가운데 산다. 그는 끊임없이 "그를 붙잡으려고"하는 악령에 포위되어 있다. 그의 모든 힘은 이러한 영들을 달래거나 조정하는 데 쓰여진다.

복음이 들어가기 전의 북부 보르네오(Borneo; 현재 말레이시아의 일부)의 사라와크(Sarawak)에 있는 이반(Iban)족들의 정신 상태를 예로 들어 보자. 만일 그들이 밤에 나쁜 꿈을 꾸었으면 악령이 그들을 쫓고 있기 때문에 그 다음날 들에 나가지 말라는 경고라고 믿었다(많은 이반족들은 술을 지나치게 마셨으므로 자연히 밤에 나쁜 꿈을 꾸었다). 어떤 사람이 들로 가는 길에 검은 설치류의 동물이 길을 횡단하여 지나갔다면, 그것은 악령이 그를 쫓고 있기 때문에 되돌아가라는 경고였다. 혹은 코뿔새의 소리를 들었다면 그것은 들에서 떨어져 있으라는 또 다른 경고였다. 사라와크에는 검은 설치류 동물들과 코뿔새들이 많이 있었기 때문에 전 노동력의 1/3 정도 만이 정해진 날에 들에 도착해 일했던 것이다. 그래서 음식이 귀해졌고, 많은 이반족들이 배고픔과 영양 부족으로 고통받았다. 그들은 실제로 게을렀던 것이 아니고; 단지 두려워했던 것이었다. 두려움은 정령 숭배자의 가슴 속에 있는 지배적인 감정이다.

B. 희망이 결핍되어 있다

영의 세계나 영의 숭배자 가운데는 사랑의 개념이 완전히 결핍되어 있다. 이것은 개인에게서 종교의 어떤 위안도 빼앗아 간다. 노인이나 허약자에게는 삶에 위안이 거의 없다; 그들은 자기 종족에게 불필요한 존재라고 간주하므로 그들의 존재는 다만 고통스러울 뿐이다. 산 자에게는 죽음이란 미지의 세계의 어두움 가운데로 가버리는 것이므로 공포를 안겨 줄 뿐이다. 땅에 남겨 놓은 사랑하는 사람들과 다시 만난다는 확신도 없는 것이다. 정령 숭배자는 희망이 없는 것이다.

죽음 이후의 삶의 방식은 선했든 악했든 이 지상에서 어떠한 삶을 살았는가와는 아무런 관계가 없는 것이다. 불운은 개인적인 선택이 아닌 제어할 수 없는 외적인 힘에 의한 것이므로, 당연한 것이다. 인생의 모든 사건은 미리 정해져 있으며, 결코 개인의 특성에 달려 있는 것이 아니다. 이것은 자연적으로 자비하신 하나님께 대한 믿음을 막아버리고 인생에 대한 숙명적인 견해를 갖도록 만든다.

C. 하나님은 멀리 계신다

종족마다 신의 존재를 인식하지만, 창조자에 대한 경배에서 보편적으로 떠나 있는 것처럼 보인다. 정령 신앙의 공통적인 본질은 하나님을 부인하는 것이 아니라, 주술적 제사와 의식을 통한 자연의 힘과 악령을 숭배함에 있어서 하나님을 무시하는 것이다. 그것은 생명을 주신 자를 경배하지 않고 악령에 대한 두려움에 속박되어, 자신이 악령의 노예가 되기 때문이다. 그는 피할 수 없는 절망의 어둠 가운데로 끌려들게 되는 것이다. 그래서 하나님은 멀리 계시게 되고, 알 수 없는 분이 되는 것이다. 바울이 로마서에서 아주 분명히 묘사했다: "하나님을 알되 하나님으로 영화롭게도 아니하며, 감사치도 아니하고, 오히려 그 생각이 허망하여지며 미련한 마음이 어두워졌나니"(롬 1:21).

5. 정령 숭배자를 위한 복음

기독교 선교사는 감정 이입과 사랑을 가지고 정령 숭배자에게 접근해야 한다. 그는 정령 숭배자를 결코 멸시해서는 안 된다. 정령 숭배자는 교육받지 못했고 문맹일지 모르지만, 그는 어리석은 자가 아니다. 그는 논리와 자기 나름대로의 심리학을 가지고 있다. 기억력은 고도로 예민해져 있다. 똑같은 기회가 주어진다면, 그는 어느 누구만큼이나 지적이고 빈틈없다는 것을 증명해 줄 것이다.

정령 숭배자는 한 인간으로 다루어져야 한다; 그렇다, 더욱이—그리스도는 그 사람을 위하여 죽으셨다. 그는 단순히 "무종교자"나 "이교도"가 아니다. 그는 하나님과는 어떠한 관계도 갖지 않고 인생의 일시적인 것만을 위해 사는 많은 세속적이고 물질주의적인 서양인들보다 더 "영적"인 것이다. 특히 아프리카인들은 예수 그리스도의 복음을 접했을 때, 영적인 이해와 헌신에 대한 유별난 능력을 나타내고 있다.

미개한 사회의 정령 숭배자 가운데 사는 선교사는 그들의 단순한 생활 양식을 기꺼이 받아들이고, 그 사람들과 일체감을 가져야 한다. 남미의 콜럼비아의 모틸론으로 간 개척 선교사인 브루스 올슨은 기꺼이 모틸론족의 "둥근 집"에서 그들과 같이 살며, 중간에 높이 달아맨 그물 침대에서 잠자며, 그들이 먹는 음식(유충, 곤충)을 기꺼이 먹었던 것이다. 모틸론족들이 그를 그들 족속의 일원으로 여기고, 그의 메시지를 기꺼이 들은 것은 당연하다.

또한 선교사가 그 사람들의 언어와 사고 방식을 습득하며, 그들의 관습과 문화를 알며, 그들이 발전시켜 온 정령 신앙의 특정한 형태를 이해하는 것은 필수적이다. 이것은 그가 예수 그리스도의 복음을 전하는데 있어서 효과적인 가교 역할을 해 줄 접촉점과 구속적인 유사점을 발견하게 해 줄 것이다. 일단 이 일을 해 놓으면, 선교사는 전도 사역을 위한 더 나은 준비를 갖추게 된다.

섭리에 의해, 정령 숭배자는 아무런 증거 없이 존재하는 것이 아니다. 자연의 신비를 통하여 그는 창조자의 존재를 어느 정도 인식하고 있고, 양심의 소리를 통하여 그는 옳고 그른 개념을 가지고 있다. 그는 또한 조용하고 신비스런 성령의 역사를 통하여 구속적인 사랑을 받을 대상인 것이다. 그는 선재 은총을 받는 사람인 것이다. 돈 리차드슨이 지적한 것처럼, 해를 거듭해 가면서, 하나님은 각 종족과 씨족의 문화적이고 종교적인 형태에 복음을 위한 준비 작업이 되는 구속적인 유사점을 마련해 놓으시고 계시다. 이러한 유사점들을 발견하고, 영원한 진리의 전달을 위해서 그것들을 사용하는 것은 우리에게 달려 있다.

정령 숭배자들에게 대한 일반적인 접근 방법으로서 그들이 예수 그리스도 안에 있는 구원의 참된 경험을 할 수 있도록 효과적인 지침이 될 다음과 같은 기본적 진리의 전개를 제시한다.

A. 하나님 아버지에 관한 진리

이미 지적한 바대로, 종족마다 신의 존재에 대한 어떤 개념을 가지고 있다. 정령 숭배자는 자신의 기능이나 기술적 방법, 그리고 초자연적인 것 사이에 아주 분명한 구별을 할 줄 안다. 그가 정원에 식물을 심을 때, 그는 어떻게 해 나갈 것인지 안다—적합한 위치, 땅을 갈고 물을 주는 것, 수확의 때를 아는 것 등. 그러나 그는 자신의 힘이 미치지 못하는 다른 요소들이 있는 것도 깨닫고 있다. 이를테면, 토양의 생산성, 비와 해, 곡식의 열매 맺는 것과 같은 것이 있다. 그는 이러한 힘들을 다루는 데 있어서 마술이나 종교를 의지하든지 안 하든지 간에, 그가 의지하는 존재에는 초자연적인 힘이 있다는 것을 깨닫는다. 그것은 그가 찾는 다정한 신일 수도 있고, 아니면 어떤 방법으로든지 달래 주어야만 하는 악령일 수도 있다. 그는 이해를 못하지만 그 임재를 느낀다. 그가 하나님을 아는 방법을 발견할 수만 있다면, 어딘가 저 밖에 "알지 못하는 하나님"이 계시다는 것을 느낄 것이다. 모틸론족의 하나님을 추구하는 것에 대한 묘사는 정말로 동정적이다. 그는 약 6피트 깊이로 땅에 구멍을 파고 엎드린 뒤 구멍에 대고 소리친다, "하나님, 하나님, 구멍 밖으로 나오세요." 또는 그는 나무 꼭대기로 올라가서 입에다 나뭇잎을 가득 채워 넣고 애써 씹으면서 있는 힘껏 소리친다, "하나님, 하나님, 수평선에서 나오세요."

대부분의 정령 숭배자들에게 하나님은 아주 멀리 계신다. 그는 어디론가 멀리 가버리셨고, 인간의 일상사에 무관심하시다. 하나님은 문제를 만들어 내는 분이라고 생각되지 않으므로 그는 대부분의 시간 동안에 잊혀질 수 있다. 정령 숭배자는 그들 주변에서 그들을 속이는 셀 수 없는 악령들을 더 우려하고 있다.

기독교 전달자의 첫 번째 임무는 정령 숭배자에게 하나님에 대한 새로운 개념을 주는 것이다. 그는 하나님을 단지 창조자와 율법 수여자로서만이 아니라, 또한 구세주와 아버지로서 제시해 주어야 한다. 그는 하나님을 사람들에게 가까운 분으로 알려 주어야 한다. 비록 인간이 하나님을 잊어 버렸지만, 하나님은 인간을 잊어버리지 않으셨음을 강조해야 하며; 또한 하나님은 인간사에 깊이 관여하시고 개인을 돌보시고 사랑하시는 분이심을 강조해야 한다.

흔히 종족의 신화는 선교사가 하나님으로부터 멀어진 인간을 강조하는 데 놀라운 접촉점을 제공해 주며, 사람들을 하나님께 돌아오도록 부르는 좋은 기회를 제공해 준다. 로데시아의 쇼나(Shona) 종족의 이야기가 있다. 한때 하나님이 인간과 동행하며 살다가, 시간이 지남에 따라 인간이 약해져서, 어느 날 그들이 강에 도달했을 때, 하나님은 강을 건너가셨고, 인간을 그대로 둑에 남겨 놓으셨다는 이야기이다.

서아프리카의 다양한 신화들은 하나님의 이상하게 떠나신 사건을 설명하려는 시도를 말해 준다.

(1) 한 여인이 곡식을 빻고 있는데, 빻는 공이를 너무 높이 쳐드는 바람에 하늘에 계신 하나님을 치게 되었는데, 그녀가 멈추려하지 않기 때문에 하나님은 분노 가운데 일어나셔서 떠나셨다.

(2) 그 당시에는 사람들이 하늘에 그들의 더러운 손을 계속 씻음으로 하나님은 역겨워서 떠나셨다.

(3) 사람들이 하나님의 눈에 연기를 계속 보내야 된다고 고집하곤 해서, 그는 더 이상 견딜 수 없으셨다.[3]

이러한 모든 경우의 기쁜 소식은 하나님이 분노 가운데서 멀리 떠나가지 않으셨으며 우리를 꼼짝 못하도록 둔 채 떠나신 것이 아니라는 것이다. 그러나 하나님은 사랑 가운데 우리를 구원하시고 우리를 그와 화목케 하시려고 그의 아들을 보내신 것이다. 이것은 우리에게 두 번째의 큰 진리로 인도해 준다.

B. 아들 그리스도에 관한 진리

정령 숭배자에게 하나님이 실재하심을 나타내는 유일한 방법은 인간의 삶 속에 성육신하신 예수 그리스도를 제시하는 것이다. 그 아들을 통하여 정령 숭배자는 아버지의 특성을 알 수 있다. 그러므로 우리는 그리스도의

---

3 Ibid., pp. 15-16.

기적과 비유, 그의 죽음과 부활을 강조하면서, 그리스도의 생애를 단순한 방법으로 말해야 한다. 우리는 그리스도의 순수하심과 선하심, 그의 동정과 사랑, 가난한 자, 필요한 자, 병자와 죄인들에 대한 그의 관심을 강조해야 한다. 십자가의 이야기는 정령 숭배자가 그의 종교에서 흔히 결여되고 있는 죄에 대한 새로운 감각을 갖게 해 줄 것이다. 그리하면 그리스도의 용서가 명백히 이해될 수 있다.

모틸론족에게 성육신의 의미를 전달하는 방법을 찾던 브루스 올슨 선교사는 그들의 전설에서 한 가지 놀라운 도구를 발견했다. 그 이야기에 의하면, 한 모틸론족이 어느 날 사냥 후에 오솔길에 앉았다가 개미들이 집을 짓는 것을 보았다. 그는 개미들이 좋은 집—모틸론족의 집 같은—을 짓는 것을 돕기 원했다. 그래서 그는 허리를 굽히고 땅을 파기 시작했다. 그러나 그는 낯설고 너무나 거대하였기에 개미들은 무서워서 사방으로 도망갔다. 그 때 아주 기적적으로 그 모틸론족은 개미가 되었다. 그는 개미처럼 보였고, 개미처럼 생각했고, 개미의 말로 말했다. 그는 개미와 같이 살았고 개미들은 그를 신뢰하게 되었다.

어느 날 그는 개미들에게 자기는 정말로 개미가 아니고 언젠가 그가 개미들이 개미집을 짓는 일을 도와 주려고 했던 모틸론족이라고 말하면서 개미들을 놀라게 했다. 개미들은 "농담 마시오! 그게 당신이었단 말이요?"라고 그들의 말로 말했다. 개미들은 그가 전에 자기들을 돕기 위해 허리를 굽혔던 그 무서운 거인처럼 보이지 않았기 때문에 그 말을 일소에 부쳤다.

그러나 그 순간 그는 모틸론족으로 되돌아갔고, 흙을 가지고 움직이더니 모틸론족의 집 모양을 만들었다. 이 순간 개미들은 그를 알아보았고, 그를 더 이상 두려워하지 않았기 때문에 그의 일을 하게 내버려 두었다.4)

이 전설을 배경으로 사용함으로, 브루스 올슨은 모틸론족에게 하나님이 그의 사랑과 뜻을 우리에게 나타내실 수 있는 유일한 방법은 그가 사람이 되어서, 사람 가운데 살면서, 우리들의 언어로 우리에게 말씀하신다는 것을 설명하기 시작했다. 그리하여 그리스도를 바라봄으로 우리는 하나님이 어떠한 분이신지를 알 수 있는 것이다.

C. 진리의 책(The Book of Truth)

기독인의 믿음은 **자연 종교**에 반대되는 **계시된 종교**에 기초하고 있다. 하나님은 그의 아들을 통하여 우리에게 자신을 계시하셨고, 그 계시의 기록은 성경에서 발견된다. 우리가 하나님과 그리스도에 관한 진리를 아는 유일한 길은 그의 기록된 말씀을 통해서이다. 그러므로 우리가 정령 숭배자들에게 그들의 언어로 기록된 성경을 주는 것은 대단히 중요한 일이다. 우리는 그의 말씀을 통해서 우리에게 "하나님의 말씀하시는 것"을 강조해야 한다.

각 종족은 그 고유의 기록되지 않은 언어를 가지고 있으므로, 그 사람들에게 성경을 갖게 하는 과업은 진실로 어려운 일이다. 그것은 누군가가 그 가운데서 살면서, 그들의 언어를 "소리내게"하며 소리, 어휘, 문법, 구문을 배운 다음에 그 언어를 기록하고, 성경을 의미 있는 문화적 형태로 옮겨야 한다는 것을 뜻한다. 이 일은 평균 12년 가량의 훈련된 언어 학자의 집중된 노력을 요한다.

미국과 영국의 성경공회와 위클리프 성경 번역회가 이 분야에서 엄청난 사역을 감당하고 있다. 후자는 특히 세상의 모든 알려진 언어로 성경--최소한 부분적으로라도--을 번역하는 일을 그 목표로 삼고 있다. 현재, 위클리프 성경 번역자들은 약 4,000명의 임원진과 대략 830개의 다른 언

---

4 Bruce Olson, *For This Cross I′ll Kill You* (Carol Stream, IL: Creation House, 1973), p. 157.

어로 일하고 있다. 그러나 아직도 3,330개에 가까운 언어가 손도 못 댄 채 있는 것으로 추정된다.

정령 숭배자는 하나님이 그의 언어로 말씀하실 수 있다는 사실에 매우 감동받는다. 그가 그의 모국어로 하나님의 말씀을 읽을 때, 하나님의 말씀은 그에게 개인적이고 살아있는 말씀이 된다. 때로는 "성경책"(the Book)의 출현은 전설 속에 표현된 종족의 갈망에 대한 응답이 된다. 예를 들면, 카렌족들의 경우에서처럼, 그들은 원래 기록된 언어와 책들을 받았었다고 믿었다. 그러나 웬일인지 그들의 조상들은 어느 험악한 개가 달려들어 그들의 책들을 물어가 버리게 두었던 것이다. 그 이후로 그들은 어떤 기록과 책도 없는 것이다. 그러나 어느 날 그들의 예언자들이 그들에게 확신시켜 주기를, 바다를 건너 온 낯선 백인들이 그들이 잃었던 하나님의 책(the Book of God)을 돌려 줄 것이라고 하였다. 때가 이르자, 그들은 듣고 순종할 준비가 되었던 것이다. 그래서 첫 미국 침례교 선교사인 조지 보드만(George Boardman)이 성경을 가지고 그들 가운데 도착했을 때, 그들은 이것이 바로 그들의 희망의 성취라고 느꼈으며, 그들은 기쁜 마음으로 복음을 경청하였다. 오늘날 버마의 카렌족 교회는 약 50만의 신자를 가지고 있으며, 어디서나 볼 수 있는 가장 뛰어난 토착 교회들 중의 하나가 되었다.

콜럼비아의 모틸론족들은 하나님에 관해 그들에게 말해 줄 바나나 줄기를 가지고 오는 한 예언자에 관한 전설을 가지고 있었다. 브루스 올슨이 성경을 가지고 도착해서 그가 성경의 페이지를 이리 저리 넘기는 것을 보았을 때, 그들은 흥분하게 되었다. 한 사람이 근처의 바나나 나무가 있는 데로 걸어가서는 한 부분을 자른 후 그것을 또 반으로 쪼갰다. 더 자라야 될 줄기 안쪽에 아직도 있던 잎은 껍질이 벗겨지기 시작했다. 그 잎들은 책의 페이지 같이 보였다. 그러자, 그들은 성경을 가리키면서 말했다, "이것이다! 이것이 바로 하나님의 바나나 줄기이다. 그것이 우리에게 하나님에 관해서 말해 줄 것이다"라고 말했다. 그리고 그 선교사의 입을 통해서그 하나님의 바나나 줄기는 그 날 분명하고, 의미 있고, 구속적으로 모틸론족들에게 전파되기 시작했다.5)

D. 죄에 관한 진리

정령 숭배자의 종교에는 도덕적인 기초가 없지만 사람들은 옳고 그른어떤 개념과 신으로부터 멀어져 있는 느낌을 가지고 있다. 모든 종족의타락에 관한 신화 이야기는 아무리 미숙할지라도 하나님으로부터의 인간의 분리라는 한 가지 기본적인 공통적 사상을 가지고 있다. 인간은 하나님을 기쁘시게 해 드리지 못하는 어떤 일을 했으므로 하나님은 인간을 떠나가셨다. 그러므로 정령 숭배자는 무엇인가 잘못된 것을 안다.

죄에 대한 정령 숭배자의 견해는 다소 피상적인데, 그래도 그는 어떤행위는 죄로 간주한다. 사회적인 범죄는 신으로 섬기는 조상에 대한 범죄이다. 왜냐하면 그는 사회에서 조화에 대한 책임이 있고 범죄자를 심판하기 때문이다. 이것은 조상에 대한 두려움과 애정의 불안정한 태도를 나타내 준다. 심판자와 보존자로서의 종족의 신도 이와 마찬가지로 간주되며, 이것과 함께 옳고 그른 행위—전자의 승인과 후자의 심판—의 개념이 따른다. 신이 없는 사회에서는 이러한 안내와 교정의 역할이 다정하거나 또는 적대적인 영들에게 주어질 수 있다. 공통 분모는 부합되는 결과가 따르는 옳고 그른 행위의 개념이다. 초자연적인 것에 대한 사상을 받아들임으로써, 이 개념은 정령 숭배자로 하여금 구속자가 필요한 죄인으로서의 자신을 볼 수 있게 한다.

---

5 Ibid., p. 156.

죄와 죄의식에 대한 정령 숭배자의 이해는 복음에 대한 이해가 증가함
에 따라서 발전될 것이다. 그가 그를 대신한 그리스도의 죽음에 대해서
배우고 그 자신이 십자가의 비극에 직접적으로 관련되어 있는 것을 알 때,
그는 그의 죄에 대한 두려움과 용서함의 필요를 보기 시작할 것이다. 진리
의 말씀이 전해질 때, 성령은 "죄와 의와 심판"(요 16:8)에 대해서 각 사
람에게 확신시킬 것이다.

E. 구원에 관한 진리

비록 신과 종족 둘 다 범죄자를 불쾌하게 여기지만 정령 숭배자는 심판
으로부터 피할 어떤 방법에 대한 희망을 가지고 있다. 이 내적 강요는 그
를 어떤 수준의 마술이나 또 다른 수준의 종교로 이끈다. 그러므로 기본적
으로, 정령 숭배자는 구원 지향적이다. 정령 숭배자 사회가 그 사회를 위
하여 발달시켜 온 인간의 범죄를 위한 모든 속죄와 희생적 구제를 관찰하
는 것은 흥미 있는 일이다. 여기 과거와 현재의 몇 가지 실례가 있다:

(1) 오세아니아의 타이티(Tahiti)인은 전쟁 후에 카누 속에 어떤 제물
    (모형집, 음식 바구니, 사람의 우상)들을 넣었다가 그것을 태평양
    으로 빠뜨렸다. 성직자가 신에게 용서를 빌 때, 그 죄에 대한 제물
    은 그 땅에서 죄를 없애버리는 상징이었다.

(2) 솔로몬 군도의 울라완(Ulawan)족은 매년 사람들에게 질병을 가
    져다 주는 죄를 없애버리기 위한 희생 제물로서 개 한 마리를 바다
    에 빠뜨렸다(이것은 히브리인들의 속죄 염소와 유사하다).

(3) 어떤 피지 산간 마을에서는 피난의 바위라 불리는 큰 돌이 있었는
    데, 그 바위는 살인자가 복수하는 족장으로부터 피난처를 삼을 수
    있는 곳이었다.6)

(4) 이리안 자야의 얄리(Yali) 종족 가운데서는, 죄인을 죽일 때, 성직

자는 돼지를 죽여, 조롱박 용기 안에 그 피를 담아서 속죄를 위해 죄인의 피가 눈에 띄지 않는 땅에 스며들을 수 있는 곳마다 그 피를 뿌린다.7)

(5) 콜럼비아의 모틸론족 가운데서는 멧돼지 사냥 후에, 한 지도자가 그 동물의 껍질을 벗겨서 그것을 그의 머리 위에 놓아서 그의 귀를 덮고 악령이 접근하지 못하도록 한다.8)

이러한 모든 의식들은 죄에 대한 구제의 필요성의 상징적 표현이며, 그 것은 그리스도와 갈보리에서의 그의 속죄의 죽음에서 완전히 성취된 것을 발견하게 된다. 정령 숭배자에게 강조해야 할 것은 하나님 자신이 마지막 제물을 준비하셨고, 이제는 더 이상 어떤 동물의 제물도 우리에게 요구하시지 않는다는 것이다. 그 대신 우리는 그 자신의 제물을 받아들여야 하는 것이다.

그 외에 사람 사이에 화해를 가져오게 하는 많은 다양한 의식이 있다; 이를테면, 종족의 신에게 제물을 바치는 것, 제식 음료를 마시는 것, 함께 소금을 먹는 것, 평화의 담배를 피우는 것, 평화의 아이를 제물로 바치는 것 등이다. 이러한 의식들은 모두가 하나님과 인간 사이에 화해의 개념을 위한 기초를 놓는데, 화해는 우리의 중보자인 그리스도에 의해 이루어진다.

F. 자유에 관한 진리

두려움—악령, 자연의 힘, 죽음 자체에 대한 두려움—은 정령 신앙의

---

6 Donald McGavran, ed., *Crucial Issues in Missions Tomorrow* (Chicago: Moody Press, 1972), Chapter 5, "Possessing the Philosophy of Animism for Christ," by Alan Tippett, pp. 137-38.

7 Don Richardson, *Lords of the Earth* (Glendale, Calif.: Regal, 1977), p. 73

8 Olson, *For This Cross I'll Kill You*, p. 158.

지배적인 요소이다. 기독교 전도자는 하나님은 주권자이시고, 창조의 주이시며, 자연의 힘을 이기는 능력이 있으시며, 영들보다 더 강하시며, 죽음을 이긴 승리자이시라는 것을 강조해야 한다. 그리스도의 기적에 대한 설명—귀신들린 자를 고친 것, 파도를 잔잔케 한 것, 소경과 문둥병자를 고친 것, 죽은 나사로를 살린 것--은 그리스도가 만유의 주이시라는 사실을 정령 숭배자에게 확신시켜 줄 것이다.

이미 말레이시아의 사라와크의 이반족에 대한 언급이 있었으며, 어떻게 그들이 나쁜 꿈, 검은 설치류 동물, 코뿔새의 소리에 대한 끊임 없는 두려움 속에 살았는가를 언급한 바 있다. 이러한 사람들의 삶의 전환점은 그들이 중국 남부에서 북청 사변으로 인하여 사라와크로 이주해 온 몇몇 중국 기독인들과 접촉하였을 때 이루어졌다. 이반족들은 이 기독인들이 숲 속을 거닐고, 강에서 배를 저으며, 들에서 두려움 없이 일하는 것을 보게 된 것이다. 그들은 잘 살았고 먹을 것이 풍부했다. 그래서 이반족들이 이 새 이주자들에게 묻기 시작했다, "당신은 당신을 둘러싸고 있는 악령들을 두려워하지 않습니까?"

중국인 기독인들이 "아니요,"라고 대답했다. "우리는 은혜로우시고 사랑이 많으시며, 이 세상의 모든 힘보다 더 능력이 있으신 살아계신 하나님을 경배합니다."

그 결과 이반족들은 기독인의 믿음에 관심을 갖게 되었다. 얼마 후에 미국에서 감리교 선교사가 가까운 인도네시아와 필리핀의 선교사들과 같이 이 사람들의 복음화를 돕기 위해 도착했다. 오늘날 수천 명의 이반족들은 기독인들이다. 만일 누가 그들에게, "그리스도가 당신을 위해 무엇을 해 놓으셨습니까?"라고 묻는다면, 의심할 여지 없이 그들의 첫 대답은, "그는 우리를 두려움에서 구원하셨습니다"라고 할 것이다.

그리스도 예수 안에서의 새 삶의 결과로 정령 숭배자에게 온 구원과 자유에 대한 엄청난 느낌을 우리는 상상하기조차 어렵다.

영의 사로잡힘에 대한 정령 숭배자의 믿음은 매일의 삶을 깨끗하게 해 주시고 능력을 주시는 성령의 내주하는 임재의 개념을 위한 기초가 된다. 참된 마나는 우리에게 유용하게 된 하나님의 능력이며, 그것은 기도와 묵상과 순종에 의해 유지된다.

인생에 관한 정령 숭배자의 숙명적 관점에 대한 해답으로, 기독인의 신앙의 위로가 강조되어야 한다. 즉, 하나님의 평안, 주님의 기쁨, 성령의 위로(위로자), 영생의 선물, 그리스도의 재림에 대한 소망, 천국에 대한 소망 등.

정령 숭배자의 의식에는 항상 두려움의 표현이 있다; 감정, 흥분이 있다. 기독인의 삶의 감정과 기독인이 된 감격의 흥분이 묘사되어야 한다. 복음에서 배제하고 있는 모든 전의 정령 신앙적 관습들을 위한 문화적인 대체물들이 있어야 한다. 기독교는 토착화되어야 하고, 기독인들은 그들 고유의 문화적 형태로 자유롭게 표현해야 한다.

정령 숭배 종족은 이제 예수 그리스도의 교회에서 하나님의 백성들과의 교제 가운데서 기독인 종족—"하나님의 씨족"(the clan of God)—이 되고 있다!

13

회교도에 대한 복음 전달

1. 모하메드의 생애

회교는 가장 역사가 짧은 큰 세계적 종교로서 모하메드에 의해서 창시되었는데, 그는 서기 570년 아라비아의 메카에서 태어났다. 여섯 살의 나이에 고아가 되어, 처음에는 할아버지 밑에서 자랐고 그 후에는 숙부 밑에서 성장했다. 그의 어린 시절의 생활은 거의 알려지지 않았다. 구전에 의하면 그는 소년 시절을 유목민 텐트에서 보냈다. 12살의 나이에 그는 숙부와 시리아에 갔으며, 거기에서 그는 바히라(Bahira)라는 기독교 수사(修士)를 만났다. 나중에 그는 카디자(Khadija)라는 부유한 과부의 대상(隊商)을 책임지는 직업을 얻었다. 그의 경제적 사회적 지위는 향상되었고, 25살에 그는 15년 연상인 카디자(Khadija)와 결혼했다.

성인이 된 모하메드는 곧 눈에 띄는 종교적 기질을 보이기 시작했다. 그는 은둔과 명상을 위해 동굴에 틀어박혀 있곤 했으며; 자주 금식을 했고, 몽상에 빠지곤 했다. 그는 사람들이 믿는 다신교와 미숙한 미신에 심하게 불만을 가졌고, 유일한 참 신의 존재와 초월에 대한 열정적인 확신을 갖게 된 것 같았다. 이 점에 있어서 그는 가끔 접촉했던 유대인과 기독인에 의해 영향을 받은 것이 거의 틀림없다.

그가 40세에 코란의 첫 번째 계시가 모하메드에게 왔다고 전해졌다고 한다. 이러한 환상들은 약 2년 간 계속되었다. 어느 날 동굴에서 명상하다가 그는 자신이 유일한 참 신인 알라(Allah)의 선지자로 부름받음을 느꼈다. 아내 카디자의 격려를 받고, 그는 유일한 참 신 알라의 메시지를 선포하고 심판의 날을 경고하기 시작했다. 그러나 메카에서의 반응은 신통치 않았으며, 오히려 반대가 일어나기 시작했다. 그래서 서기 622년 모하메드는 적은 무리의 추종자들과 메디나(Medina)로 퇴각(退脚)하는 결정적인 행동을 취했다. 이 퇴각 또는 히즈라(Hijrah)는 모하메드의 일생에서 전환점이 되었으며, 회교 시대의 시작으로 적절히 선정되었다. 메카에서 그는 거절당한 선지자였으나, 메디나에서 즉시 정치가, 입법가, 새로운 신정국의 선지자는 물론, 집행자인 재판관이 되었다. 그는 곧 수많은 추종자를 얻고 반항적인 메카의 세력과 교전하기 위해 군대를 조직할 수 있었다. 그의 생애에서 몇 번 저지를 받기도 했으나, 결국 모하메드는 메카에 승리의 입성을 했고, 카바(Kaaba: 검은 운석이 있는 사원)를 둘러싸고 있는 우상들을 부셨고, 그 도시를 회교의 중심지로 확립시켰다. 서기 632년 메디나에서 그가 죽을 때쯤, 그는 아랍 반도 대부분의 지역에서 (최소한도 명목상으로) 회교를 확립하였다. 그후 몇 백 년 내에 그의 추종자들은 중동과 북부 아프리카 전역과, 심지어 스페인과 남유럽까지도 회교의 교세가 커가는 전조를 수립시켰다. 회교 군대는 마침내 서기 732년의 남부 프랑스에 있는 전략적인 뜨르 전쟁(Battle of Tours)에서 패배를 맛보았다.

오늘 모하메드 추종자들의 수는 약 7억이며, 회교 세계는 멀리 북부 아프리카의 모로코에서부터 동남 아시아의 인도네시아까지 뻗어 있으며, 북미와 유럽, 러시아, 중국, 필리핀과 남태평양의 피지 섬에도 소수의 회교 인구가 있다.

2. 신앙의 6개 조항

신앙의 여섯 가지 기초적인 조항이 있는데, 모든 회교 신자가 지켜야한다.

A. 알라

신은 유일하고, 창조자이며, 심판자이다. 그는 모든 것을 보며, 전지 전능하다. 그의 초월과 주권은 특히 강조되는 반면에, 거룩과 사랑에 대해서는 슬플 정도로 경시(輕視)된다. 회교도들에게 알려진 신의 이름으로 99개의 "아름다운 이름들"이 있다.

B. 천사들

천사들은 빛으로 창조되었는데, 그들 간에 계급이 있다. 가장 중요한 천사는 모하메드에게 코란을 전해 준 가브리엘(Gabriel) ; 심판의 날에 나팔을 불 아스라펠(Asrafel); 그리고 죽음의 천사 아즈라엘(Azrael)이다. 샤이탄(Shaytan) 즉 이블리스(사단)는 아담에게 굴복하라는 신의 명령을 따르지 않아 에덴 동산에서 쫓겨 났다. 또한 불로 만들어진 진(jinns)이라는 영들도 있다. 대부분 그들은 악하며 온갖 문제들을 야기시킨다.

C. 거룩한 책들

구약 성경은 성스러운 책으로 간주되는데, 보통 율법서인 토라와 시편인 자부르(Zabur)의 두 권의 책으로 구성된다. 회교에서는 신약, 즉 인질(Injil)을 "예수에게 내려온" 책이라고는 하지만, 원본은 그리스도가 승천할 때 다시 가져갔으며, 현재 기독인들의 손에 있는 사본은 그 내용이 변질되었다고 주장한다. 코란은 신이 인간에게 준 최후의 계시이므로, 모든 이전의 성스러운 책들을 대신한다고 한다. 회교도들은 코란이 천국에 있는 코란 원본의 복사본이라고 주장한다. 가브리엘 천사가 모하메드에게 코란을 받아쓰게 하였으며 모하메드는 한 단어 한 단어를 그대로 반복했을 뿐이라는 것이다.

D. 선지자들

여섯 명의 탁월한 선지자들이 있다: 신의 선택자 아담; 신의 설교자 노아; 신의 친구 아브라함; 신의 대언자 모세; 신의 말씀 예수; 신의 사도 모하메드인데, 모하메드가 그 중 가장 위대하며, 이전에 있었던 모든 선지자들을 대신한다고 한다. 모하메드는 세계의 창조 이전에 존재했고, 온갖 종류의 기적을 행한 자이며, 이상적인 인격이며, 죄 없는 자(코란에 그가 그의 죄의 용서를 위해 기도한 부분이 있음에도 불구하고) 등으로 모하메드란 인물을 미화하였다(그 미화는 실제로 코란이 아니라 후대의 구전에 의하여 미화되었다).

E. 예정론

회교도에 의하면, 선악을 막론하고 모든 일의 발생은 변하지 않는 알라의 천명에 의해 예정된 것이라고 한다. 이 교리는 알라를 악의 장본인으로 만드는 것이다. 대부분의 회교도 신학자들은 인간의 자유 의지를 완전히 부인하는데, 혹 신학자들은 약간의 자유 의지는 인정한다. 이것은 삶의 숙명론적인 철학으로 인도하며; 심지어 회교도에게는 흔히 가장 불행한 재난까지도 어쩔 수 없다는 식의 숙명으로 돌린다.

F. 심판의 날

각인의 악하고 선한 행동은 영혼이 머리카락처럼 가늘고, 칼날처럼 날

카로운 굉장히 긴 다리를 건널 때 특수 저울로 측정될 것이다. 악한 자들은 아래의 지옥불로 미끄러 떨어지나, 선한 자들은 빛처럼 빠르게 낙원으로 건너 갈 것이다. 이곳은 온갖 종류의 맛있는 과일들이 있는 쉴만한 정원과 취하지 않는 포도주의 강, 그리고 신실한 자들의 동반자들이 될 아름다운 여인들이 있는 감각적인 환희의 장소이다.

3. 다섯 가지 종교적 의무

회교에서는 다섯 가지의 기본적인 의무가 있는데, 일반적으로 종교의 기둥(Pillars of Religion)으로 알려져 있으며, 모든 진정한 회교도는 신실하게 지켜야 할 것들이다.

A. 증거 말씀의 암송 (회교 강령)

"알라 이외는 다른 신은 없으며; 모하메드는 알라의 사도이다". 이것은 유아가 가장 먼저 하는 말이며, 죽어가는 자가 마지막으로 하는 말이다. 이 말은 하루 다섯 번 하는 기도에서 반복하여 암송되며, 그 외에도 수없이 암송된다.

B. 기도문 암송

모든 회교도는 매일 다섯 번—새벽, 정오, 오후 중간, 해질 때, 그리고 어두워진 후—지정된 기도를 해야 한다. 이 기도를 드리기 위하여 얼굴과 손발을 씻는 의식이 선행되어야 한다. 예배자는 메카를 향한 채 정해진 장소들을 지나간다. 금요일 정오에 회교 사원에서 특별한 예배가 거행된다.

C. 금식의 달

회교 음력의 아홉 번째 달인 라마단(Ramadan) 달은 금식의 달로 지켜져야 한다. 그것은 코란이 라마단 달 하순에 내려왔다고 추정되기 때문이다. 낮 동안의 금식은 필수이나, 밤에 먹는 것은 허락된다. 금지 사항은 음료수를 마시거나 금연이 포함되어 있다.

D. 법적 구제금

회교도 모든 수입의 1/40을 구제금으로 내야하고, 다른 형태의 수입의 일정한 몫도 내야 하는데, 그 액수는 상당히 복잡한 제도에 의하여 결정된다. 이 헌금은 가난한 자, 고아, 과부, 병자, 그리고 다른 불행한 자들에게 나누어진다.

E. 메카의 순례 (하지)

이것은 신체적으로 가능하며, 여행할만한 경제적 능력이 있는 모든 경건한 회교도는 최소한 일생에 한 번 요구된다. 특별한 경우에는, 대리인을 보낼 수도 있다. 대순례의 일정은 음력으로 마지막 달의 첫날에서 12일까지이다.

4. 회교도 전도의 주된 문제

A. 역사적인 장벽

기독교와 회교는 수세기에 걸쳐 불행한 관계를 맺어 왔다. 처음부터 모하메드는 아라비아의 기독인들과의 접촉에서 기독교에 대한 잘못된 인상을 가졌다. 확실히 그는 삼위일체 사상이 하나님과 마리아와 예수로 구성되어 있다고 완전히 오해하였다. 그뿐 아니라 회교 군대가 북부 아프리카를 휩쓸었을 때, 중요하지도 않은 교리적인 문제들로 다투면서 분열되어 심하게 갈라진 어떤 교회를 만나게 되었다. 그 후 기독인들이 회교도들에 대항하여 성지의 통치권을 다시 얻기 위해 칼을 들고 온갖 학대를 다한 십자군이 있었다(1090-1290). 그 이후 대부분의 회교 국가들이 서양의 기독교 국가들의 통치 하에 있었던 식민지 시대가 뒤따랐다. 최근에는, 특히 "기독교" 국가인 영국과 미국을 통한 현대 이스라엘의 설립은 기독교 계와 회교 세계 간의 주된 알력의 근원이 되었다. 이 모든 것은 회교도들의 마음에, 특히 전 아랍 세계에서 원한의 잔재로 남게 되었다.

식민지 이후의 시대에도 새로운 문제가 생겨났다. 여러 독립 회교 정부 들이 모든 기독교 선교사들의 철수를 강요한 반면, 어떤 다른 나라들은 선교사들의 입국과 복음 전파를 심각하게 제한하였다.

B. 문화적인 장벽

회교는 종교일 뿐 아니라, 이란의 경우에서처럼, 회교는 사회적, 정치 적 체계이기도 하다. 회교도는 세속적인 것과 신성한 것, 사원과 정부 간 의 구분이 거의 없다. 이것은 아주 꽉 짜여진 사회를 만들어서 회교에서 어떠한 타종교로 개종하는 것을 강력하게 저지한다. 개종자들은 추방당하 며, 심한 박해를 받고, 때로는 죽음에 이른다.

C. 종교적인 장벽

대부분의 회교도들은 그들의 신앙에 매우 긍지를 가지며, 그들의 충성 심은 극단적으로 열광적이다. 그들은 회교가 궁극적인 진리이며, 모든 다 른 종교보다 우월하다고 느낀다. 신앙을 버리는 것은 이단자가 되는 것이 다. 더 나아가서 그들은 성경이 선포하고 있는 그리스도를 믿는 것이 아니 라 코란에서 말하는 그리스도를 믿기 때문에 그들은 기독교에 대한 편견 된 자세를 갖고 있다.

5. 기독교와의 접촉점

회교의 개념과 관습 중에는 우리가 회교도들을 접근할 수 있는 공통적인 근거를 마련해 주는 것들이 있다.

A. 회교는 "복종"을 뜻하며, 회교도는 (알라의 뜻에) "복종하는 사람"이다. 기독인은 하나님께, "내 원대로 마옵시고, 아버지의 원대로 되기를 원하나이다"(눅 22:42)라고 말하는 사람이다.

B. 회교도들은 창조자이며 심판자인 유일한 최상의 인격적인 신을 믿는다.

C. 회교도들은 경전의 백성이다. 그들은 계시의 신을 믿는다.

D. 코란은 예수를 "신의 말씀"이며 "신의 영"이라고 말한다.

E. 회교의 많은 단어들이 기독교와 친근한 단어들이다. 신, 사도, 증거, 선, 주권, 하나됨, 복종. 이러한 단어들은 그리스도와 밀접한 관계가 있으며 기독인들은 이 단어들의 깊은 의미를 그리스도 안에서 발견한다.

F. 또한 회교의 많은 관습들도 기독인들에게 친숙하다—특히 금식, 헌금과 구제. 이러한 유용성은 잘 보전되어야 한다.

6. 회교의 신학적 장벽

여러 가지 면에서 회교는 세계의 모든 다른 종교보다 기독교와 더 가깝다. 그러나, 실제로 회교는 기독교 신앙에 고정 관념을 가지고 접근하기 때문에 더 멀리 떨어져 있고 대면하기가 훨씬 더 어렵다. 회교는 복음의 기본적인 진리를 정면으로 도전하는 어떤 신학적인 사상을 가지고 있다. 이 가르침은 주로 성경의 타당성과 하나님의 속성, 예수 그리스도의 인격, 그리고 속죄의 교리와 상관이 있다.

A. 성경의 타당성

코란은 기독교 성경의 신뢰성을 명백히 증명해 주고 있지만, 회교도가 성경을 읽으면서 코란의 가르침과 상반되는 것을 발견할 때 문제에 직면한다. 만일 성경과 코란이 둘 다 하나님으로부터 온 계시라면 모순이 아닌 조화와 연관이 있어야 한다. 이 딜레마에서 벗어나기 위해서, 회교도들은 유대교와 기독교 성경의 현존하는 사본이 변조되었다는 이론을 소개해 왔다. 그들의 입장을 증명하기 위해서, 그들은 희랍어 사본들과 오늘날 사용되는 여러 가지 다른 번역판의 성경에 있는 차이를 지적한다. 그래서 현재 상태의 성경은 믿을만하지 못하며, 그러기에 진정한 신의 계시를 주는 것은 코란이라는 것이다. 코란에서 말하는 하나님, 그리스도, 그리고 십자가가 수용되어야 하는데, 그 까닭은 성경의 가르침이 틀리기 때문이다.

그러나, 기독인은 회교도를 상대할 때 성경을 사용하는 것을 주저해서는 안 된다. 만일 도둑이자 강간범이 밤에 당신의 집으로 들어왔을 때, 당신이 그에게 권총을 겨누었지만, 그가 당신을 조롱하면서, "나는 권총을 믿지 않는다"고 말한다면, 당신은 권총을 치우고 권총 사용을 포기하겠는가? 단 한 방만 그가 있는 방향으로 쏘면 그를 납득시키는 데 충분하다. 이와 같이, 회교도가 성경의 확실성을 믿지 않는다고 해서 성경을 제쳐놓을 이유가 없는 것이다. 성경은 여전히 하나님의 말씀이며, 좌우에 날선 검과 같이 사람의 마음과 생각을 꿰뚫는다. 회교도가 그의 관점을 증명하기 위해 종종 신약 성경을 인용하는 것은 아이러니컬하다. 실제로, 기독인은 회교도로 하여금 성경을 읽으라고 초청할 수 있는 유리한 입장에 있는데, 그 이유는 코란이 성경의 확실성을 증명하고 있으며, 심지어는 혼돈되어 있는 회교도에게 그가 이해하지 못하는 문제에 대해서 기독인에게 의논하라고 권하기까지 하기 때문이다(코란 10:94).

함부로 주장된 성경의 변조설에 대해서는, 모하메드 시대보다 2세기 이상이나 거슬러 올라가는 희랍어 신약 성경의 전체 원본이 오늘날 존재하고 있다는 간단한 사실만으로도 그 주장이 근거 없는 것임을 쉽게 나타낸다. 희랍 원본은 현재의 아랍 번역본의 본문을 실증(實證)하지 코란의 변형본을 실증하지 않는다. 더 나아가서, 회교 초기에 여러 지역에서 코란의 변형들이 손으로 쓰여지고 있을 때, 회교 학자들은 하나를 제외한 모든 번역본을 없앰으로써 이 문제를 간단히 해결하였음을 우리는 회교도들에게 상기시켜 줄 수 있다.

B. 삼위일체의 교리

회교도는 완고한 일신론자이며, 그런 이유로 기독교의 삼위일체 사상을 받아들일 수 없다. 그는 기독인이 세 신을 믿으므로 우상 숭배를 한다고 비난한다. 문제는 근본적으로 삼위일체에 대한 오해에서 비롯된다. 대부분의 회교도는 삼위일체가 하나님, 마리아 그리고 예수로 구성된다고 생각하며; 혹자는 삼위일체가 가브리엘, 마리아 그리고 예수로 구성된다고 생각한다. 그러므로 하나님이 마리아와의 관계로 아들 예수를 가졌거나; 아니면, 인간의 형상을 한 성령(가브리엘)이 마리아와 결혼하여 관계를 통하여 예수를 낳았다고 생각한다. 자연적으로 이러한 모든 것은 회교도에게는 신성 모독으로밖에 보이지 않는다.

기독인으로서 우리의 첫 번째 책임은 이러한 오해를 밝혀 주는 것이다. 우리가 세 신을 믿지 않는다는 것을 확실히 진술해야 한다. 구약 성경은 하나님이 오직 한 분이시며, 오직 그만이 우리의 경배 대상이라는 것을 확실히 선언한다(신 6:4). 예수는 신약 성경에서 이 사실을 재확인하신다(막 12:29-30). 우리는 회교도에게 하나님이 마리아와 결혼하지 않았다는 것을 말해야 한다. 그는 절대로 결혼하지 않으며, 결혼할 수도 없으며, 결혼할 필요조차 없으시다. 회교도가 이 말을 들을 때, 즉시 크나큰 해방감을 느끼고 대화에 훨씬 더 부드러운 자세를 취할 것이다.

삼위일체 교리는 참으로 누구에게나 이해하기 어렵다. 실제로, 우리가 하나님의 신비를 인간의 제한된 말로 설명하려 할 때 설명의 한계를 느낀다. 기독교 전도자들은 회교도에게 삼위일체를 설명하려고 다양한 실례를 사용하나, 모든 실례는 한계를 가진다. 어떤 사람은 계란을 예로 든다. 계란은 세 부분—껍질, 노른자와 흰자위—으로 나뉘지만, 하나의 단일한 사물인 것이다. 또 다른 이들은 한 남자가 세 가지 역할—아버지, 아들, 의사—을 하지만, 그는 여전히 한 사람인 것이다.

회교도에게 삼위일체를 설명하는 가장 좋은 방법은 그에게 다음의 질문을 해 보는 것일 수도 있다: 당신은 살아있는 몸을 가졌습니까? 당신은 살아있는 영혼을 가졌습니까? 당신은 살아있는 정신을 가졌습니까? 그가 그렇다고 대답하면, 그에게 "셋 중에 어느 것이 당신 자신입니까?"라고 물어 보라. 그는 당연하게 "셋 다 입니다"라고 말할 것이다. 그런 다음 우리 각자는 인간적인 차원에서 삼위일체이지만, 여전히 우리 자신을 하나로 여긴다는 것을 지적할 수 있다. 어쨌든, 우리가 그 신비를 다 이해할 수 없으나 하나님은 삼위이시면서 여전히 하나이시다. 만일 우리가 하나님의 삼위일체를 부인한다면, 또한 인간의 개성도 부인하는 것이다.

실제로, 코란은 하나님을 "우리가 창조했고...우리가 선지자를 보냈고"라는 말로 인용하고 있는데, 이 두 경우에 사용된 아랍어 동사 형태는 최소한 세 사람일 때 사용되는 동사이다. 한 사람이 말할 때 동사의 형태가 다르며, 두 사람이 말할 때의 동사 형태는 또 다르다. 이것은 창세기에 하나님이 말씀하신, "우리의 형상을 따라 우리의 모양대로"(창 1:26)라는 말과 동등하다. 회교도에게 이 사실을 주지(周知)시킬 수 있을 것이다.

그러나 결국, 우리가 단순한 논리로 회교도에게 삼위일체를 확신시킬 수 있는지는 의심스럽다. 회교도는 예수의 제자들처럼 개인적인 경험에 의해서 삼위일체를 이해하게 될 것이다. 제자들은 정통파 유대인으로서 유일신을 굳게 믿었다. 그들은 완고한 일신(一神)주의자였다. 그러나 그리스도가 와서 하나님의 아들이라고 주장하셨고, 그의 주장을 기적과 죄 없는 삶으로 확증하시자, 제자들은 "이 분이 바로 우리와 함께 하시는 하나님이시다!"고 고백하였다. 이제 그들은 아버지 하나님과 아들 그리스도를 대면한 것이다. 그리고 오순절날에 성령이 그들에게 내주하여, 그들을 깨끗하게 하고 능력 주시는 것을 그들이 경험하자, 그들은 "이 분이 바로 우리 안에 계신 하나님이시다!"라고 말하지 않을 수 없었다. 이제 그들은 성부, 성자, 성령—삼위일체를 대면한 것이다. 삼위일체의 교리가 기독교 교리의 일부로 공식화된 것은 얼마 후의 일이었다. 먼저 경험을 하고, 그 다음에 교리가 된 것이다. 나는 회교도와의 개인적인 접촉을 통해서 그들이 일단 그리스도를 구세주로 모시는 개인적인 경험을 하게 되면, 삼위일체라는 지적인 문제가 사라지는 것을 알게 되었다. 그들이 머리로 이해할 수 없던 것을 이제 그들의 마음으로 받아들이는 것이다. 인도에서 회교로부터의 개종자인 존 압두스 섭한(John Abdus Subhan) 감독도 이것이 바로 자신의 종교적 순례 경험이었다고 동의했다.

C. 예수의 인성

모든 회교도들은 예수를 믿는다고 시인하지만, 코란에 제시된 예수는 "다른 예수"이다. 코란의 이사(Isa)는 많은 선지자 중의 하나이며, 오직 유대인에게만 보내졌다고 한다. 그는 동정녀 마리아에게 태어났지만, 대부분의 회교도 해석자에 따르면 가브리엘이 그의 아버지이다. 이사는 신의 아들이 아니었으며, 그 자신도 삼위일체를 부정했다. 아담처럼 그는 흙에서 창조되었다. 그는 많은 기적을 행했지만, 이것은 오직 하나님 허락에 의해서만 가능했다. 그는 모하메드가 올 것을 예언하였다(요 14:16을 보라). 회교도의 주장은 "보혜사"로 번역된 희랍어 **파라클레토스**(parakletos)는 실제로 모하메드를 가리키는 "찬양받는 분"을 의미하는 원어 **페리클루토스**(periklutos)가 변형된 것이라는 주장이다. 이사는 십자가에 못박히지도 않았으며, 죽지도 않았는데; 그것은 다만 사람에게만 그렇게 보였다는 것이다. 그는 오늘도 살아 있으며, 그가 지구에 돌아와서 결혼을 하고, 아이를 가지며, 메디나에서 죽어서, 선지자 모하메드 옆에 장사될 것이다. 그는 40년 간 통치하고 전 세계에 회교를 확립시킬 것이다.

코란에는 그리스도의 아들됨을 구체적으로 부인하는 구절들이 많다. "그(신)는 아이를 낳지 않으며, 낳은 자도 아니다....신은 그 스스로 어떤 아들도 가질 수 없다!"(코란 112:3; 119:5). 예수를 "하나님의 아들"이라고 부르는 것은 모든 죄 중에 가장 치명적인 죄인 **셔크**(Shirk: 사람을 하나님과 동등하다고 신격화하는 것)를 범하는 것이다. 더 나아가서 회교도는 "하나님의 아들"이란 용어를 신이 여자와 성교를 가져 그 여자가 예수라는 아들을 낳은 것을 의미한다고 해석한다. 이것을 회교도는 신성모독이라고 느낀다!

우리는 회교도에게 아들이 육체적 개념이 아님을 조심스럽게 설명해야 한다. 예수는 성령의 능력으로 동정녀 마리아에게 태어났다. 그에게는 인간 아버지가 없었다. 그는 창조되지 않았고; 하나님으로부터 왔다. 그러므로 특수한 의미에서는 하나님이 그의 아버지이다. 그러나 이것은 영적 관계이며, 육체적 관계가 아닌 것이다.

우리는 회교도에게 일상적인 말 가운데 "아들의"라는 표현은 인격의 유사성을 전달하는 은유로 쓰이는 것이지 육체적인 관계를 암시하는 것이 아님을 지적해 줄 수 있어야 한다; "여우의 아들"이나 "우뢰의 아들" 같이 말이다. 코란에서 실제로 예수를 "신의 말씀" 또는 "신으로부터 온 말씀"1)으로 말하고 있다. 아랍어에서 -의(of), -로부터(from)의 전치사는 같은 종류를 나타낸다. 그러므로 "신의 말씀"과 "신의 아들"은 뜻이 동일하다. 마치 단어가 말하는 자의 생각을 표현하는 것처럼, 아들은 아버지의 인격의 표현인 것이다. 말씀과 아들로서, 예수는 하나님의 본성을 나타낸다. 우리는 요한복음 1장 1절부터 4절을 언급하며, 다음과 같이 말할 수 있다: "하나님은 사람들에게 말씀하신다. 그는 나와 똑같이 그의 말씀을 통해 말씀하신다. 내 입에서 말이 나오기 전에 그 말들은 어디에 있었는가? 나의 뇌 속, 아니면 나의 생각 속인가? 그러나 나의 머리를 잘라 보아도 당신은 거기서 그 말들을 찾지 못할 것이다. 어떤 신비스러운 방법으로 나와 나의 말은 같은 것이다. 내 말이 당신을 기쁘게 하든 귀찮게 하든, 내 말이 말하는 것이면 무엇이나 당신은 내가 말하고 있다고 말할 수 있다. 그러므로, 하나님의 말씀이 하는 것은 무엇이든지 하나님 스스로 하시는 것이다. 이와 같은 방식으로, 하나님과 아들은 하나이다. 누구든지 아들을 본 자는 아버지를 본 것이다.

이 사실을 설명해 줄 가장 좋은 유추(類推)는 태양과 그 광선일 것이다. 하나님은 태양과 같이 근원이시며, 보내시는 분이다. 예수는 태양의 광선과 같이 빛을 반사하며 생명을 주신다. 성령은 녹이고 열을 내는 광선처럼 개인의 삶에서 에너지와 능력을 산출한다. 이 셋은 분리될 수 없다. 예수(광선)는 아버지(태양)의 구체적인 표현이다. 보내는 분은 예수와 성령을 통해 자신을 확장하셨다. 하나님은 어디에나 계시지만, 우리는 그의 현현(顯現)을 통해서가 아니면 그분을 볼 수 없다. 그러므로 우리가 예수를 볼 때, 우리는 아버지 하나님을 보는 것이다. 이것은 예수가 빌립에게

---

1 Koran: "Isa bin Mariam kalimat Allah—마리아의 아들이며, 하나님의 말씀인 예수."

"나를 본 자는 아버지를 보았거늘"(요 14:9)이라고 말씀하셨을 때 예수가 의미한 바로 그것이다. 하나님은 우리를 사랑하시고 돌보시기 때문에, 그는 태양을 가리는 구름을 제거하시고 인간의 모습인 예수로 그 자신을 드러내신 것이다. 부자(父子)의 개념은 우주의 무한한 하나님과 세상과 인간 역사에 들어와서 성육신하신 하나님 사이의 (육체적 관계가 아닌) 영적 관계를 표현하는 개념이다.

예수가 메시아에 대한 자신의 진리에 관해서 바리새인들을 어떻게 다루셨는가를 눈여겨보는 것은 흥미롭다. 바리새인들이 그가 메시아인가를 물었을 때, 예수는 단도직입적으로 "그렇다, 내가 그이다"고 대답하신 적은 별로 없었다. 그들이 메시아에 대한 잘못된 개념을 갖고 있었기 때문에 그는 다음과 같은 다른 방법으로 그 자신에 관한 진리를 알려야 했다: "나는 생명의 떡이다;…나는 문이다;..나는 선한 목자다"(요 6:35; 10:9, 11). 우리도 역시 회교도가 이해할 때까지는 "하나님의 아들"이라는 말을 사용하지 않고 그리스도의 유일성에 대해서 이해시키도록 해야 한다. 사도행전을 주의깊게 연구하면 사도들이 이교도와 이방인에게 설교할 때 예수를 "하나님의 아들"로 보다는 "주"라는 표현을 쓴 것을 볼 수 있다. 사람들이 예수를 믿게 되면, 그 때는 서신서에 기록되어 있는 영원한 아들에 대하여 더 깊이 이해하게 된다. 우리도 회교도들을 상대할 때 똑같은 접근 방법을 사용할 수 있다.

이것은 우리가 복음을 타협하거나 진리를 변색시키는 것을 의미하지 않는다. 결국 회교도는 예수가 하나님의 아들이라는 사실에 직면하게 될 것이다. 그러나 회교도를 신앙의 결단으로 이끌기 위해서는 그가 오해하거나 편견을 갖고 있는 용어들로 시작하는 것보다 이미 받아들인 용어들로부터 시작하는 것이 훨씬 더 지혜롭다.

알제리와 채드(Chad)로 간 선교사 찰스 매쉬(Charles Marsh)는 아랍어 단어인 랍(Rabb: 주님)은 지고(至高)의 분을 나타내 준다고 하는데, 그 까닭은 회교도들이 종종 그 단어를 하나님을 지칭할 때 사용하기 때문이다. 예수를 라바 나 이사(Rabba na ʹIsa)라고 부르는 것은 분명히 그의 신성을 함축한다.

회교도가 인간을 신으로 만든다고 우리를 비난하면, 우리는 그들에게 이것이야말로 성경의 선포와는 정반대라고 알려 주어야 한다. 성경은 인간이 하나님으로 변화된 것이 아니라 하나님이 인간으로 변화되었다고 가르친다. 영원한 말씀이 육신이 되어 우리 가운데 거하셨다. 물론 성육신의 사상은 회교도가 받아들이기 어려운 것이다. 그 이유는 우주의 주권적인 지배자가 자기를 낮추어 인간이 된다는 것은 생각할 수도 없다고 느끼기 때문이다. 그것은 하나님의 위엄을 떨어뜨리는 일에 불과하다. 그러나 하나님이 인간의 말인 아랍어를 통해서 말씀할 수 있다면 왜 한 인간을 통해서 말씀하실 수 없겠는가? 어느 것이 더 위대한 계시인가? 한 책인가? 한 삶인가? 더군다나, 하나님이 진정으로 주권적이라면, 선택적으로 인간이 되어 자신을 사람으로 계시하실 수 없겠는가? 우리가 누구이길래 그의 권리를 부인하는가?

D. 그리스도의 죽음

회교에 있어서 주요한 신학적 장벽은 우리 주님의 죽음을 철저하게 부인하는 것이다. 코란은 분명히 진술한다: "그들은 그를 죽이지 않았고, 그를 십자가에 못박지 않았으나, 그들에게는 그렇게 보였던 것 뿐이다" (수라 4:158). 대부분의 회교도들은 신이 예수를 십자가 사건 바로 전에 천국으로 데려가셨고 유다로 추정되는 대리인이 예수 대신에 못박혔다고 믿는다.

회교도는 신의 주권을 기초로 십자가에 대한 그의 태도를 결정한다. 신이 그의 선지자를 채찍에 맞고, 침뱉음을 당하고, 두 강도 사이에서 십자가에 못박히게 내버려 두셨다는 것은 상상할 수조차 없다. 신은 항상 그의 선지자를 승리로 갚아 주신다. 그러므로 예수와 같이 선한 분이 죽는다는 것은 불가능한데, 그 이유는 신이 전능하셔서 이런 끔찍한 죽음에서 예수를 구원해 내실 것이 확실하기 때문이다. 더욱이 구속(救贖)같은 것은 절대로 불필요한데, 그 이유는 신이 주권적인 행위, 곧 입에서 나오는 말씀으로 죄를 용서할 수 있기 때문이다.

여기에서 다시 정확히 하나님의 주권에 근거를 두고 우리는 기독인으로서 우리의 입장을 택할 수 있다. 하나님이 정말로 주권적이시라면, 십자가를 우리의 구속 수단으로 삼으실 수 없단 말인가? 우리가 누구이기에 감히 그분에게 그의 일을 어떻게 해야 된다고 말할 수 있는가? 더욱이, 하나님은 주권적이시기 때문에 속죄가 필요하게 되었다. 그는 손을 흔들므로 가볍게 죄를 용서하실 수 없다. 그렇게 값싼 용서에는 도덕적 가치가 없는 것이다. 그러나 십자가를 통하여 그는 그의 도덕법을 확정하고 죄를 철저하게 다루셨다. 이제 그는 못자국 난 손으로 진정한 도덕적 내용이 있는 용서를 제공하신다.

우리는 회교도에게 이렇게 물어볼 수 있다: 전능하신 신으로서 어느 것이 더 위대한 승리인가? 최후의 순간에 예수를 빼앗아 가는 것인가? 아니면 예수가 죽는 것을 용인한 다음 그를 죽음에서 승리롭게 살리는 것인가?

그리스도의 죽음에서 우리는 하나님의 주권적인 뜻을 볼 수 있다. 하나님은 창세 전에 구속을 계획하셨다. 그는 선지자들을 통하여 그리스도가 고난당할 것을 예언하셨는데, 그 예언은 그 일이 일어나기 훨씬 오래 전이었다. 이사야 53장 처럼, 성경 전체를 통해서 하나님은 그 아들의 죽음을 말씀하셨다. 예수가 세상에 있는 동안, 그 아버지의 뜻을 받아들이셨다. 그는 아무도 그에게서 그의 목숨을 빼앗을 수 없지만, 자유 의지로 스스로 자신을 버린다고 분명하게 진술하셨다(요 10:17-18). 그는 쉽사리 많은 천사들을 불러 그를 죽이려는 자들을 멸하실 수도 있었다. 그는 자신의 능력으로 십자가에서 내려오실 수도 있었다. 그러나 사랑 때문에 그는 십자가 위에서 고난을 받으셨고, 그렇게 함으로 우리를 죄에서 구속하여 주셨다. 그러나 하나님은 예수를 죽음에서 살림으로 예수가 치르신 희생을 받아들이셨다.

히브리서 저자는 "피흘림이 없은즉 사함이 없느니라"(히 9:22)고 우리에게 말해 준다. 회교도도 구약 성경을 신의 거룩한 책으로 받아들이기 때문에 우리는 구약에 기록된 많은 제물을 상기시켜 줌으로 위의 진리를 설명해 줄 수 있다. 모든 회교도들에게 알려진 다음의 사건들은 특히 도움이 된다:

> 하나님이 아담과 이브에게 가죽옷을 입힌 방법 (창 3:21)
> 가인과 아벨 (창세기 4장)
> 노아가 방주에서 나와 번제를 드림 (창 8:20)
> 아브라함이 이삭 대신 양을 제물로 드림 (창 22장)[2]
> 유월절 어린양 (출 12장)
> 붉은 암송아지 (민 19장)

구약 시대의 이 모든 믿는 자들은 제물을 통하여 하나님께 접근했다는 사실을 지적할 수 있다. 그런 다음 히브리서 10장 1절부터 18절의 중요성을 설명하면서, 그리스도의 희생의 궁극성을 강조할 수 있다.

---

2 회교도들은 아브라함이 이스마엘을 드렸지 이삭을 드린 것이 아니라고 주장한다. 이에 대하여 논쟁하지 말고, 아브라함이 그 아들—이름은 언급하지 않은 채—을 드렸다고 언급할 수 있을 것이다.

● 회교와 기독교의 비교 ●

	회 교	기 독 교
복종 대상	1. 알라에게	1. 하나님께
유 일 신	2. (인간을 신의 동반자로 만드는 것)서크의 죄	2. 삼위일체의 성부, 성자, 성령
하나 님의 주권	3. 초월성, 인간은 신의 자녀가 아니 고 노예이다.	3. 초월성과 내재성. 아버지-사랑의 하나님; 인간은 하나님의 자녀가 될 수 있다.
심 판	4. 의롭고, 악을 심판하고, 선한 자에 게 보상하고, 주권을 기초로 용서 해 줌 (속죄 불필요)	4. 거룩하며, 그리스도 안에 있는 속 죄를 기초로 용서해 줌
계 시	5. 신의 뜻에 따라서만	5. 하나님 자신(자기를 드러내심). 그의 뜻과 성품을 계시하심
그리 스도 선지자, 동정녀 탄생	6. 신의 아들이 아님; 십자가에서 죽 지 않았음 (부활이 없음) 7. 신은 그의 선지자가 모욕당하고, 패배하는 것을 허락지 않으실 것 임. 모하메드가 신의 사도이며, 최 후의 선지자	6. 하나님의 성육신, 인간으로 자신을 나타내신 분으로서의 하나님. 7. 하나님의 아들; 십자가에 달리시고 부활하심! 화목에 필요한 그의 부 활은 하나님의 가장 위대한 승리!
경전	8. 성경은 변형되었다. 코란은 오류가 없으며, 모든 이전의 경전을 대신 함. 토라 (Torah: 율법서) 자부르 (Zabur: 시편) 인질 (Injil)	8. 성경은 하나님의 영감된 계시. 구약 성경 신약 성경
구 원	9. 행위로, 다섯 가지 의무를 수행함 으로	9. 그리스도를 믿음으로, 죄의 용서, 영생.

미래	10. 낙원 (감각적 환희의 장소)	10. 천국 (하나님의 영원한 임재)
심판 (지옥)	11. 불신자들과 악행자들에게	11. 죄인들과 믿지 않는 자들에게
선행	12. 구원의 수단	12. 기독인의 삶의 표현

7. 회교도 사역을 위한 실제적 제안

A. 진정한 우정을 개발하라

회교도는 짧은 시간에 적당한 관계로 그리스도 앞으로 인도되지 않는 것이 보통이다. 그와는 장기간에 걸친 우정을 통해 접근해야 한다. 그를 당신의 집에 초대하라; 그를 한 인격으로 대우하고 관심을 보이라. 아플 때나 상을 당할 때 관심을 보이라. 회교도도 반드시 사랑에 반응을 보일 것이다. 거의 모든 회심의 경우 회교도는 기독인의 사랑에 영향을 받은 것이다.

B. 동정과 이해의 태도를 유지하라

비평, 부정적인 접근, 편견과 공격을 피하라. 회교도의 모하메드와 코란에 대한 열렬한 숭배와, 그의 유일신을 믿는 진지한 믿음을 이해하라. 보통 회교도는 매우 종교적이고, 신을 두려워하는 사람이다.

C. 성경으로 시작하라

회교도는 코란으로부터 그리스도에 대한 잘못된 이미지를 갖고 있다. 그에게 그리스도—그리스도의 참된 인격과, 그의 주장, 그의 죄없는 삶, 그의 죽음과 부활—에 대한 성경적인 설명을 접하게 하라. 회교도에게 처음부터 마가복음을 주지 말라. 왜냐하면 제일 첫 귀절에 예수를 "하나님의 아들"로 시작하기 때문이다. 오히려, 요한복음을 주라. 왜냐하면 그 복음은 예수를 회교도에게 익숙한 용어인 "하나님의 말씀"으로 시작하기 때문이다. 마태복음도 도움을 줄 수 있다. 왜냐하면 그리스도의 혈통을 다윗과 아브라함까지 거슬러 올라가서 기록해 놓았으며, 주님의 동정녀 탄생을 기술하고 있는데, 모두 회교도가 받아들일 만한 것이기 때문이다.

D. 논쟁하지 말고--증거하라!

필요할 때는 회교도의 진지한 질문에 대답하고 그에게 당신이 믿는 이유를 말하라. 그러나 대화를 논쟁으로 이끌지 말라. 하나님과의 개인적인 관계와 그리스도를 통한 죄의 용서를 강조하라. 보통 회교도는 이 두 가지에 대한 확신이 없다.

회교도에게는 증거의 말씀이 무척 중요함을 기억하라--"알라 이외는 신이 없고, 모하메드는 알라의 사도이다." 기독인도 역시 요한복음 17장 3절에 "증거의 말씀"을 가지고 있다--"영생은 곧 유일하신 참 하나님과 그의 보내신 자 예수 그리스도를 아는 것이니이다." 이 구절의 두 번째와 세 번째 절은 회교도의 증거의 말씀과 아주 비슷하나; 첫 번째 절의 영생이란 말이 독특하며, 이것이 큰 차이가 나게 만드는 점이다. 그리스도만이 생명--풍성하고 영원한 생명이시다.

E. 기독인의 삶을 살라

말씀만으로는 회교도들을 십자가의 믿음으로 이끌 수 없다. 추상적으로 아무리 많이 해석해도 그 자체만으로 예수가 구주라는 것을 확신시켜 줄 수는 없다. 당신의 삶 가운데서 어떻게 기독교가 참으로 하나님의 사랑의 실현이라는 것을 보여 주어야 한다. 그리스도를 따르는 대부분의 회교도들은 기독인 친구들의 희생적인 삶과 지속적인 사랑 때문에 그렇게 된 것이다.

회교도는 복음으로 인도하기 정말 어려운 사람이지만; 그러나 진리와 사랑, 겸손과 재치로 무장하면, 기독인의 증거는 그를 십자가 앞으로 효과 있게 인도할 수 있다.

14

복음의 능력

내가 복음을 부끄러워하지 아니하노니: 이 복음은
모든 믿는 자에게 구원을 주시는 하나님의 능력이 됨이라.
첫째는 유대인에게요, 또한 헬라인에게로다.

- 로마서 1장 16절 -

이는 역사상 최초의 그리고 어쩌면 가장 위대한 사도 바울의 말이다. 그는 그가 설교한 메시지에 완전한 확신을 가지고 있었다. 그는 그것이 죽을 운명의 인간의 말이 아니라, 살아있는 하나님의 말씀임을 알았다. 그는 복음이 자기 자신을 위해서 해놓은 일이 무엇인지 알았기 때문에 복음이 다른 사람들을 위해서 할 수 있는 일이 무엇인지도 알았다. 그는 하나님의 은혜로 그는 증오에 찬 박해자와 살인자로부터 동정심 많은 전도자와 교회 개척자로 변화되었다. 그 후 그의 사역을 통해서 그는 방탕한 고린도인들, 우상숭배적인 데살로니가인들, 교만한 로마인들, 그리고 약삭빠른 희랍인들의 삶 속에서 변화시키는 말씀의 능력을 보았다. 그는 그리스도께서 가장 비천한 자로부터 가장 높은 자에 이르기까지 구원해 주시는 것을 보았다. 그는 그리스도께서 마귀에게 던져진 자들을 취하여 영원히 기념될만한 은혜의 삶으로 변화시켜 주시는 것을 목격했다.

복음은 오늘에도 여전하다. 그리스도는 오늘도 동일하시다. 성령은 오늘도 여전히 역사하신다. 온 세계를 통해 우리는 모든 인종, 종족, 종교를 가지고 있는 사람들 가운데서 하나님의 변화시키는 능력을 목격하고 있다. 하나님은 바탁족, 카렌족, 사위족, 얄리족, 노틸론족 가운데서; 그리고 일본인, 중국인, 한국인, 인도인, 아프리카인, 유럽인, 그리고 미국인 가운데서 역사하고 계신다.

1. 복음은 힌두교도를 위한 하나님의 능력이다

몇 년 전 나는 하류 계급의 힌두교도 모임에 초대되어 그들의 마을에 가서 그리스도에 관해 이야기했다. 이 사람들은 무지하였고, 교육을 받지 못했으며, 지극히 가난했다. 나는 어느 진흙 오두막집의 소똥으로 얼룩진 마루 위에 다리를 포개 앉아서, 간단한 이야기 형식으로 그리스도의 생애를 탄생에서 부활까지 전했다. 내가 이야기를 마쳤을 때, 그들은 말했다, "우리를 그처럼 몹시 사랑하시어 우리를 위해 그의 생명을 주신 분의 놀라운 이야기군요. 다시 오셔서 더 들려 주세요."

그래서 나는 몇 번이나 다시 가서 우상으로부터 살아계신 하나님께로 돌이키라고 권하면서, 그 길에 대해 좀더 설명해 주었다. 몇 달 후 그들은 나에게 말했다, "선교사님, 우리는 이제 이 그리스도를 믿고 있습니다. 우리는 이미 우리의 우상들을 파묻었고, 우리는 기독인으로 세례받기를 원합니다." 그래서 우리는 날을 정했고, 약속된 날에 나는 7가족—모두 35명 정도—에게 세례를 주었다.

이 사람들의 변화는 곧 분명해졌다. 모든 옛날의 습관들이 사라졌다. 그들의 인생관에는 새로운 광채와 기쁨이 있었다. 그들은 서로 이런 말을 했다, "우리는 천민들이나, 하나님은 우리들을 변화시키셨어. 우리는 버림받은 자들일지 모르나, 하나님은 우리를 그의 가족으로 삼으셨어. 우리는 이제 하나님의 자녀들이야. 우리는 상당한 인물들이 될 수 있어; 우리는 무언가 할 수 있어.”

그들이 제일 먼저 한 일은 외관상 몸을 깨끗이 한 것이다. 그들은 자주 목욕을 하고 보다 깨끗한 옷을 입기 시작했다. 그들은 그들의 진흙 오두막집을 하나씩 하나씩 허물고, 일곱 채의 새 집을 지었는데, 이것은 진흙 오두막집보다는 크게 개량된 집이었다. 그리고 나서 내가 그 마을을 방문했던 어느 날, 그들은 나에게 말했다, “선교사님, 우리 자녀들이 무지 속에서 자라고 있습니다. 우리에게 선생님 한 분을 보내 주셔서 그들을 위한 학교를 시작할 수 있습니까?”

그래서 나는 그들에게 기독교 선생을 보내 주었고, 그는 3학년까지 있는 초등학교를 시작했다. 그 아이들이 학교를 마치면, 그 지역 중앙에 있는 기독교 학교에 갈 수 있었고, 고등학교까지 계속 공부할 수 있었다.

얼마 후, 나는 이 새 기독인들에게 몇 백 달러를 빌려 주었는데 그들은 그것으로 약간의 땅을 샀다. 그들은 밭에서 열심히 일했고, 수확이 풍부해서, 곧 경제적으로 자급자족하게 되었다. 그들 중 한 명은 조그마한 가게 하나를 열었다.

이 년째 되던 즈음에 그 그룹은 나에게 말했다, “선교사님, 우리는 여기에 예배드릴 수 있는 교회가 필요합니다. 우리는 땅과 구운 벽돌, 그리고 숙련되지 못한 노동력을 공급할 것입니다. 당신은 나무와 숙련된 노동력을 위한 자금으로 우리를 도와주실 수 있습니까?”

곧 그 일이 시작되었고, 몇 달 안에 교회는 헌당할 준비가 되었다. 나는 아버지와 내가 그 헌당식에 갔었던 때를 결코 잊을 수가 없을 것이다. 헌당식은 사람들이 밭에서 돌아와서 저녁 식사를 한 후 밤 늦게 시작해서 거의 자정에서야 끝났다. 아버지와 나는 근처에 세워진 텐트 속에 있는 슬리핑 백으로 기어들어 갔으며, 우리가 잠들면서 마지막으로 기억한 것은 교회에서의 그들이 부른 즐거운 음악과 노래였다. 우리가 아침 일찍 깨어서 보니 그들은 여전히 노래하고 있었다. 그들은 그 날 밤 잠자리에 들지 않았던 것이다--그들은 밤새도록 노래했다. 그 날은 그들 생애에 있어서 중대한 날이었다.

약 20여 년 후인 아주 최근에 나는 이 마을을 다시 방문했다. 그 기독인 그룹--지금은 약 75명--이 간증과 찬양의 특별 예배를 위해 교회에 모였다. 나는 말씀을 전하려고 일어서서, 그들 가운데서 있었던 사역 초기의 역사--나의 첫 방문, 그들의 회심, 학교의 시작, 교회의 건축 등--에 대한 추억으로 서두를 꺼냈다. 갑자기 뒤에 서 있던 잘생긴 젊은이가 내 말을 중단시켰다. 완벽한 영어로 그는 말했다, "선생님, 제가 몇 마디 해도 되겠습니까?"

나는 동의했고, 그는 그 그룹에게 말하려고 앞으로 나왔다. "선생님," 그는 말하기 시작했다. "당신이 이 마을에 처음 오셨을 때 저는 소년에 불과했어요. 저는 당신이 손과 무릎으로 기어서 우리가 모두 모여 있던 진흙 오두막집으로 들어가셨던 것을 기억합니다. 저는 당신이 여기에서 시작했던 학교 학생 중 하나였습니다. 저는 교회 건축을 위해 벽돌을 나르며 도왔습니다". 그리고 나서 그는 계속하여 그들의 삶에서 일어났던 여러 가지 변화를 말해 주었다. 그는 그와 두 다른 소년들이 교육을 계속 받아 지금은 석사 학위를 받았다고 나에게 알려 주었다. 그 두 명은 기독교 고등학교의 교사였고, 한 명은 도시 교회의 목사였다(그 말한 사람은 선생이었다). 그는 마을에 있는 상류 계급의 사람들이 어떻게 자기들을 멸시하곤 했으며, 어떻게 지금은 그들을 존경하고 우러러보고 있는지를 말했다. 예배 후 그는 나를 그들의 새 집으로 초대했으며, 그들의 가득찬 곡식 창고도 보여 주었다.

그가 말을 마치자, 그 젊은이는 갑자기 몸을 최대한으로 펴고는 감격에 어린 목소리로 공표했다: "선교사님, 그리스도가 이 마을과 우리들의 삶 속에 오셨을 때, 그는 우리를 영적으로, 경제적으로, 사회적으로, 그리고 영원토록 변화시켜 주셨습니다!"

2. 복음은 불교도를 위한 하나님의 능력이다

비기독교 종교들의 부활을 묘사하는 앞의 장에서, 나는 불교 학자 비자야와르다나가 쓴『사원에서의 반란』이란 책을 여러 번 인용했다. 내가 60년대 초에 스리랑카를 방문하고 있는 동안, 나는 처음으로 500페이지가 넘는 이 묵직한 분량의 책을 접하게 되었다. 그 저자의 언급은 나를 몹시 혼란시켰는데, 왜냐하면 그는 기독교는 죽은 종교이고, 불교는 오늘의 살아있는 종교라고 주장했기 때문이었다. 내가 기독인으로 실론인 집주인에게 나의 관심을 표현하자, 그는 웃으며 대답했다, "시먼즈씨, 흥미롭게도 그 책의 저자가 일이 년 전에 사망했지만, 아주 최근에 그의 아내가 공적으로 그리스도에 대한 믿음을 공표하였어요."

즉시 나는 흥분되어서 집주인에게 그분과의 인터뷰를 하게 해 달라고 부탁했다. 그 부인은 우리 두 사람을 집으로 초대하여 차나 같이 들자고 하면서 정중하게 응했다. 거기서 나는 그 부인이 친히 말한 자신의 회심 이야기를 듣게 되었다.

비말라 비자야와르다나(Vimala Vijayawardhana) 여사는 철두철미한 불교도였고, 몇 년 동안 반다라나이케(Bandaranaike) 수상 내각의 보건부 장관을 역임했다. 그런 후 1959년 그 수상이 갑자기 탈두와 소마라마란 불교승에 의해 암살당했다(교수형 전의 그의 회심 이야기는 5장에서 묘사하였다). 비자야[1] 여사는 암살 음모에 연루되었다는 혐의로 체

---

1 우리는 원래의 긴 이름 전부를 반복하는 번거로움을 피하여 자유롭게 이 짧은 형태의

포되어 감옥살이를 하게 되었다. 그 재판은 거의 아홉 달 동안 계속되었다.

섭리적으로 비자야 여사가 갇혀 있던 감옥의 간수는 헌신된 기독인이었다. 그 간수는 그 여사에게 신약 한 권을 주었고; 별달리 할 것이 없었던 그녀는 단지 시간을 보내기 위해 그 성경을 읽기 시작하였다. 그러나 곧 기록된 말씀은 살아있는 말씀이 되었고, 그녀는 자신의 죄를 보기 시작하였고, 동시에 구세주의 필요성도 알게 되었다. 그녀는 읽으면 읽을수록 더욱 더 자신의 영적인 상태에 관해서 관심을 갖게 되었다. 그녀는 깊은 죄책감을 느꼈다.

여기쯤 간증하게 되자 비자야 여사는 눈에 눈물을 글썽거리면서 나를 쳐다보며 감정에 복받친 채 말했다, "시먼즈씨, 제가 에베소서 2장—너희의 허물과 죄로 죽었던 너희를 살리셨도다—을 읽으면서 저의 믿음은 갑자기 예수 그리스도를 꼭 붙들게 되었고, 제 생애 처음으로 저의 죄가 용서되었음을 알게 되었어요. 그것은 제 생애에서 가장 위대한 순간이었어요!"

그 후 얼마 안 되어 비자야 여사는 사면되었고, 감옥에서 풀려났다. 그녀는 출옥한 후 바로 기독인으로서 세례를 받았다. 오늘날에도 그녀는 콜롬보의 수도에서 여전히 그리스도를 증거하고 있다.

3. 복음은 회교도를 위한 하나님의 능력이다

압두스 섭한[2]은 인도의 캘커타 시의 아주 정통적인 회교 가정에서 태어났다. 그는 검소하고 청교도적인 부모님 밑에서 성장했다. 그들은 선하고 존경스럽다고 여겨지지 않는 어떤 언행도 미워하도록 교육을 받

이름을 대신 사용하기로 한다.

2 전체 자서전을 위해서는 John A. Subhan의 『수삐의 일원이 어떻게 그의 주를 발견했는가』(How a Found His Lord)를 보라(Lucknow, 인도: Lucknow Publishing House, 1942).

았다; 뿐만 아니라 담배를 피우고, 구장(betel: 후추과에 속하는 풀의 열매)을 씹고, 불경스런 언어fmf 사용하는 것을 삼가도록 배웠다.

압두스는 초기 생애에서 회교에 대한 열광적인 열정을 보였다. 그는 충실하게 기도 시간과 금식일을 준수하였다. 그는 열 살이 되기 전에 코란 전체를 다 읽었고 그 중 상당 부분을 암기했다. 유명한 멀비스(Maulvis: 회교 교사들)의 지도 하에 그는 아라비아어와 페르시아어를 배우기 시작했고, 회교 과정을 이수했다. 그가 회교의 초기 정복들에 대해 읽었을 때, 그는 또다른 **지하드**에 참가하여 모든 불신자들을 대항하여 칼을 뽑는 꿈을 가졌다. 그의 열정을 보면서, 그의 부모님은 그가 멀비스가 되도록 격려했다.

압두스는 회교의 진리를 확신했다. 그는 다른 모든 종교는 마귀의 창안물이며, 모든 비회교도들은 신의 깨끗한 땅을 더럽히고 있기 때문에 존재할 권리가 없다고 느꼈다. 그는 신의 최악의 적은 (우상숭배자들인) 힌두교도들과 (다신론자들인) 기독인이라고 생각했다.

그가 13살일 때, 압두스는 예언자들이 말했던 신에 관해 좀더 알고자 하는 커다란 욕구를 보였기에, 그는 회교적 신비주의에 관한 서적에 눈을 돌렸다. 그 결과 율법주의에 기초한 종교 형태에 점점 더 불만이 쌓여 갔다. 그는 진정한 내적인 만족은 의식의 준수나 형식적인 믿음을 통해서 달성되는 것이 아니라, 내적 경험에 의해서 되는 것임을 깨닫게 되었다. 그래서 그는 수삐(Sufi: 회교도 신비론자)가 되었다. 얼마 동안 그는 마술의 연습과 주문의 사용에 빠졌었다; 그러나 그는 결국 **카밀**(Kamil: 완전한 자)이 되기로 결심했으며, 신에 대한 참다운 지식을 달성하고 그와 친밀한 교제 속에서 살아가야겠다고 결심했다.

이때쯤, 한 회교도 친구가 요한복음을 압두스에게 주었는데, 그 친구는 그것을 어느 기독교 서적 행상인에게서 받았다. 그는 예전에도 그같은 복음서들을 갈갈이 찢어 버린 적이 있었다; 왜냐하면 회교 선생들이 신약 성경은 코란이 증명하는 참된 **인질**이 아니라, 그 변형된 형태이며, 따라서 불경스런 가르침이 들어있다고 경고했기 때문이다. 그러나 이번에는 그 성경을 읽어야겠다는 생각이 들었다.

그가 요한복음을 처음으로 읽은 결과는 놀라웠다. 제일 먼저 압두스는 어떤 의미로도 불경스럽거나 악마적으로 해석될 수 있는 단 하나의 문장이나 구절도 발견하지 못했다. 오히려, 그는 복음서의 지고한 윤리적인 가르침에 크게 감동을 받았다. 그러나 그를 가장 끌어당긴 것은 예수를 십자가에 못박아 죽이는 이야기였다. 그는 어떤 종교의 추종자라도 그의 지도자가 적의 수중에서 그와 같은 수치스러운 취급을 받게 하는 그와 같은 이야기를 의도적으로 창안해 낼 수는 없다고 생각했다.

그 복음을 두 번째 읽었을 때, 그것이 진실된 **인질**임을 그 젊은이는 확신했다. 그것은 하나님의 말씀이자 계시였다. 복음서를 통하여 그는 그리스도를 보았고 하나님 아버지를 알게 되었다. 그 자신의 말을 빌리면 다음과 같다:

> 그것은 충분했다. 나는 기독인이 되기로 결심했다. 기독교는…결국 나에게 유일한 참된 종교였다. 그것은 놀라운 발견이었으나, 나의 발견이 아니었다. 잘못을 저지르고 방황하고 있는 한 자녀를 발견한 분은 하나님이셨다. 나는 그의 자녀가 될 가능성이 있었던 그의 피조물이었다.[3]

그리고 15살에 그는 존 압두스 섭한으로서 세례를 받았다. 그는 그리스도 안에서 그의 새로운 믿음 때문에 그의 친척들과 친구들로부터 많은 고난을 겪어야 했다. 그들은 그에게 침을 뱉고 불경스런 자이며 이단자라고

---

3) Ibid., p. 20.

불렀다. 그의 공적인 전도는 학생들과 선생님들 가운데서 너무나 소동을 일으켜서 그 고등학교를 떠나라는 요청을 받았다. 그러나 그는 기독교 고등학교에 입학이 되어 대학교를 마칠 때까지 계속해서 교육을 받았다. 그는 후에 목사로 안수받았으며, 바레일리(Bareilly)신학교와 헨리 마틴(Henry Martyn) 회교 학교에서 몇 년 간 가르쳤다.

주후 1946년 존 섭한 목사는 남아시아의 감리교회에서 감독으로 임명되었는데, 그는 세계 감리교 역사상 전례 없이 감독이 된 처음이자 유일한 회교도 회심자였다! 그는 나의 감독이었다. 나는 그의 지도력 아래에서 섬길 수 있는 특권을 주신 것에 대해 하나님께 늘 감사할 것이다. 그는 독실한 기독인이었고, 하나님의 말씀의 놀라운 설교자였고, 좋은 친구였다. 그는 70년대 말 하나님의 부르심을 받았다.

4. 복음은 정령 숭배자를 위한 하나님의 능력이다

동북부 인도의 매니퍼(Manipur) 주의 중심부에 히마르(Hmar)로 알려진 부족이 있다. 여러 세대 동안 그들은 정령 숭배자들이었으며, 동물의 제물과 사람 사냥의 의식을 행했다.

히마르족과 접촉한 첫 선교사들 중 한 분이 왓킨 로버츠(Watkin Roberts)란 젊은 웨일즈 선교사였다. 그는 아주 인정이 많고 애정이 있고, 그의 믿음을 나누는 데 열성적이었다. 그는 다른 백인들이 그랬던 것처럼 그 지역의 부족들을 대하지 않았다. 그는 결코 부족들을 그의 품팔이 일군으로 대하며 보수 없이 그의 짐을 운반하게 하지 않았다. 그는 그와 동행하는 자들을 여행 동료들이라고 불렀다. 그는 그들과 함께 식사를 했고, 잠을 같이 잤다.

영국 관리는 히마르족들이 불친절하고 위험한 사람들로 여겼기 때문에 왓킨이 히마르 영토로 들어가는 것을 허용하지 않으려 했다. 그래서 왓킨은 매일 아침 그 지역으로 살금살금 숨어 들어갔다가 어두워지면 돌아오곤 했다. 히마르족은 그에게 친절하게 대했고 흥미 있게 그의 이야기를 경청했다. 그는 인류의 죄를 위해 제물로 돌아가신 하나님의 아들에 관한 간단한 메시지를 전했다. 얼마 후 그는 첫 번째의 회심자 그룹을 얻었다. 그가 그 사람들 가운데서 생활할 수 없기 때문에, 그는 그 주 밖에서 훈련 학교를 시작했고, 새 회심자들은 가르침을 받기 위해 그에게 갔다. 왓킨은 그들에게 기초 성경 과정을 가르쳤고, 그들 자신의 부족을 위한 전도자가 되어야 하며, 또한 그들이 세운 교회의 지도자가 되어야 한다는 인상을 심어 주었다. 새 회심자들은 그들이 주를 위한 열성적이고 효과적인 증인들로 입증되었다. 한때는 사람 사냥꾼들이, 지금은 마음 사냥꾼들이 된 것이다. 곧, "종족 운동"이 진전되어, 마을에서 마을로 퍼졌으며, 수백 가정이 "그리스도의 길을 따랐다."

이런 운동 가운데 최초의 히마르족 회심자이며 설교자였던 차운가(Chawnga)의 아들 로춘가 프데이트(Rochunga Pudaite) 4)란 이름의 젊은이가 나타났다. 9살 때 아버지의 설교를 통해 로춘가는 그리스도에게 그의 삶을 바쳤고, "그 길로 들어갔다." 며칠 후 그의 아버지는 히마르족 내의 커다란 필요성에 관하여 그에게 말해 주기 시작했다. "내 아들아," 그는 말했다. "너도 알지만 우리는 우리말로 된 하나님의 말씀이 없지 않니. 누군가 그것을 히마르어로 번역해서 모든 사람들을 위한 인쇄된 성경이 있어야만 하겠다. 나는 네가 이것을 할 만한 사람임을 믿는다. 너는 교육을 받아야 하며 이 과업을 위해 준비해야 할 것

---

4 Rochunga Pudaite의 전체 이야기를 위해서는 James와 Marti Hefley 저, 『하나님의 부족』(God's Tribesman)을 읽으라 (Philadelphia & New York: A. J. Holman, 1974).

이다."

그래서 10살 때에 로(Ro)는 호랑이와 뱀이 득실거리는 정글을 헤치고 96마일을 터벅터벅 걸어서 쳐차찬드퍼(Churchachandpur)에 있는 기독교 신학교에 들어 갔다. 이것은 그의 약속된 목표를 향한 길고 험한 여행의 첫 시작이었다. 그 후 16년 간 로는 초등학교, 중고등학교, 그리고 나서 북부 인도의 유명한 알라하바드(Allahabad)대학교에서 공부하기까지 애쓰면서 흥분, 고된 공부, 실망이 교차된 삶이었다. 각 학교에서 그는 기독교 학생들 사이에서 영적 지도자가 되었으며 비기독인들 사이에서도 효과적인 증인이 되었다.

이 기간 동안 줄곧 로는 삶의 두 가지 중요한 목표—히마르족을 섬기고, 하나님의 말씀을 히마르어로 번역하는 것—를 결코 잊은 적이 없었다. 대학에 들어가자마자, 그는 번역일을 시작했다. 그의 모든 여가는 이 중요한 과업에 할당되었다. 그런데 한 번은 인도의 수상이 알라하바드에 왔을 때 순전한 용기와 인내로 로는 판딧 네루(Pandit Nehru)의 면전으로 나아가서 그의 부족들의 필요 사항들을 그 앞에 내어 놓았다. 그는 히마르족과 그 친족들이 거주하는 4,000평방 마일 이내에 단 하나의 공립학교나 우체국이 없음을 지적했다. 수상은 그 젊은이의 진지함에 너무 감동되어 그 문제를 검토해 보기로 약속했다. 오래지 않아, 로는 델리에 있는 수상을 방문하도록 초대받아 그의 부족들의 상황을 좀더 자세히 설명을 했다. 그 결과, 중앙 정부는 그 지역에 4개의 우체국을 개설했고 히마르족 자녀들이 학교에 다닐 수 있게 하기 위한 장학금을 수여했다.

대학교를 졸업하자 로에게 스코틀랜드의 글래스고우로 갈 수 있는 유학의 길이 열렸다. 거기 있는 동안, 그는 영국과 외국 성서 공회의 관리자를 만났는데, 그 사람은 그의 번역 사업에 관심을 갖게 되어 번역이 완성되면 히마르 성경을 출간하는 것에 동의했다. 동시에 로는 글래스고우에서 광범위한 전도 집회를 갖고 있는 미국인 전도자 빌리 그래함을 만나는 특권을 가졌다. 그래함씨는 인도에 있는 히마르 부족민 전체가 스코틀랜드에서의 그의 전도 집회를 위해서 철야 기도 모임을 갖고 있다는 것을 듣자, 그는 로를 그의 호텔로 초대하였다. 이 미국인 전도자는 그 젊은이에게 너무 감동을 받아서 그를 일리노이에 있는 휘튼대학에서 공부할 수 있는 장학금을 제공해 주기로 했다. 그래서 로는 스코틀랜드에서 미국으로 건너갔다.

그 후 몇 년 간은 로의 생애 중 가장 행복하고 열매있는 삶이었다. 그는 석사 학위를 마치고, 동남 아시아와 극동에 걸친 광범위한 전도 여행을 하고 있는 선명회의 밥 피어스(Bob Pierce) 박사를 수행했고, 인도로 돌아가서는 히마르 기독교회를 강화하기 위해서 "동반자 선교회"(Partnership Mission)를 조직했다. 1970년까지 그 선교회는 350개 국가의 전도자들을 후원했고, 대학교, 고등학교, 성경 학원, 병원, 서점, 그리고 65개 마을 학교들을 운영했다. 이 기간 중 로는 또한 대학을 졸업한 아름다운 히마르 여인인 마위(Mawii)와 결혼했다.

이 모든 기간 동안 로는 그의 아버지가 소년이었던 그를 위해 설정해 놓았던 그 목표를 결코 잊지 않았다. 그는 히마르어로 신약 성경의 번역을 완성할 때까지 부지런히 그 과업을 계속했다. 성경은 곧 인쇄되었으며; 성경이 인도에 도착했을 때 히마르족은 모든 마을에서 축하 예배를 드렸다. 로의 아버지 차운가 노인은 그의 손에 첫 성경을 들자, 감사와 기쁨의 눈물을 억제할 수가 없었다. 그의 꿈은 결국 실현된 것이다! 6개월 이내에 첫판이 전부 팔렸고, 10,000부 이상을 더 주문해야 했다.

그러나 로의 가슴은 그리스도를 위한 그의 사역을 확장시키려는 욕망으로 계속 타올랐다. 그의 히마르족은 이제 기독인이 되었지만 아직도 그리스도의 이름을 들어 보지도 못한 사람들이 인도에 여전히 수백만 명이 있었고 세계적으로도 많이 남아 있었다. 로는 그가 세상 사람들에게 그리스도를 전할 수 있는 새로운 방법을 알려 달라고 무릎을 끓고 하나님께 간구하며 수 시간씩 보냈다.

어느 날 기도 중 그는 계속해서 "당신의 손가락을 움직이시오—당신의 손가락을 움직이시오"라는 전화 선전 문구가 떠올랐다. 좌절하여 그는 기도를 멈췄다. 그가 무릎을 펴고 일어났을 때, 그의 책상 위에 있는 두 개의 전화 번호부에 그의 시선이 끌렸다. 갑자기 비전이 확실해졌다. 그 전화 번호부에는 전화를 갖고 있는 캘커타와 뉴델리의 모든 사람들의 이름과 주소가 수록되어 있었다. 그들은 바로 그가 전도하기를 원한 최고의 교육과 최고의 영향력이 있는 지도자들이었다. 그리고 그들 중 대부분은 영어를 할 줄 알았다.

바로 이거야! 그는 생각했다. 우리는 우리의 손가락을 움직일거야. 우리는 전화 번호부에 주소가 나와 있는 모든 사람들에게 복음서를 우송할 거야. 하나님의 말씀은 언제나 최고의 선교사 역할을 해왔지.

얼마 안 되어, 케네쓰 테일러(Kenneth Taylor) 박사의 협조로 신약 성경(Living New Testament)을 인도의 모든 전화 소유자들—150만 명—에게 우송하고 있었다. 그 표지는 **그 중에 제일은 사랑이다**는 제목을 붙였고 유명한 타지마할을 배경으로 넣었다. 반응은 참으로 놀라왔다. 로는 고맙게 여기는 독자들로부터 수천 통의 편지를 받았고, 그들 중 몇은 그리스도를 믿게 된 것을 간증도 했다.

이것은 "세상을 위한 성경"(Bibles for the World)이란 선교 단체의 시작이 되었고, 이 단체는 네팔, 스리랑카, 버어마, 말레이시아, 필리핀, 타이완에 있는 모든 전화 소유자들에게 신약 성경을 이제까지 보내 주고 있다. 최종 목적은 전 세계를 통해 모든 전화 소유자들에게 하나님의 복음을 전하는 것이다.

하나님께서 북동부 인도의 정글에 살고 있는 무명의 정령 숭배족의 열 살된 소년을 불러내어 그를 사용하신 것—히마르족들에게 뿐만 아니라, 전 세계에 걸친 수백만의 사람들에게 성경을 제공하는 것—은 우리의 모든 상상력을 뛰어 넘는 일이다.

그렇다. 예수 그리스도의 복음은 "모든 믿는 자에게 구원을 주시는 하나님의 능력"이다. 그리고 부활하신 그리스도는 우리에게 명하셨다: "너희는 온 천하에 다니며 만민에게 복음을 전파하라"(막 16:15). 그는 우리에게 모든 나라와 모든 사람에게 기쁜 소식을 전하라고 부탁하신다. 복음을 전하되, 반드시 잘 전하자!

• 참고 도서 •

Ahmad-Shah, E. *Theology—Christian and Hindu*. Lucknow, 1966.

______. *Theology—Muslim and Christian*. Lucknow, 1970.

Anderson, Gerald H., ed. *The Theology of the Christian Mission*. New York: McGraw-Hill, 1961.

______. *Sermons to Men of Other Faiths and Traditions*. Nashville: Abingdon, 1966.

Anderson, J. N. D., ed. *The World's Religions*. Grand Rapids: Eerdmans, 1957.

______. *Christianity and Comparative Religions*. Downers Grove, Ill.: InterVarsity, 1971.

Anderson, Sir Norman, ed. *The World's Religions*. Grand Rapids: Eerdmands, 1977.

Arberry, A. J. *The Koran Interpreted*. New York: Macmillan, 1967.

Bach, Marcus. *Strangers at the Door*. Nashville: Abingdon, 1971.

Bavinck, J. H. *The Church Between Temple and Mosque*. Grand Rapids: Eerdmands, 1966.

Bethmann, Erich W. *Steps Toward Understanding Islam*. Baltimore: American Friends of the Middle East, 1966.

Braaten, Carl E. *The Flaming Center*. Philadelphia: Fortress Press, 1977.

Bradley, Daniel G. *Circles of Faith*. Nashville: Abingdon, 1966.

Brannen, Noah S. *Soka Gakkai*. Richmond: John Knox, 1968.

Brelvi, Mahmud. *The Impact of Islam on Human Progress*. Karachi: Technical Printers, 1964.

Chen, Kenneth K. S. *Buddhism, the Light of Asia*. Woodbury, NY: Barron's Educational Series, 1968.

Christian Witness Among Muslims. Accra, Ghana, Africa: Christian Press, 1971. For Christians in Africa.

Cragg, Kenneth. *Sandals at the Mosque*. New York: Oxford, 1959.

______. *The Call of the Minaret*. New York: Oxford, 1964.

Davis, J. Merle. *New Buildings on Old Foundations*. New York: International Missionary Council, 1947.

deKrester, Bryan. *Man in Buddhism and Christianity*. Calcutta: Y.M.C.A., 1954.

Dewick, E. C. *The Christian Attitude to Other Religions*. New York: Cambridge University Press, 1953.

Engel, James F. *Contemporary Christian Communications: Its Theory and Practice*. Nashville: Nelson, 1979.

Engel, James F., and Norton, H. Wilbert. *What's Gone Wrong with the Harvest?* Grand Rapids: Zondervan, 1975.

Farquhar, J. N. *The Crown of Hinduism*. London: Oxford University Press, 1930.

Gandhi, M. K. *Christian Missions*. Ahmedabad: Navajivan Publishing House, 1941.

Guiness, Os. *The Dust of Death*. Downers Grove, Ill.: InterVarsity, 1973.

______. *The East, No Exit*. Downers Grove, Ill.: InterVarsity, 1974. The swing toward Eastern mysticism.

Hefley, James and Marti. *God's Tribesman*. Philadelphia and New York: A. J. Holman, 1974.

Hesselgrave, David J. *Communication Christ Cross-Culturally*. Grand Rapids: Zondervan, 1978.

Hill, W. D. P., trans. *The Bhagavad Gita*. London: Oxford Press, 1928.

Hocking, William E. *Living Religions and a World Faith*. New York: Macmillan, 1940.

______. *Re-thinking Missions: A Laymen's Inquiry After 100 Years*. New York: Harper, 1932.

Hogg, A. J. *The Christian Message to the Hindu*. London: S.C.M., 1947.

Hunter, George. *The Contagious Congregation*. Nashville: Abingdon, 1979.

Jones, Bevan. *People of the Mosque.* Calcutta: Baptist Mission Press, 1959.

______. *Christianity Explained to Muslims.* Calcutta: Y.M.C.A., 1952.

Jones, E. Stanley. *A Song of Ascents.* Nashville: Abingdon, 1968.

______. *Along the Indian Road.* New York: Abingdon, 1935.

______. *The Christ of the Indian Road.* New York: Grossett and Dunlap, 1925.

Kraemer, Hendrik. *The Christian Message in a Non-Christian World.* Grand Rapids: Kregel, 1956.

______. *Why Christianity of All Religions?* London: Lutterworth, 1962.

Latourette, Kenneth S. *Introducing Buddhism.* New York: Friendship Press, 1956.

Manikam, Rajah B., ed. *Christianity and the Asian Revolution.* New York: Friendship Press, 1954.

Marsh, Charles R. *Share Your Faith with a Muslim.* Chicago: Moody Press, 1975.

Maslow, Abraham. *Motivation and Personality.* New York: Harper, 1970.

Mason, David. *Apostle to the Illiterates.* Grand Rapids: Zondervan, 1966.

McGavran, Donald. *Crucial Issues in Missions Tomorrow.* Chicago: Moody, 1972.

McVeigh, Malcolm. *God in Africa: Concepts of God in African Traditional Religion and Christianity.* Cape Cod, Mass.: Claude Stark, 1974.

Miller, William. *A Christian's Response to Islam.* Philadelphia: Presbyterian and Reformed Publishing Co., 1976.

______. *Ten Muslims Meet Christ.* Grand Rapids: Zondervan, 1969.

Neil, Stephen. *Christian Faith and Other Faiths.* New York: Oxford Press, 1970.

Newbigin, Leslie. *The Finality of Christ.* Richmond: John Knox Press, 1969.

Nida, Eugene. *Customs and Culture.* New York: Harper, 1954.

_______. *God's Word in Man's Language*. New York: Harper, 1952.

_______. *Message and Mission*. New York: Harper, 1960.

_______. *Religion Across Culture*. New York: Harper, 1968.

Nida, Eugene, and Smalley, William A. *Introducing Animism*. New York: Friendship Press, 1959.

Niles, D. T. *Buddhism and the Claims of Christ*. Richmond, Va.: John Knox Press, 1967.

_______. *That They May Have Life*. New York: Harper, 1951.

North American Lausanne Committee for World Evangelization. *Conference on Muslim Evangelization*. Colorado Springs, Oct. 15-21, 1978. Many reports.

Olson, Bruce. *For This Cross I'll Kill You*. Carol Stream, Ill.: Creation House, 1973.

Panikkar, K. M. *Asia and Western Dominance*. London: Allen and Unwin, 1959.

Panikkar, Raimundo. *The Unknown Christ of Hinduism*. London: Darton, Longman, and Todd, 1968.

Perry Edmund. *The Gospel in Dispute*. Garden City, NY: Doubleday, 1958.

Peterson, William J. *Those Curious New Cults*. New Canaan, Conn.: Keats, 1973.

Pickett, J. Waskom. *The Dynamics of Church Growth*. Nashville: Abingdon, 1963.

Pitt, Malcolm. *Introducing Hinduism*. New York: Friendship Press, 1958.

Richardson, Don. *Lords of the Earth*. Glendale, Calif.: Regal, 1977.

_______. *Peace Child*. Glendale, Calif.: Regal, 1974.

Soltau, T. Stanley. *Facing the Field*. Grand Rapids: Baker, 1959.

Stott, John R. W. *Christian Mission in the Modern World*. Downers Grove, Ill.: InterVarsity, 1975.

Subhan, John A. *How a Sufi Found His Lord*. Lucknow, India: Lucknow Publishing House, 1942.

Thompson, E. W. *The Word of the Cross to Hindus*. Madras: C.L.S. Press, 1956.

Thomsen, Harry. *The New Religions of Japan*. Rutland, Vt.: C. E. Tuttle Co., 1963.

Toynbee, Arnold. *Christianity Among the Religions of the World*. New York: Scribners, 1958.

Vijayawardhana. *The Revolt in the Temple*. Colombo, Sri Lanka: Sinah Publications, 1953.

Wilson, J. Christy. *Introducing Islam*. New York: Friendship Press, 1958.

______. *The Christian Message to Islam*. New York: Fleming Revell Co., 1950.

도서출판 세복의 발간 도서

간증 서적

나는 어떻게 예수님을 만났는가?
홍성철 편집 / 신국판 / 초판 1쇄, 개정판 11쇄 / 332쪽 / 8,000원
각계각층에서 그리스도의 향기를 진하게 풍기고 있는 21명의 신앙 고백으로, 새신자 및 전도용 선물로 최적인 책.

하나님과 함께 한 스탠리 탬의 놀라운 모험
스탠리 탬 지음 / 류선욱 옮김 / 신국판 / 초판 3쇄 / 334쪽 / 8,500원
하나님의 주권을 인정할 때 얼마나 놀라운 모험을 할 수 있으며, 무엇보다도 영혼을 구원하는 일에 하나님의 동역자가 될 수 있음을 체험적으로 보여 준 책.

사망의 골짜기를 지날지라도
볼레터 스틸 크럼리 지음 / 유정순 옮김 / 신국판 / 초판 1쇄 / 158쪽 / 4,500원
말로 다 표현할 수 없는 인간의 비극 가운데서 하나님의 평강을 발견한 저자의 믿음과 용기에 관한 능력 있는 체험적인 이야기.

하나님의 회초리 능력을 위한 사랑의 매
스탠리 탬 지음 / 성미영 옮김 / 신국판 / 초판 1쇄 / 234쪽 / 6,500원
어떻게 하나님의 능력을 갖게 되고, 기도의 응답을 받으며, 매일 당면하는 문제를 초월하여 승리하고, 열매 맺는 삶을 누릴 수 있는지를 체험적으로 쓴 책.

How I Met Jesus
John Sung-Chul Hong 편집 / 신국판 / 초판 1쇄 / 296쪽 / $9.99 (10,000원)
〈나는 어떻게 예수님을 만났는가?〉의 영어판. 한국 평신도 남녀 각 5인, 한국 목사 5인 및 외국인 5인의 신앙 고백.

경건 서적

성령의 충만을 받으라
존 T. 시먼즈 지음 / 홍성철 옮김 / 신국판 / 재판 4쇄 / 152쪽 / 4,000원
성령의 충만과 능력을 갈구하는 모든 그리스도인에게 그 방법을 단계적으로 제시한 책.

첫 걸음부터 주님과 함께
선 던 지음 / 전현주 옮김 / 신국판 / 초판 4쇄 / 116쪽 / 3,500원
반복되는 일시적인 결단의 공허함을 극복할 수 있는 원리를 제시하며, 그 원리를 삶에 적용할 때 믿음의 진보와 주님과 하나 되는 매일의 삶으로 인도하는 책.

너희는 나를 누구라 하느냐?
존 T. 시먼즈 지음 / 홍성철 옮김 / 신국판 / 초판 1쇄 / 198쪽 / 6,500원
예수님의 인격과 비유와 기적을 통해 "너희는 나를 누구라 하느냐?"에 대한 질문을 신학적으로나 신앙적으로 명쾌하게 제시한 책.

주님, 나를 변화시켜 주세요
에벌린 크리스튼슨 지음 / 이혜숙 옮김 / 신국판 / 초판 1쇄 / 280쪽 / 9,500원
하나님이 어떻게 사람들을 변화시키시는지를 경험한 저자는 변화를 이루시는 분이 하나님이심을
확신하게 하며, 실제적이고 획기적으로 변화되는 길을 안내해 주는 명저.

현대인을 위한 존 웨슬리의 메시지
스티븐 하퍼 지음 / 김석천 옮김 / 신국판 / 초판 2쇄 / 168쪽 / 5,000원
존 웨슬리의 메시지를 현대인을 위해 재해석한 책으로, 현대의 그리스도인들에게 빛과 방향을 제시
해 주는 책.

성령님, 나를 변화시켜 주세요   그리고 사용하여 주세요
커리 매비스 지음 / 홍성철 옮김 / 신국판 / 초판 1쇄 / 180쪽 / 5,500원
분노와 죄의식 등 감정의 문제들이 어떻게 성령의 역사로 변화되어 성장할 수 있고, 주님께 쓰임
받을 수 있는가를 제시하는 책.

참된 믿음을 가지려면
존 슈와츠 지음 / 전현주 옮김 / 신국판 / 초판 1쇄 / 148쪽 / 5,000원
성경 개관, 기독교 역사 이해, 기독교 특성 이해, 그리스도인의 성장 방법 등을 설명하는 기독교의
기본 안내서.

성령과 동행하라
스티븐 하퍼 지음 / 홍성철 옮김 / 신국판 / 초판 3쇄 / 224쪽 / 5,500원
기독교 영성이 무엇이며, 또 어떻게 그 영성을 체험하고 유지할 수 있는지에 대한 좋은 안내자가
되는 책.

십자가 앞에서
리차드 바우크햄, 트레보 하트 지음 / 김동욱 옮김 / 신국판 / 초판 1쇄 / 156쪽 / 5,000원
십자가 앞에 서 있던 열한 명의 삶의 관점에서 십자가를 묵상하므로 우리의 삶을 깊이 있게 변화시
켜 줄 것을 기대할 수 있는 책.

그리스도의 마음
데니스 킨로 지음 / 홍성철 옮김 / 신국판 / 초판 1쇄 / 188쪽 / 6,000원
성령이 믿는 자에게 주시는 "그리스도의 마음"이 의미하는 바가 무엇인지 잘 설명해 주는 명저.

성결의 아름다움
베인즈 에트킨슨 지음 / 홍성국 옮김 / 신국판 / 초판 1쇄 / 184쪽 / 5,500원
성결이라는 성경적 진리의 핵심에 직면하여 마음의 감동과 함께 성결하게 되는 것을 체험하도록
인도해 주는 책.

용감한 사랑, 변화시키는 능력   그리스도를 닮아가는 성령의 능력
테리 워들 지음 / 홍성철 옮김 / 신국판 / 초판 1쇄 / 216쪽 / 7,000원
그리스도인이 온전히 예수님을 닮아가도록 역사하는 성령의 변화시키는 능력을 알고 경험하도록
돕는 명저.

제자훈련

이렇게 예수 그리스도의 제자가 되자
홍성철 지음 / 신국판 / 초판 2쇄 / 238쪽 / 7,000원
예수 그리스도처럼 제자훈련의 모범과 성공을 이룬 사람은 일찍이 없었다. 그분의 훈련 방법과 원리
가 무엇인지에 대한 해답을 성경적으로 명쾌하게 제시한 책.

건강한 제자가 되자 생명력 있는 그리스도인의 열 가지 특성
스티븐 매키아 지음 / 최언집 옮김 / 신국판 / 초판 1쇄 / 371쪽 / 12,000원
건강한 그리스도인으로서 예수 그리스도의 성숙한 제자가 되는 원리를 열 가지로 제시하는 책.

제자훈련 훈련자용 교재 / 훈련생용 교재
찰스 레이크 지음 / 송한민, 이영기 옮김 / 신국판 / 초판 1쇄 / 112쪽, 332쪽 / 5,000원, 13,000원
제자훈련 4단계, 각 9주의 훈련 과정을 통해 경건한 그리스도인으로 성숙해갈 수 있는 훈련자용 교재와
훈련생용 교재.

QT 서적

날마다 솟는 샘
존 T. 시먼즈 지음 / 이영기 옮김 / 크라운판 (양장본) / 초판 1쇄 / 378쪽 / 12,000원
사복음서에 나타난 예수님의 삶과 가르침을 통하여 1년 동안 큐티를 위한 매일의 영적 양식으로,
독자의 영적 삶을 풍성하게 해주는 책.

하나님의 임재를 연습하라
로렌스 형제 지음 / 스티브 트락셀 편집 / 류명욱 옮김 / 신국판 / 초판 2쇄 / 172쪽 / 6,500원
일상생활 속에서 하나님을 사랑하라는 명령을 실천하는 것이 무엇인가를 보여 주어 하나님의 임재
안에서 사는 법을 훈련할 수 있는 명저.

전기 서적

거룩한 삶을 산 믿음의 영웅들
웨슬리 듀웰 지음 / 홍성철 옮김 / 신국판 / 초판 1쇄 / 312쪽 / 8,000원
거듭난 후 성령으로 충만함을 받은 경험을 하고 하나님이 사용하신 믿음의 영웅들 열네 명의 전기집.

위대한 그리스도인들은 어떻게 성령의 충만을 받았는가
제임스 로슨 지음 / 홍성철 옮김 / 신국판 / 초판 2쇄 / 298쪽 / 7,000원
하나님의 장중에 사로잡혀 위대하게 살았던 20명의 감동적인 성령 충만의 체험담을 기록한 책.

수잔나 존 웨슬리의 어머니
아놀드 댈리모어 지음 / 김석천 옮김 / 신국판 / 초판 2쇄 / 230쪽 / 6,000원
존과 찰스 웨슬리의 어머니 수잔나의 경건의 모범, 자녀 교육과 양육, 고난과 어려움을 이겨 풍성한
영적 유산을 남겨 준 이야기.

존 웨슬리 그의 생애와 신학
로버트 G. 터틀 2세 지음 / 김석천 옮김 / 신국판 / 초판 1쇄 / 480쪽 / 13,000원
하나님께 전적으로 헌신하며 살았던 존 웨슬리의 이야기를 통해 독자를 예수 그리스도의 충만한
믿음으로 인도하는 책.

전도 및 선교 서적

십자가의 도
홍성철 지음 / 신국판 / 초판 1쇄 / 244쪽 / 9,000원
복음의 핵심인 십자가를 집중 조명하는 책으로, 십자가의 사건, 십자가의 모형, 십자가의 의미, 십자
가의 능력의 소제목 아래, 각각 5편의 글로 구성되어 있는 명저.

불타는 전도자 존 웨슬리

홍성철 지음 / 신국판 (양장본) / 초판 7쇄 / 346쪽 / 12,000원
존 웨슬리가 어떻게 불타는 전도자가 될 수 있었는지를 제시하여, 현대 그리스도인들도 불타는 전도자가 되도록 인도해 주는 책.

당신의 생애도 변화될 수 있다

알란 워커 지음 / 홍성철 옮김 / 신국판 / 초판 2쇄 / 104쪽 / 4,000원
삶의 목적과 변화를 원하는 모든 현대인들에게 예수 그리스도가 제공하는 구원의 은혜로 변화된 생애를 살 수 있도록 도전하고 길잡이 역할을 할 명저.

현대인을 위한 복음전도의 성경적 모델

홍성철 지음 / 신국판 / 초판 2쇄 / 320쪽 / 11,000원
복음적인 안목으로 성경에 접근하고자 하는 그리스도인과 복음전도 지향적인 설교를 준비하는 사역자를 위해 길잡이 역할을 할 명저.

전도학

홍성철 편저 / 신국판(양장본) / 초판 1쇄 / 432쪽 / 15,000원
전도학의 대가들의 글들을 모아 편집한 책으로, 전도 신학, 전도 전략, 전도 방법을 기술한 전도학의 길잡이가 될 명저.

복음을 전하세   복음전도의 성경적 근거

홍성철 지음 / 신국판 / 초판 1쇄 / 198 / 8,000원
목회자는 물론 평신도에게 복음전도에 대한 뜨거운 열정과 사명을 일으키게 할 책.

주님의 지상명령   성경적 의미와 적용

홍성철 지음 / 신국판 / 초판 2쇄 / 218쪽 / 7,000원
주님의 지상명령이 함축하고 있는 의미를 깊이 조명하여 그리스도인들로 하여금 그 명령에 보다 확실히 순종할 수 있게 할 저자가 심혈을 기울인 책.

회심   거듭남의 의미와 적용

홍성철 편집 / 신국판 / 초판 2쇄, 개정판 3쇄 / 224쪽 / 7,000원
기독교에서 가장 핵심적 교리인 "회심"의 문제를 신학적, 경험적, 적용적으로 이 분야의 권위자들이 다룬 9편의 글.

타문화권 복음 전달의 원리와 적용

존 T. 시먼즈 지음 / 홍성철 옮김 / 신국판 / 초판 3쇄, 2판 3쇄 / 342쪽 / 8,000원
복음과 타종교와의 관계 및 복음 전달의 원리와 방법을 깊게 다루어 복음 전달의 이론적 인도자가 되는 명저.

서로 사랑하자   성경적 복음전도의 모형

진 게츠 지음 / 하도균 옮김 / 신국판 / 초판 2쇄 / 228쪽 / 7,000원
사랑의 동기로 시작하는 복음전도에서 그리스도인들이 사랑으로 하나됨을 통해 사람들을 그리스도께로 인도할 구체적인 방법을 안내하는 베스트셀러 작가 진 게츠의 명저.

상담 서적

상처난 아버지와의 관계 회복

제임스 L. 쉘러 지음 / 이기승 옮김 / 신국판 / 초판 6쇄 / 272쪽 / 8,000원
인생의 풀리지 않는 아버지와의 문제들이 무엇이며 그것을 어떻게 다루어야 할지, 더 나아가 하나님 아버지께로 인도하는 책.

당신의 인생을 다시 시작하라
데일 겔러웨이 지음 / 류선욱 옮김 / 신국판 / 초판 1쇄 / 202쪽 / 6,500원
인생에서 위기를 당하거나 상처를 입었을 때 어떻게 극복할 수 있는지 저자 자신의 경험을 통해
새롭게 일어날 수 있는 길을 감동적으로 조명해 주는 책.

마음의 숨겨진 상처를 치유하시는 예수님   성령님과 치유 사역
브래드 롱, 신디 스트릭클러 지음 / 전현주 옮김 / 신국판 / 초판 1쇄 / 318쪽 / 11,000원
독특하고 실제적인 방식으로 전인적이고 균형 있는 영적인 치료법을 다룬 상담과 치유 사역을 위한
필독서.

자살을 애도하며
알버트 쉬 지음 / 전현주 옮김 / 신국판 / 초판 1쇄 / 262쪽 / 7,000원
사랑하는 사람이 자살한 후 남겨진 자살 생존자들을 위한 안내서로, 자살을 예방하도록 돕는 책.

절망과 소망 사이에서   어떻게 육체의 질병을 이길 수 있는가
알 B. 와이어 지음 / 박현주 옮김 / 신국판 / 초판 1쇄 / 280쪽 / 9,500원
육체의 질병에 대해 심각한 진단을 받을 때, 어떻게 대처하고, 어떠한 선택을 하고, 어떻게 하나님과
함께 동행하며 승리하는가를 보여 주는 책.

도움의 기술   상처받은 사람에게 무엇을 말하고 행할 것인가
로렌 리타우어 브릭스 지음 / 전현주 옮김 / 신국판 / 초판 1쇄 / 432쪽 / 13,000원
우리의 도움을 필요로 하는 상처받은 사람들에게 우리가 의미 있는 격려를 할 수 있는 상식적, 실제
적, 구체적인 방법들을 제시해 주는 필독서.

잃어버린 퍼스날리티를 찾아서
최병전 지음 / 신국판 / 초판 1쇄, 개정판 1쇄 / 206쪽 / 5,000원
구원은 받았지만 인격의 상처는 개인과 가정과 교회와 사회에 문제를 일으키는 것을 진단하고 해결
의 실마리를 제시하는 책.

목회 서적

영혼을 돌보는 목자
캐롤 와이즈, 존 힝클 지음 / 이기승 옮김 / 신국판 / 초판 1쇄 / 248쪽 / 6,500원
잠재력이 있는 영혼들을 돌보는 사역을 감당하고자 하는 목사, 전도사, 평신도 지도자, 구역장 등에
게 안내자 역할을 하는 책.

가정교회   21세기 목회의 새로운 대안
박승로 지음 / 신국판 / 초판 1쇄 / 214쪽 / 7,500원
교회성장을 위하여 소그룹의 특성을 살리며 살아 있는 교회의 세포인 "교회 안의 작은 교회"의 가정
교회의 사례 연구와 교회 갱신의 전략으로서 구체적인 방향을 제시한 책.

신학 서적

복음주의 실천신학개론
복음주의 실천신학회 편 / 신국판(양장본) / 초판 6쇄 / 430쪽 / 15,000원
한국 교회의 목회자와 그리스도인들에게 신학의 복음주의적인 안목을 갖게 함으로 목회 현장을 더
욱 풍요롭게 하는 지침서.

성령은 누구인가   삼위일체론적 성령론

전성용 지음 / 신국판 / 초판 1쇄 / 390쪽 / 13,000원
은사를 중심으로 다룬 성령론이 아니라 성령을 삼위일체 하나님으로, 그리고 성부 성자와 동등한 독자적인 인격으로 다루는 새로운 성령론의 패러다임을 제시하는 책.

성령론적 조직신학

전성용 지음 / 신국판(양장본) / 초판 1쇄 / 750쪽 / 25,000원
성령신학의 정립을 지향하는 책으로, 성령이 삼위일체의 제3위로서의 정당한 지위를 확보하는 기독론적–성령론적 신학의 새로운 패러다임을 제시하는 책.

신앙과 신학을 위한 요한복음의 삼위일체 하나님

배종수 지음 / 신국판 / 초판 2쇄, 개정 1쇄 / 581쪽 / 15,000원
요한복음에 나타난 삼위일체 하나님이 누구이시며, 어떻게 존재하시고 구원을 위해 무엇을 하시는지를 누구나 읽고 이해할 수 있도록 쉽게 쓴 책.

웨슬리안 조직신학

오톤 와일리, 폴 컬벗슨 지음 / 전성용 옮김 / 신국판 / 초판 3쇄 / 572 / 15,000원
신학의 기초 과정을 위한 교과서일 뿐만 아니라, 평신도들이 사용할 수 있도록 간략하면서도 체계를 갖춘 기독교 교리를 제시한 신학의 고전.

최후의 승리

어네스트 젠타일 지음 / 이혜숙 옮김 / 신국판 (양장본) / 초판 1쇄 / 398쪽 / 15,000원
예수님의 영광스러운 재림이 어떠할 것인지를 알려 주고, 영적으로 깨어서 기쁨으로 준비할 수 있게 할 역작.

강해설교 서적

고난 중에도 기뻐하라 (빌립보서 강해설교)

홍성철 지음 / 신국판 / 초판 2쇄 / 506쪽 / 10,000원
고난 중에도 기뻐할 수 있는 사도 바울의 비결을 성경적으로 파헤치고, 목회적으로 제시한 41편의 강해설교집.

하나님의 사람들   마태복음 1장 1절 강해설교

홍성철 지음 / 신국판 / 초판 1쇄 / 272쪽 / 9,000원
14회에 걸친 강해설교로, 아브라함, 다윗, 예수 그리스도의 비천에서 존귀로의 삶을 통해 21세기를 살아가는 그리스도인들에게 실제적인 교훈과 열정을 회복시키는 메시지.

눈물로 빚어 낸 기쁨 (룻기 강해)

홍성철 지음 / 신국판 / 초판 1쇄 / 182쪽 / 6,000원
룻기에 담겨진 아름다운 이야기를 새로운 각도로 접근하여 전개한 강해집.

절하며 경배하세

홍성철 지음 / 신국판 / 초판 1쇄 / 224쪽 / 8,000원
예배의 대상과 예배자의 자세를 마태복음과 요한계시록을 근거로 제시하여, 예수 그리스도를 깊이 만나게 하는 명저.

우리에게 일용할 양식을 주소서 (주기도문 강해설교)

홍성철 지음 / 신국판 / 초판 2쇄 / 228쪽 / 6,000원
주기도문에 나타난 하나님의 영광과 우리의 필요를 깊이 조명시켜 주는 강해설교집.

기적을 만드는 사람들
워렌 위어스비 지음 / 구교환 옮김 / 신국판 / 초판 1쇄 / 182쪽 / 6,000원
사도로 변화된 베드로의 이야기를 통해 현대의 그리스도인들이 하나님의 기적을 만들며 살아가도록
도전하는 책.

가상칠언 그 의미와 적용
아더 핑크 지음 / 전현주 옮김 / 신국판 / 초판 1쇄 / 192쪽 / 7,000원
십자가 위에서 하신 주님의 일곱 말씀을 통해 용서, 구원, 사랑, 고뇌, 고난, 승리, 만족에 대한 교훈을
얻을 명저.

알기 쉬운 히브리서 (히브리서 강해)
네일 라이트푸트 지음 / 홍성철 옮김 / 신국판 / 초판 1쇄 / 244쪽 / 7,500원
대제사장이요 단번에 드려진 속죄물이신 예수 그리스도를 소개하여 모든 그리스도인들의 신앙을
깊게 하며 예수 그리스도를 깊이 만나게 하는 명저.

성령 안에서 설교하라
데니스 F. 킨로 지음 / 홍성철 옮김 / 신국판 / 초판 3쇄 / 176쪽 / 4,500원
방법과 기교를 강조하는 현대 설교에서 성령의 임재를 회복할 수 있는 설교의 원리와 방법을 분명하
게 제시하는 책.

심령의 호소를 들으시는 하나님 (시편 1~23편 강해)
이태웅 지음 / 신국판 / 초판 1쇄 / 304쪽 / 7,500원
시편을 기록한 지 수천 년이 지났으나, 시편 기자들이 경험한 변함없는 하나님의 실재와 냉엄한 현실
사이에서 의에 주리고 목말라하는 사람에게 한 모금의 냉수와 같은 책.

시편 강해 (I-IV)
강선영 지음 / 신국판 (양장본) / 초판 1쇄 / 550쪽 / 권당 15,000원
저자가 4년여 동안 시편 전체를 연구하며 설교한 것을 정리하여 펴낸 강해설교집.

요한복음 강해 (I-IV)
강선영 지음 / 신국판 (양장본) / 초판 1쇄 / 590쪽 / 권당 12,000원
저자가 6년여 동안 요한복음을 연구하며 설교한 것을 정리하여 펴낸 강해설교집.

워크북 시리즈 (그룹 교재로 사용 가능)

죽음에 이르는 죄 어떻게 극복할 것인가
맥시 더남, 킴벌리 더남 레이스먼 지음 / 서대인 옮김 / 신국판 / 초판 1쇄 / 288쪽 / 7,000원
피할 수 없는 일곱 가지 죄가 우리의 삶에 어떻게 나타나며, 이러한 죄를 다루는 방법을 제시하여
죄를 극복하게 하는 책.

중보기도
맥시 더남 지음 / 구교환 옮김 / 신국판 / 초판 1쇄 / 266쪽 / 7,000원
본서는 중보기도의 이해를 도울 뿐만 아니라, 개인이나 그룹이 중보기도를 실제로 하게 하기 위한
구체적이고 실제적인 지침서.

예수님처럼 사랑하자
맥시 더남 지음 / 류명욱 옮김 / 신국판 / 초판 1쇄 / 202쪽 / 7,000원
사도 바울의 사랑장인 고린도전서 13장의 내용을 구체적으로 파악할 수 있고, 독자로 하여금 사랑할
수 있는 구체적인 사랑의 길로 인도하는 책.

그리스도인의 문제들 어떻게 극복할 것인가?
맥시 더남 지음 / 하도균 옮김 / 신국판 / 초판 1쇄 / 264쪽 / 7,000원
그리스도인이 매일의 삶 속에 당면하는 문제들을 어떻게 대처하고 극복할 수 있는지 안내하는 책.

영적 훈련
맥시 더남 지음 / 이연승 옮김 / 신국판 / 초판 1쇄 / 230쪽 / 7,000원
승리하는 그리스도인의 삶을 형성하기 위한 훈련 과정의 워크북으로, 개인적인 묵상뿐만 아니라 소그룹에서 사용할 수 있는 훈련 교재로도 적합한 책.

성령의 열매와 생활
맥시 더남, 킴벌리 더남 레이스먼 지음 / 박재승 옮김 / 신국판 / 초판 1쇄 / 270쪽 / 7,000원
그리스도인의 믿음을 강화시켜 줄 재료로 일곱 가지 기본 덕목을 제시하며, 하나님이 창조하신 대로 선한 자가 되어, 독자를 성령의 열매를 맺는 생활로 안내하는 책.

기독교 고전 시리즈

(1~16권 / 문고판 / 초판 2쇄 / 권당 1,500원)

1. 왜 하나님은 무디를 사용하셨는가	R. A. 토레이 지음 / 홍성철 옮김
2. 보다 깊은 삶	로버트 머레이 맥체인 지음 / 구교환 옮김
3. 하나님의 임재를 연습하라	로렌스 형제 지음 / 이소연 옮김
4. 성결	J. C. 라일 지음 / 서대인 옮김
5. 예수님을 위하여 선하게 증거하자	존 왓슨 지음 / 이대규 옮김
6. 공격적인 기독교	캐더린 부스 지음 / 염동팔 옮김
7. 구령자를 위한 권면	호레시우스 보너 지음 / 최석원 옮김
8. 불타는 사랑	블레즈 빠스칼 지음 / 곽춘희 옮김
9. 행동하는 믿음	조지 뮬러 지음 / 송철웅 옮김
10. 하늘가는 마부	존 번연 지음 / 문정일 옮김
11. 성도다운 학자의 결단	조나단 에드워즈 지음 / 홍순우 옮김
12. 설교자와 기도	E. M. 바운즈 지음 / 이혜숙 옮김
13. 성도의 영원한 안식	리차드 백스터 지음 / 이기승 옮김
14. 부흥의 법칙	제임스 번스 지음 / 문정선 옮김
15. 성경적 구원의 길	존 웨슬리 지음 / 박홍운 옮김
16. 친구여 들어보지 않겠소?	찰스 스펄전 지음 / 홍성철 옮김